U0915875

2018包头统计年鉴

BAOTOU STATISTICAL YEARBOOK

包头市统计局 编

Compiled by Bureau of Statistics of Baotou

（总第17期 NO.17）

（京）新登字 041 号

图书在版编目（CIP）数据

包头统计年鉴. 2018/包头市统计局编.
—北京：中国统计出版社，2018.11
ISBN978-7-5037-8712-6
Ⅰ. ①包…
Ⅱ. ①包…
Ⅲ. ①统计资料－包头－2018－年鉴
Ⅳ. ①C832.263-54
中国版本图书馆CIP数据核字(2018)第226346号

包头统计年鉴—2018

作　　者/ 包头市统计局
责任编辑/ 陈越月　刘美霞
装帧设计/ 陈文科
出版发行/ 中国统计出版社
地　　址/ 北京市丰台区西三环南路甲6号
邮政编码/ 100073
电　　话/ (邮购)(010)63376909　(书店)(010)68783171
网　　址/ http://csp.stats.gov.cn
印　　刷/ 包头市三泰印务有限责任公司
经　　销/ 新华书店
开　　本/ 890×1240 毫米　1/16
字　　数/ 1100 千字
印　　张/ 33.3
版　　别/ 2018 年 11 月第 1 版
版　　次/ 2018 年 11 月第 1 次印刷
定　　价/ 300.00元

《包头统计年鉴》编辑委员会

编辑说明

一、《包头统计年鉴—2018》系统收录了2017年包头市及各旗县区经济、社会发展方面的统计数据以及历年和重要历史年份的主要统计数据，是一部国内外各界人士了解包头、认识包头的重要资料工具书。

二、年鉴全书分为两部分。第一部分为特载，载入了2017年包头市党政部门重要文件和2017年国民经济和社会发展统计公报。第二部分为统计资料，分为23个细目，即：1.行政区划和自然资源；2.综合；3.国民经济核算；4.人口；5.从业人员和职工工资；6.固定资产投资；7.能源；8.财政；9.价格指数；10.人民生活；11.城市概况；12.农业；13.工业；14.建筑业；15.运输和邮电；16.国内贸易；17.对外经济贸易和旅游；18.金融和保险；19.教育、科技和文化；20.体育、卫生、社会福利、环境保护；21.要素市场、信息产业、高新技术开发区；22.旗县区资料；23.附录。

三、本年鉴中部分数据合计数或相对数由于单位取舍不同而产生的计算误差，均未作机械调整。

四、符号使用说明：年鉴各表中的“空格”表示该项统计指标数据不足本表最小单位数，不详或无该项数据；“#”表示其中的主要项。

五、本年鉴的统计数据来自政府统计部门和业务部门年度统计报表，在编辑过程中，得到了有关单位和国家统计局、自治区统计局的大力支持与协助，在此表示衷心感谢。

六、限于编辑水平，对于年鉴存在的差错和缺点，敬请广大读者和统计战线的各位同仁提出宝贵意见。

目　　录

CONTENTS

第一部分　特载

PART ONE SPECIAL ARTICLES

第二部分　统计资料

PART TWO STATISTICS

一、行政区划和自然资源

Divisions of Administrative Areas and Natural Resources

二、综合
General Survey

三、国民经济核算
National Accounts

四、人口
Population

五、从业人员和职工工资
Employment and Wages

六、房地产开发
Real Estate Investment

七、能源
Energy

八、财政
Government Finance

九、价格指数
Price Indices

十、人民生活
People's Living Conditions

十一、城市概况
General Survey of Cities

十二、农业
Agriculture

十五、运输和邮电
Transportation, Postal and Telecommunication Services

十六、国内贸易
Domestic Trade

十七、对外经济贸易和旅游
Foreign Trade, Economic Cooperation and Tourism

十八、金融和保险
Banking and Insurance

十九、教育、科技和文化
Education, Science and Culture

二十、体育、卫生、社会福利、环境保护
Sports, Public Health, Social Welfare, Environmental Protection

二十一、要素市场、信息产业、高新技术开发区
Essential Market , Information Industry and Exploitation Areas of Advanced Technology

二十二、旗县区资料
Statistics of Banners, Counties and Districts

二十三、附录
Appendix

第一部分　特　载

PART ONE SPECIAL ARTICLES

在市委十二届五次全会暨全市经济工作会议上的讲话

（2018年1月18日）

张院忠

这次会议的主要任务是，高举习近平新时代中国特色社会主义思想伟大旗帜，深入学习贯彻党的十九大和中央经济工作会议精神，认真落实自治区党委十届五次全会暨全区经济工作会议精神，报告市委常委会过去一年的工作，安排部署今年经济工作。

一、市委常委会一年来的工作

2017年，市委常委会团结带领全市各族干部群众，紧密团结在以习近平同志为核心的党中央周围，全面贯彻落实党中央、自治区党委各项决策部署，坚持稳中求进工作总基调，落实新发展理念，统筹推进“五位一体”总体布局、协调推进“四个全面”战略布局，以提高发展质量效益为中心，以推进供给侧结构性改革为主线，以“提档升级、争创一流”为目标，以增强发展后劲、优化工业结构、提升城市品位、改善人民生活为突破，全力做好稳增长、促改革、调结构、惠民生、防风险各项工作，推动经济社会持续平稳健康发展。预计地区生产总值增长6%，固定资产投资增长2%，社会消费品零售总额增长7%，一般公共预算收入剔除虚增空转因素后增长6.1%。

一年来，市委常委会主要做了以下工作。

（一）深入学习宣传贯彻党的十九大精神。把迎接和学习宣传贯彻党的十九大作为贯穿全年工作的首要政治任务，抓紧抓实主题宣传报道、营造浓厚氛围等工作，开展多形式、分层次、全覆盖的学习培训、集中宣讲、宣传报道和社会面宣传，推动党的十九大精神家喻户晓、深入人心。

（二）热烈庆祝自治区成立70周年。精心筹备庆祝活动，展示包头特色亮点和各族群众良好精神状态。深入学习贯彻习近平总书记题词、中央贺电和俞正声主席讲话精神，全市上下践行坚如磐石的忠诚、团结一心跟党走的信念和行动更加坚定自觉。

（三）扎实抓好中央巡视“回头看”和自治区党委巡视反馈问题整改落实。把巡视整改作为重大政治任务，成立整改工作领导小组，召开9次会议部署推进，制定19个专项整改、整治方案，明确295条具体措施，开展4轮全面督查，召开3次专题民主生活会，逐项明确责任，做到了条条有整改、件件有着落。

（四）全力以赴抓发展增后劲。全力支持实体经济发展，重大项目建设和招商引资实现新突破，全市规上工业企业利润增长1.3倍，包钢扭转连续三年亏损局面。坚决打好防范重大风险攻坚战，停建、缓建、“瘦身”一批政府性投资项目，扎实推进政府债务化解工作。加紧培育发展新动能，新增院士工作站19家，稀土高新区成为国家“双创”示范基地。加快释放改革开放动力活力，出台重点改革方案89个、形成改革成果305个，包钢职教、医疗机构实现委托接管，“三供一业”完成年度移交任务，市本级公共服务事项全部实现网上办理，满都拉口岸过货量突破200万吨，呼包鄂协同发展取得积极进展。

（五）加快推进产业提档升级。认真落实习近平总书记考察内蒙古重要讲话精神，加快转变经济发展方式，加速产业提档升级，“三去一降一补”取得实质性进展，自治区级稀土新材料产业园区挂牌成立，通过“中国制造2025”试点城市评审，战略性新兴产业增加值增长14%，服务业增加值增长6.5%，农畜产品加工转化率达到65%。

（六）着力提升城市品质。启动“多规合一”规划编制，入选全国第一批城市设计试点城市和第三批“城市双修”试点城市。扎实推进北梁腾空区、新都市区开发建设，开展城市环境综合整治工程，实施一批地下管网、道路新改扩建工程，改造棚户区616万平方米、老旧小区486万平方米，新增赛汗塔拉草原面积2800亩、城市绿地4230亩，城市环境进一步改善，通过国家卫生城市复审。加强生态文明建设，坚决打好污染防治攻坚战，扎实抓好中央、自治区环保督察反馈问题整改落实，推进城市水生态综合利用提升、大青山南坡生态综合治理、小白河湿地保护开发、矿山地质环境治理等重点工程，解决了一批突出环境问题。

（七）积极推动社会主义民主政治建设。全力支持人大、政协围绕中心、服务大局，发挥各自职能作用，推进人大工作与时俱进、完善发展、争创一流，推动协商民主广泛多层制度化发展。加快全面依法治市进程，推进法治包头建设。深化群团改革，增强群团组织政治性、先进性、群众性。加强和改进统战、民族、宗教、民主党派和无党派人士、非公经济人士工作，巩固和发展最广泛的爱国统一战线。

（八）全力做好宣传思想文化工作。严格落实意识形态工作责任制，牢牢掌握意识形态工作领导权。强化思想理论武装，加强新闻舆论工作，积极培育和践行社会主义核心价值观，荣获全国文明城市“五连冠”。深入学习贯彻习近平总书记对乌兰牧骑事业发展的重要指示精神，推动文化事业和文化产业改革发展，创作推出一批精品剧目，加强文化惠民工程建设，群众精神文化生活不断丰富。

（九）用心用情用力保障和改善民生。坚决打赢精准脱贫攻坚战，全市5876人实现稳定脱贫。发放创业担保贷款10亿元，全市城镇新增就业4.24万人，预计城乡居民人均可支配收入分别增长8%。健全完善社会保障体系，提高7项社会保障和救助标准，各项救助保障水平保持全区前列。实施教育质量提升三年行动计划，推行中小学班主任职级制等三项改革，教育事业加快发展。推进健康包头建设，深化公立医院改革，合作共建8个医疗卫生院士工作站，为年满50周岁的农牧民免费体检。深化平安包头建设，推行“三见警”常态化巡逻机制，开展缉枪治爆和打击“黄赌毒”专项行动，持续开展安全生产大检查和社会矛盾排查化解，社会大局保持和谐稳定。

（十）坚定推进全面从严治党向纵深发展。严格落实全面从严治党主体责任，坚持用习近平新时代中国特色社会主义思想武装党员干部头脑，教育引导全市上下树牢“四个意识”，坚定“四个自信”，坚决维护以习近平同志为核心的党中央权威和集中统一领导。扎实推进“两学一做”学习教育常态化制度化，全面落实党建各项任务。

圆满完成全市人大、政府、政协换届工作。深化政治巡察，市委完成3轮巡察。全力做好监察体制改革试点工作，青山区挂牌自治区首家监察委，旗县区监察委全部成立。持之以恒加强作风建设，保持反腐败高压态势，充分运用“四种形态”，加强监督执纪问责，进一步巩固了风清气正的政治生态。

同时，市委常委会高度重视自身建设，带头增强“四个意识”，带头遵守党章党规，带头把党的领导落到实处，带头贯彻民主集中制，带头加强和改进作风，带头狠抓工作落实，不断提升把方向、管大局、作决策、保落实的能力。

以上报告的是市委常委会一年来的主要工作。这些成绩的取得，是以习近平同志为核心的党中央坚强领导的结果，是习近平新时代中国特色社会主义思想科学指导的结果，是全市各级党组织和广大党员干部群众共同奋斗的结果。过去的一年，市几大班子心往一处想、劲往一处使、拧成一股绳，给全市广大干部群众以巨大感召和鼓舞；各旗县区、委办局、驻包单位分兵把口、各负其责，齐心协力抓好落实；各民主党派、无党派人士积极参政议政、建言献策，为经济社会发展贡献智慧和力量；广大干部群众担当作为、埋头苦干，扎实做好各项工作，推动全市经济社会发展稳中有进、稳中向好，各项事业提档升级、争创一流。在此，我代表市委常委会，向同志们、向全市各族干部群众表示衷心的感谢！

在总结成绩的同时，我们也要看到，我市经济社会发展中不平衡、不充分问题依然不少。发展方式还不能很好适应高质量发展要求，传统产业处于产业链价值链中低端、产品附加值不高，新兴产业尚未形成规模，带动能力强的大项目新项目少；龙头企业带动作用发挥不充分，中小企业与大企业成龙配套不够；财政收支矛盾突出，化解政府债务任务十分艰巨；市政基础设施老化和不足问题并存，停车难、小区物业管理不完善等问题亟待解决；生态环境保护任重道远，大气污染治理任务艰巨；人民群众关心的就业、增收、教育、医疗、养老、居住等方面，还有不少短板；全面从严治党需要持续用力，激励党员干部进一步转变工作作风，主动担当作为，还需要下更大功夫。这些问题，我们要采取有力措施认真加以解决。

二、坚决把思想和行动统一到习近平新时代中国特色社会主义经济思想上来

2018年是贯彻党的十九大精神的开局之年，是改革开放40周年，是决胜全面建成小康社会、实施“十三五”规划承上启下的关键一年。做好今年经济工作，**要全面贯彻党的十九大和中央经济工作会议精神，以习近平新时代中国特色社会主义思想为指导，认真落实自治区党委十届五次全会暨全区经济工作会议精神，加强党对经济工作的领导，坚持稳中求进工作总基调，坚持新发展理念，紧扣社会主要矛盾变化，按照高质量发展的要求，统筹推进“五位一体”总体布局和协调推进“四个全面”战略布局，坚持以深化供给侧结构性改革为主线，以增强发展后劲、提升城市品位、改善人民生活、优化生态环境为主攻方向，统筹推进稳增长、促改革、调结构、惠民生、防风险各项工作，深化改革开放，加快转型升级，大力推动质量变革、效率变革、动力变革，坚决打好防范化解重大风险、精准脱贫、污染防治三大攻坚战，坚决守好发展、民生、生态三条底线，促进全市经济社会持续健康发展，各项事业提档升级、争创一流，在高质量发展上走在全区前列。**

去年底召开的中央经济工作会议，深刻阐述了以新发展理念为主要内容的习近平新时代中国特色社会主义经济思想，这一重要思想是5年来

推动我国经济发展实践的理论结晶，是中国特色社会主义政治经济学的最新成果，是党和国家十分宝贵的精神财富，是我们做好新时代经济工作的科学指南。习近平新时代中国特色社会主义经济思想蕴含着“七个坚持”的丰富内涵，即坚持加强党对经济工作的集中统一领导，坚持以人民为中心的发展思想，坚持适应把握引领经济发展新常态，坚持使市场在资源配置中起决定性作用、更好发挥政府作用，坚持适应我国经济发展主要矛盾变化完善宏观调控，坚持问题导向部署经济发展新战略，坚持正确工作策略和方法。这“七个坚持”是一个完整的思想体系，逻辑严密，环环相扣。我们一定要深入学习领会，学懂弄通做实，自觉落实到经济工作各领域和全过程。

第一，要不折不扣推动党中央决策部署落地生根。习近平总书记强调，“做好经济工作，必须自觉维护党中央权威和集中统一领导”“要增强‘四个意识’，坚决反对经济工作中的分散主义、自由主义、本位主义、山头主义、地方保护主义，绝不允许搞上有政策、下有对策”。我们一定要把贯彻执行党中央决策部署，作为牢固树立“四个意识”，坚决维护以习近平同志为核心的党中央权威和集中统一领导的实际行动，以踏石留印、抓铁有痕的劲头扎实做好每一项工作，确保党中央决策部署落地生根、开花结果。

第二，要始终坚持稳中求进工作总基调。稳中求进工作总基调是党中央治国理政的重要原则。当前，高质量发展是解决我市一切问题的基础和关键。过去我们的发展是解决“有没有”的问题，现在高质量发展解决的是“好不好”、产业链长不长、附加值高不高的问题。我们要把“稳”和“进”作为一个整体来把握，看问题、想对策、抓落实，都要审时度势、深思熟虑、尊重规律，既要找准包头“稳”的基础，不要被困难吓倒，不要消极应付，该稳的要稳住；又要找准我市“进”的方向，坚定信心、攻坚克难、爬坡过坎，该进的要进取，在打好三大攻坚战、振兴实体经济、强化创新驱动、促进有效投资特别是民间投资、解决好民生突出问题等方面下大力气，推动经济持续平稳健康发展。

第三，要全面贯彻高质量发展根本要求。高质量发展是能够很好满足人民群众日益增长的美好生活需要的发展，是体现新发展理念的发展，是创新成为第一动力、协调成为内生特点、绿色成为普遍形态、开放成为必由之路、共享成为根本目的的发展。我们一定要科学把握高质量发展的核心内涵，准确识别我市经济社会发展中不平衡、不充分问题，更加注重提高发展的质量和效益，更加注重生态环境保护，更加注重抓重点、补短板、强弱项，更加注重防范和化解经济运行风险，更加注重增加各类经济主体的获得感，推动全市在高质量发展上不断取得新进展。

第四，要聚焦聚力建设现代化经济体系战略目标。建设现代化经济体系是跨越关口的迫切要求和我国发展的战略目标。党中央明确要求，实现这一战略目标，必须牢牢把握高质量发展的要求，坚持质量第一、效益优先；牢牢把握工作主线，坚定推进供给侧结构性改革；牢牢把握基本路径，推动质量变革、效率变革、动力变革；牢牢把握着力点，加快建设实体经济、科技创新、现代金融、人力资源协同发展的产业体系；牢牢把握制度保障，构建市场机制有效、微观主体有活力、宏观调控有度的经济体制。我们要自觉把“五个牢牢把握”落到实处，加快建设我市现代化经济体系。

第五，要自觉践行以人民为中心的发展思想。判断高质量发展的根本标准，是发展是否有利于解决社会主要矛盾，更好满足人民群众在经济、政治、文化、社会、生态等方面日益增长的需要，更好推动人的全面发展、社会全面进步。我们要始终把人民群众放在心中最高位置，把人民群众关心的事当做自己的大事，解决好老百姓最急最忧最怨的问题，下大力气补齐民生短板，促进社会公平正义，让人民群众有更多获得感、幸福感、安全感。

三、全力以赴做好2018年重点经济工作

根据自治区党委十届五次全会暨全区经济工作会议确定的预期目标，2018年我们确定的全市经济主要预期目标是：地区生产总值增长7%左右，固定资产投资增长8%左右，社会消费品零售总额增长8%左右，一般公共预算收入增长6%左右，居民消费价格涨幅3%以内，城乡居民人均可支配收入分别增长7.5%左右；城镇新增就业4.2万人，城镇调查失业率和城镇登记失业率分别控制在5%左右和3.9%以内；全面完成节能减排目标任务；供给侧结构性改革取得实质性进展，财政金融风险有效防控，化解政府债务完成年度任务。

做好今年经济工作，要在统筹兼顾、全面推进的基础上，重点在以下七个方面下功夫、见实效。

第一，要在打好三大攻坚战上下功夫、见实效。三大攻坚战，是党的十九大作出的重大部署，是今后3年决胜全面建成小康社会必须攻克的难关。今年我们要制定专项方案，拿出过硬举措，确保取得实质性进展。

一要坚决打好防范化解重大风险攻坚战。各级要强化风险意识、责任意识，明确责任，分级负责，还旧债、控新债，主动化解本地区、本部门、本领域存在的风险隐患。要按照自治区党委、政府化债要求，建立工作台账，细化还债计划，明确责任人，多渠道、多办法偿还债务，坚决完成年度化债任务。要慎重研究、科学论证、严格审批政府性投资项目，坚决防止盲目过度举债，从严控制债务增量。要完善政府债务终身问责机制和倒查机制，加强审计监督和督察问责，确保责任落实到位。要统筹“金融服务实体经济、防范化解金融风险、深化金融改革”三项任务，强化协调协同监管，守住不发生系统性区域性风险底线。

二要坚决打好精准脱贫攻坚战。认真落实全国扶贫开发工作会议精神，坚持精准再精准、聚焦再聚焦，保证现行标准下的脱贫质量，既不降低标准、也不吊高胃口，确保今年应脱贫人口全部稳定脱贫，已脱贫人口巩固脱贫成果。要精准施策，对有劳动能力的，要通过产业扶持、转移就业等办法实现脱贫；对丧失劳动能力的，要通过最低生活保障及其他措施，确保他们病有所医、残有所助、基本生活有兜底保障，实现脱贫。要抓好贫困地区特色产业培育，健全完善龙头企业、专业合作社与贫困户利益联结机制，变输血为造血，实现可持续稳固脱贫。要聚焦聚力重点贫困村，政策上全力支持、工作上重点突出、项目资金上特殊倾斜，着力改善深度贫困地区发展条件。要加大“志智双扶”力度，进一步激发贫困人口内生动力。要加强扶贫领域腐败和作风问题专项治理，力戒形式主义、弄虚作假，做到脱真贫、真脱贫。

三要坚决打好污染防治攻坚战。良好生态环境是最公平的公共产品，是最普惠的民生福祉。老百姓过去“盼温饱”、现在“盼环保”，过去“求生存”、现在“求生态”。要坚决打赢蓝天保卫战。大气污染表现在天上，根子在地上。我们要坚决抓好“散乱污”企业整治、重点行业污染源治理，加快不达标产能依法关停退出，坚决抓好原煤散烧治理、清洁型煤替代工作，确保完成年度节能减排目标任务。要开展水污染综合治理，做好工业废水资源化利用、污水收集处理和中水利用、黑臭水体消除、重点河道生态修复治理、饮用水

水源地保护、城市地下水井关闭等工作，保护水生态安全。要强化土壤污染管控和修复，加强农业面源污染防治，划定土地利用功能区，做好工业固废处置利用，确保土壤环境质量不下降。要积极推动传统工业绿色化改造，加快发展节能环保产业，壮大低碳循环经济。各地区各有关部门要加大监督执法力度，一经发现破坏生态环境行为，要坚决处理、绝不手软。

第二，要在深化供给侧结构性改革上下功夫、见实效。牢牢把握发展第一要务，坚持高质量发展根本要求，在“破”“立”“降”上下功夫，推动经济发展质量变革、效率变革、动力变革，促进经济总体结构优化、质量效益提高、可持续性增强，加快建设现代化经济体系。

一要大力振兴实体经济。建设现代化经济体系，必须把发展经济的着力点放在实体经济上。要加快淘汰“僵尸企业”，有效化解过剩产能和无效供给，提升经济运行质量；认真落实“降税减证提标”等措施，在降低企业制度性交易成本、税费成本和要素成本上协同发力，多措并举降低实体经济成本，提升企业核心竞争力；加强政银企对接，大力发展产业链融资，强化金融对实体经济的服务保障。要始终把握有利于国有资产保值增值、有利于提高国有经济竞争力、有利于放大国有资本功能的要求，围绕增强活力、提高效率，加快国企改革步伐，全力支持包钢等重点企业发展，完成包钢“三供一业”分离移交任务，抓好一机、二〇二、包钢混改试点工作，增强企业国际化经营能力，培育具有全球竞争力的一流企业；加快市属国有企业跨行业重组融合，推进国有资本授权经营体制改革，打造地方旗舰型国企，组建国有资本投资运营公司，推动国有企业做强做优做大。要坚持“两个毫不动摇”，全力支持民营企业发展，落实支持民营经济发展的各项政策措施，积极构建亲清新型政商关系，深化“放管服”和商事制度改革，全面实行清单管理制度，切实减少领取营业执照后的各类许可证和行政确认程序，大力削减审批办事中的繁文缛节，坚决破除“准入不准营”问题和各类歧视性限制及各种隐性障碍，营造公平有序的市场环境，优化营商环境，激发各类市场主体活力。要扎实推进企地融合发展，搭建企地产业协作、产品购销、军民融合、科研创新、融资对接、信息通信等平台，深化企地合作，提高地方企业产品配套率。要开展质量、品牌、标准提升行动，全面启动标准化综合试点城市建设，支持企业瞄准国际同行业标杆，全面提高产品技术、工艺装备、能效环保和本质安全水平，培育一批具有创新能力的排头兵企业，打造“百年老店”。要坚持人才优先发展战略，发挥我市高校和职业技术院校众多的优势，深化校企合作，加快建设多层次人才队伍，大力弘扬企业家精神、劳模精神、工匠精神，营造劳动光荣的社会风尚和精益求精的敬业风气，为实体经济发展提供更多人才支撑。

二要加快工业提档升级。围绕我市主导产业做文章，做强做优存量、做大做特增量，大力培育发展新动能。**要做好装备制造业文章。**工业的主体是制造业，发展工业，振兴实体经济，重点在制造业，难点也在制造业。当前，我市制造业还存在创新能力整体偏弱、基础配套能力不足、部分领域产品质量可靠性亟待提升、产品档次不高等问题。要出台《包头市智能制造三年行动计划》，设立中国制造2025产业发展基金，促创新、强基础、促融合、抓示范、育人才，增强全市制造业集群优势和产业配套优势，加快推动“包头制造”向“包头智造”转变、包头速度向包头质量转变、制造大市向制造强市转变。要推动互联网、大数据、人工智能和制造业深度融合，加快机床数字化改造，促进传统装备制造业全产业链整体跃升。要大力发展高性能医疗器械、工业机器人等高端装备制造，加快新能源汽车等节能环保产业创新发展，壮大风电、光伏、氢燃料电池等新能源和金属、非金属等新材料产业，强化新技术应用，建设一批智能生产线、智能车间、智能工厂，实施一批智能制造项目，取得一批技术成果，推动战略性新兴产业技术跨越、制造跨越、销售和消费跨越。要进一步完善军民深度融合发展领导体制和工作机制，组建市军民融合创新中心，以重型汽车、核技术、工程机械、风电设备、特殊钢延伸加工等为重点，力争在建设军民融合产业体系上取得突破，创建国家军民融合创新示范区。要把支持企业做大做强与培育“专精特新”中小企业更好结合起来，壮大一批核心竞争力强的骨干企业和领军企业，打造一批专注细分领域的“单项冠军”企业，培育世界级的先进制造业集群，创建高水平的“中国制造2025”示范区和国家新型工业化示范基地。**要做好稀土产业文章。**以创建国家级稀土新材料产业园区和稀土功能材料创新中心为抓手，启动实施《包头市稀土产业发展行动计划（2018–2020）》，抓好稀土产业招商引资、重点项目建设和核心技术攻关，重点打造磁材产业、镧铈综合应用及稀土合金、稀土及其应用产品三个产业集群，提高白云鄂博尾矿资源和铌、钍等资源的综合开发利用水平，做大做强做长永磁、储氢、抛光、催化等产业链，力争今年底稀土功能材料和稀土应用产业产值增长30%以上。**要做好钢铁产业文章。**支持包钢集团开发稀土钢、耐磨重轨等新产品，大力推动明拓铬业不锈钢基料三期、威丰冷轧取向硅钢等钢铁深加工项目建设，提升钢铁产业发展层次，打造高品质特殊钢产业集群。**要做好铝产业文章。**推动华云三期46万吨轻合金材料、东方希望固阳50万吨轻金属材料等项目建设，不断延伸产业链，提高产品附加值，扩大铝产业规模，打造铝深加工产业集群。**要做好煤化工产业文章。**坚持走创新型煤化工发展路子，抓好神华二期、神雾、辉腾能源、宝钢化工等重点煤化工项目建设，大力发展煤化工下游深加工产品，促进产业转型升级。**要制定实施工业园区振兴计划。**提高园区集约化发展水平，促进人才、技术、项目等要素向园区集聚，力争“十三五”末，稀土高新区、装备制造、金属深加工三个园区产值突破千亿元，稀土新材料、铝业和土右三个园区产值突破500亿元。

三要深入实施创新驱动发展战略。创新是引领发展的第一动力。要加大对企业技术创新支持力度，发挥好院士工作站高水平人才和创新团队作用，推出一批科研成果，培育一批国家级高新技术企业。要加强创新平台建设，建设一批国家重点实验室、国家企业技术中心和工程中心、国家级科技企业孵化器，加快建设国家军民融合协同科技创新平台，积极创建稀土国家级制造业创新中心，全力创建国家可持续发展议程创新示范区。要发挥好五二所、大包院、稀土研究院等科研院所及各大企业研发团队作用，围绕高端装备制造、新型冶金、稀土新材料等领域，加强核心技术攻关、关键共性技术研究，实施一批重大科技项目，推进一批科技成果落地产业化，推出一批具有核心竞争力的高附加值产品。要深化科技体制改革，强化科技创新人才、资金、政策支持，打开创新创业企业成长空间，激发企业家创新精神，推动大众创业、万众创新，鼓励更多社会主体投身创新驱动。各级党委、政府要创新管理体制机制，为整个社会迈向创新驱动保驾护航。

四要培育壮大现代服务业。瞄准中高端消费、研发设计、创新引领、绿色低碳、共享经济、现代供应链、人力资本服务等热点领域，着力打造大旅游、大文化、大物流、大健康、大数据等产业，促进生产性服务业向专业化和价值链高端延伸，生活型服务业向精细化和高品质转变，为实体经济发展提供更多支撑。要突出推动制造与服务融合协同发展，鼓励优势企业运用现代化大生产理念，加快服务环节专业化分离和外包，大力发展服务型制造，下决心把工业设计搞上去，在钢铁、有色、装备制造、轻工纺织等重点领域，培育一批有核心竞争力的工业专业设计机构，打造一批有一定影响力的设计品牌。

五要扩大精准有效投资。充分发挥投资在补短板、调结构、转换动能中的关键性作用，全力抓好今年确定的重大项目建设，争取完成投资1500亿元以上。要大力开展招商引资，围绕产业链、价值链延伸，围绕工业、“三农三牧”、创新驱动、生态环保、民生事业等领域，整合全市招商资源，强化以商招商、精准招商，引进实施一批大项目好项目，提高投资的精准性、普惠性、有效性，加快补齐发展短板。要坚持投资主体多元化，发挥政府投资引导作用，激发民间投资活力，用好多层次资本市场，充分激发市场主体投资积极性。

第三，要在实施乡村振兴战略上下功夫、见实效。城乡发展不平衡、农村发展不充分，是新时代我国社会主要矛盾的突出表现。习近平总书记强调，“中国要强，农业必须强；中国要美，农村必须美；中国要富，农民必须富”“任何时候都不能忽视农业、不能忘记农民、不能淡漠农村”“要坚定不移深化农村改革，坚定不移加快农村发展，坚定不移维护农村和谐稳定”。我们要深入学习贯彻总书记“三农”思想和“三个必须、三个不能、三个坚定不移”重要论述精神，认真落实中央和自治区党委农村工作会议精神，深入实施乡村振兴战略，以更大的决心、更明确的目标、更有力的举措推动农牧业全面升级、农村牧区全面进步、农牧民全面发展。

一要把坚持农牧业农村牧区优先发展落到实处。抓紧研究制定我市乡村振兴战略实施意见，着眼建立城乡融合体制机制，形成以工促农、以城带乡、工农互惠、城乡一体的新型工农城乡关系，把工业和农牧业、城市和乡村作为一个整体统筹谋划，明确城乡在规划布局、要素配置、产业发展、公共服务、生态保护等方面相互融合、共同发展的具体政策措施、工作举措和年度任务，推动干部、要素、资金等向“三农三牧”倾斜，加快促进城乡居民基本权益平等化、公共服务均等化、居民收入均衡化、要素配置合理化、产业发展融合化。

二要大力发展“高精强”现代农牧业。以优化农牧业产能和增加农牧民收入为目标，坚持绿色健康发展方向和提质导向，深化农牧业供给侧结构性改革，加快种养结构调整和一二三产业融合发展。推动“菜薯肉乳”主导产业和现代农牧业示范园区、食品加工园区提档升级，提高绿色优质农畜产品加工转化率，培育更多龙头企业和名优品牌，构建“互联网+”的现代农牧业产业体系、生产体系、经营体系，做大做强高效绿色种养业、农畜产品加工流通业、休闲农牧业和乡村旅游业、乡土特色产业、乡村信息产业，真正把“小农业”打造成为“大产业”。

三要积极推动美丽宜居乡村建设。启动农村牧区人居环境整治三年行动计划，加大农村牧区、城乡结合部、城中村突出环境问题综合治理，加快补齐人居环境突出短板。按照缺什么补什么的原则，科学规划、注重质量、从容建设，进一步健全完善农村牧区基础设施、公共服务设施。加强乡风文明建设，健全乡村治理体系，加强基层基础工作，使农村牧区更加充满活力、和谐有序。

第四，要在全面深化改革开放上下功夫、见实效。以改革开放40周年为契机，全面推进改革开放向纵深发展。**要坚定不移深化各方面改革。**党的十八大以来，我们累计出台重点改革方案146个，关键是落地见效。要一件一件梳理，一项一项落实，真正释放改革红利，为经济社会高质量发展增添活力。要突出抓好习近平总书记要求内蒙古先行先试的三项改革任务落实，力争今年取得更大突破。要按照中央“在经济体制改革上步子再快一些”的要求，以完善产权制度和要素市场化配置为重点，在产权保护、财税金融、社会保障等领域谋划和推进一批重大改革项目，以重点突破带动经济社会发展。要统筹推进各领域改革，取得一批引领性、标志性改革成果。**要全方位扩大开放合作。**抓住国家支持西部开放的政策机遇，主动融入“一带一路”和中蒙俄经济走廊建设，加快向北开放步伐，抓好满都拉口岸建设，力争今年口岸过货量实现新突破。要积极推动呼包鄂协同发展，在资源、要素、产业和城市功能深度融合上取得实质性进展。

第五，要在提高城市规划建设管理水平上下功夫、见实效。把解决人民群众反映强烈的“城市病”作为工作重点，进一步提高城市规划建设管理水平。

一要提升城市规划的引领性、强制性。高起点、高质量编制好新一轮城市总体规划，坚持适度超前，落实“多规合一”，划定生态红线、永久基本农田（草原）保护线和城镇开发边界“三条红线”，统筹做好城区内部和县域乡村的规划设计，严格规划控制执行，增强城市规划的引领性和权威性。加强重点区域城市设计，积极融入草原文化、红色文化、民俗文化等元素，让城市设计更好地体现包头地域特征、民族特色和时代风貌。大力推进城市“双修”，开展好“山水治理、大气防控、水土改善”三大行动和“功能完善、景观提升、交通优化、文旅融合”四大工程，提高城市可持续发展能力。

二要提升城市建设的科学性、针对性。坚持适应发展的原则，有序推进城市和农村牧区道路、地下管网等基础设施建设，疏通地上地下“毛细血管”。开展城市美化绿化，抓好赛汗塔拉城中草原和公园绿地提档升级，完善公路铁路沿线及城市周边绿化，促进人与自然和谐共生，创建国家生态园林城市。有序推进新都市区和北梁腾空区建设，进一步完善基础设施、公共服务设施和综合配套设施。抓好历史文化街区和历史建筑保护开发利用，打造好北梁“老包头记忆”等特色小镇，延续城市文脉，留住城市记忆。

三要提升城市管理的有效性、精准性。继续推进棚户区和老旧小区改造，做好改造后的物业管理服务提升，培育和发展房屋租赁市场，让更多群众特别是困难群体住有所居、住有优居。实施住宅小区物业管理提档升级三年行动计划，出台物业管理规定，落实政府、物业市场主体、房管部门三方责任，全面推行无物业小区准物业管理，达到有卫生保洁、有秩序维护、有维修养护服务标准。加强城市交通管理，切实解决高峰期主干道潮汐式拥堵、交通安全以及停车难等问题。加大市容市貌治理，开展“三乱”小广告、占道经营、私搭乱建等专项整治，全面提升城市环境卫生质量。健全完善城市管理体制，推进“智慧包头”建设，提高城市管理和服务的标准化、精细化、智能化水平。

第六，要在生态文明建设上下功夫、见实效。深入学习贯彻习近平总书记生态文明思想，持续加强生态保护和修复，牢牢守住生态红线，建设美丽包头，为筑牢我国北方重要生态安全屏障作出更大贡献。

一要正确处理好经济发展同生态环境保护的关系。习近平总书记强调，“我国生态环境破坏是长期形成的，现在到了有条件不破坏、有能力修复的阶段了；只有恢复绿水青山，才能使绿水青山变成金山银山。”我们要牢固树立保护生态环境就是保护生产力、改善生态环境就是发展生产力的理念，把经济绿色化内化为生态文明建设的重要路径和抓手，大力发展生态农牧业、生态工业和生态服务业，全面构建绿色产业发展新体系，推动经济社会发展走向生产发展、生态良好、生活幸福、生命健康的新模式。

二要坚决抓好突出问题整改。要从解决人民群众最关心、最直接、最现实的环境问题入手，不断提高生态产品供给能力和普惠民生的能力。要严格落实“党政同责、一岗双责”责任，切实抓好中央巡视“回头看”、自治区党委巡视反馈意见和中央环保督察、自治区生态环境保护大检查反馈问题的整改落实，坚决完成整改任务。

三要加强生态保护修复。坚持山水林田湖草系统治理同步推进，开展大规模国土绿化行动，抓好重点林业工程和重点区域绿化，高标准推进大青山南坡地质环境治理及生态修复，全面清理取缔自然保护区内违法违规采石采砂企业，依法严厉打击破坏生态环境的违法行为。持续加大退耕还林还草工作力度，加强草原保护，实施湿地保护恢复工程，建设包头黄河国家湿地公园。

四要加快生态文明制度建设。全面推开领导干部自然资源资产离任审计，建立生态环境损害责任终身追究制。健全自然资源资产产权制度，严格执行污染物排放许可制度，探索建立市场化、多元化生态补偿机制。加强环境在线监测体系建设，扎紧环境保护制度篱笆。全面推行河长制、湖长制，理顺河湖管理保护体制机制。

第七，要在保障和改善民生上下功夫、见实效。以造福人民为最大政绩，坚持实事求是、精准施策，尽力而为、量力而行，做实做细民生工作，更好满足人民群众日益增长的美好生活需要。

一要办全区一流、人民满意的现代教育。落实好教育质量提升三年行动计划，提升全市普惠幼儿园覆盖率，扩大优质教育资源覆盖面，提高课堂教学效率质量，加强“领航校长”“卓越教师”等高素质教育工作者和教师队伍建设，提高教师配置均衡化水平，切实解决好“入园难”“择校热”、中小学生课外负担重、“大班额”等问题。加强学前教育机构、幼托服务机构等平台和服务体系建设，解决好婴幼儿照护和儿童早期教育服务问题。

二要不断提高就业质量和收入水平。坚持就业优先战略和积极就业政策，加强职业技能培训，分类精准做好重点人群就业工作，加快高技能人才实训基地建设，促进就业公平。继续保持10亿元以上创业担保贷款规模，帮助更多人创业就业。完善机关事业单位津贴补贴和绩效工资制度，落实惠农惠牧政策，保证城乡居民收入稳步增长。

三要健全完善社会保障体系。全面实施全民参保计划，进一步扩大养老、医疗、失业保险综合覆盖面和受益面。大力发展养老事业和养老产业，推进医养结合，打造城市养老服务示范基地。统筹城乡社会救助体系，稳步提高城乡低保标准和特殊困难群体保障标准，确保各项救助保障水平保持全区前列。

四要全面推进健康包头建设。深化医药卫生体制和公立医院改革，抓好12家医疗院士工作站带动全市医疗卫生服务水平提升工作，着力解决好群众“看病难、看病贵”问题。深入开展爱国卫生运动，落实全民健身国家战略，创建国家食品安全示范城市。

五要加快发展文化事业。积极培育和践行社会主义核心价值观，实施时代新人培育工程，巩固全国文明城市创建成果。完善公共文化服务体系，充分发挥乌兰牧骑等文化宣传队伍作用，实施好文化惠民工程，抓好文艺精品创作，做好文物保护开发工作，更好满足人民群众日益增长的精神文化需求。

六要切实维护社会和谐稳定。牢固树立总体国家安全观，深化平安包头建设，健全完善“三见警”常态化巡逻机制和立体化社会治安防控体系，全力保障人民群众的生命财产安全。进一步完善社会治理体制，加强预防和化解社会矛盾机制建设，健全公共安全体系，落实安全生产责任，着力解决企业主体责任不落实、安全隐患较多、监管体制机制不健全等问题，打造共建共治共享社会治理格局，筑牢祖国北疆安全稳定屏障。

四、进一步加强和改进党对经济工作的领导

各级党委、政府要自觉把思想和行动统一到党的十九大精神和中央、自治区党委对今年经济工作的部署要求上来，切实履行好抓经济、促发展的责任使命。

一要提高政治站位，坚定自觉贯彻新发展理念和高质量发展要求。习近平新时代中国特色社会主义经济思想是指导我们做好经济工作的总纲和精髓。我们要深刻领会这一重要思想的精神实质和核心要义，牢固树立创新、协调、绿色、开放、共享的发展理念，进一步端正发展观、政绩观，摆脱定式思维、传统理念和固有经验的束缚，摆脱速度情结、路径依赖，坚持质量第一、效益优先，加快理念、制度、机制、方法创新，下大气力推动我市经济发展向质量好、效率好、动力好转变。

二要加强党对经济工作的领导，提升推动高质量发展工作水平。市委常委会每季度要听取市政府党组关于经济运行情况的汇报；市政府每月要召开经济分析会，每季度召开有各旗县区政府主要领导参加的经济分析和运行调度会；各旗县区、有关经济部门也要把定期分析研究经济形势作为一项制度坚持下来，加强深度研究，强化运行调度，扎实推进经济高质量发展。各级领导干部要按照习近平总书记提出的“信念过硬、政治过硬、责任过硬、能力过硬、作风过硬”的要求，自觉加强学习和实践，培养专业能力和专业精神，不断加深对新发展理念、高质量发展、现代经济体系等重大问题的理解把握，努力成为领导新时代经济高质量发展的行家里手。

三要快干实干会干，以时不我待、只争朝夕的精神狠抓工作落实。各级领导干部要大力发扬求真务实、真抓实干的作风，紧紧围绕各自任务职责，加强政策配套、加强协同攻坚、加强督查落实，以钉钉子精神把各项工作做细做实。要认真落实习近平总书记关于进一步纠正“四风”、加强作风建设的重要指示精神，以“全市作风建设年”为抓手，持续加强和改进作风，大兴调查研究之风，力戒形式主义、官僚主义，坚持不懈把各项工作抓紧抓实、抓出成效。

同志们，做好新一年工作，任务艰巨、责任重大。让我们更加紧密地团结在以习近平同志为核心的党中央周围，在习近平新时代中国特色社会主义思想指引下，时不我待、只争朝夕，锐意进取、埋头苦干，全力开创我市经济社会高质量发展新局面！

政府工作报告

——2018年1月6日在包头市第十五届人民代表大会第一次会议上

赵江涛

各位代表：

现在，我代表市人民政府向大会报告工作，请予审议，并请各位政协委员和其他列席人员提出意见。

一、过去五年工作回顾

市十四届人大一次会议以来的五年，是我市在适应把握引领经济发展新常态中进行深刻调整的五年。在市委的坚强领导下，我们全面落实中央、自治区和市委各项决策部署，全力推动经济社会持续健康发展，向着“提档升级、争创一流”总目标迈出坚实步伐。

——**综合实力不断提升**。预计全市地区生产总值年均增长7.9%，规模以上工业增加值年均增长9.8%，社会消费品零售总额年均增长9%，固定资产投资年均增长12.8%，一般公共预算收入年均增长9.2%（剔除不可比因素），城乡居民人均可支配收入年均分别增长8%和9%。产业发展后劲持续增强，包钢550万吨稀土钢板材、华云50万吨合金铝、明拓70万吨不锈钢基料等一批重大工业项目相继建成投产。基础设施不断完善，建成高等级公路420公里、旅游公路550公里，完成环城铁路电气化升级改造，生态环保、公共服务和民生社会事业等基础保障能力进一步提升。包银、包西高铁和特高压电力外送通道、千万千瓦级大型现代风电基地、百万千瓦级光伏基地和白彦花煤田开发等一批重大项目获得批准，为今后的发展奠定了坚实基础。

——**转型升级步伐加快**。全市优质钢、特种钢比重由55%提高到90%，电解铝就地加工转化率由50%提高到80%，战略性新兴产业占规模以上工业比重逐年提高，成为全国工业绿色转型发展试点城市和国家稀土转型升级试点城市。新型商贸、物流、旅游、会展、金融、电子商务等现代服务业蓬勃发展，服务业占地区生产总值比重提高到52%。“菜薯肉乳”四大产业占农牧业比重达到70%，绿色农畜产品加工转化率达到65%，“三品一标”农畜产品数量达到330个。创新发展要素加快集聚，大数据、互联网等新经济、新业态呈现良好发展势头，建成2个国家级重点实验室，创建38个院士工作站，中科院包头稀土研发中心等一批新型研发机构应势而生，各类科研机构累计达到214个，关键共性技术攻关和成果转化项目120项，入选国家科技进步示范市。

——**城乡面貌显著改观**。规划体系日臻完善，城市空间形态不断优化。举全市之力完成北梁棚户区改造，12.4万北梁居民实现“宜居梦”，其他棚户区改造完成1650万平方米，受益居民28万人，获评全国棚户区改造示范城市。改造老旧小区750个、1877万平方米，受益居民66.3万人，城市直饮水覆盖人口达到198万。新都市区建设全面铺开，城市发展空间布局进一步优化。新建改造城市道路255条，打通断头路114条，“五横八纵”路网基本形成，道路通行能力明显提升。新建改造地下管网1746公里，建成地下综合管廊27.6公里，入选全国首批地下综合管廊试点城市。新增绿地879公顷，1万平方米以上公园广场达到104个，建成区绿化覆盖率达到44.2%。建成百里公交专线和城市绿道，创建景观示范街126条，综合治理街巷104条。城市管理执法体制改革不断深化，智慧城市建设加快实施。美丽乡村建设全面推进，完成危房改造5.2万户，行政村油路通畅率达到100%，48.4万农牧民生产生活条件明显改善。

——生态建设持续加强。京津风沙源治理等国家重点林业工程和大青山绿化、围封禁牧等重点生态工程深入实施，森林覆盖率由15.1%提高到17.6%，草原植被盖度由29%提高到32%。开展重点行业和区域环境综合整治，推进工业节能减排和大气、水、土壤污染防治工程，整治燃煤设施1809台，清理取缔露天煤场307家，搬迁改造高污染企业345户，城区环境质量持续改善。率先推行环境网格化管理，设立环境监管调度指挥中心、环境质量预报预警中心和联合执法队伍，严厉查处生态环境违法行为。加快发展循环经济，国家“城市矿产”示范基地建设扎实推进，工业固废综合利用率达到78%，获评全国生态文明先行示范区、循环经济示范城市、节能减排财政政策综合示范城市。

——改革开放全面深化。经济、行政体制、城镇化、生态、社会事业、对外开放等领域出台改革举措625项，一批重点领域改革取得重大突破。加强生态文明制度建设、完善龙头企业和农牧民利益联结机制、创新同俄蒙合作机制三项先行先试改革扎实推进。国有企业改革深入实施，一机、北重等企业混合所有制改革初见成效。“放管服”力度不断加大，市本级行政审批事项精简59%，审批要件精简21%。“双随机一公开”监管模式全面推开，服务流程进一步优化。商事登记实现“多证合一、一照一码”，全市累计新增各类市场主体12.6万户。非公经济占比达到70%，对全市经济的贡献更加凸显。主动融入国家“一带一路”建设，满都拉口岸实现常年开放，开通中亚国际班列，航空口岸实现临时开放，公路港、铁路港、航空港建设迈出坚实步伐，获批全国商贸物流节点城市，城市知名度和影响力进一步提升。

——人民生活明显改善。民生支出累计达到1510亿元。严格落实精准扶贫政策，全市1.9万贫困人口实现稳定脱贫。就业形势保持稳定，城镇登记失业率控制在3.9%以内。覆盖城乡居民的社会保障体系基本建立，退休人员养老金持续提高，城乡居民医保实现并轨。社会救助体系不断完善，城乡低保标准逐年提高，教育、医疗、住房、取暖等救助工作协调并进，困难群众基本生活得到有效保障。教育事业全面发展，教育教学水平稳居全区前列。医药卫生体制改革全面推进，获批全国首批健康城市试点。文化事业和文化产业繁荣发展，成功创建国家公共文化服务体系示范区。公共体育服务体系不断健全，获评“中国十佳运动休闲城市”。地震气象人防、档案史志社科、外事侨务贸促和工青妇、儿童老龄、残疾人、红十字等各项事业都取得了新进展。安全生产、食品药品安全工作不断加强，平安包头建设深入推进，拥军爱民、民族团结、宗教和顺的和谐稳定局面不断巩固，继续保持了社会治安综合治理“长安杯”、“全国双拥模范城”、“全国法治宣传教育先进城市”和“全国文明城市”等殊荣。

——**政府自身建设不断加强**。坚决维护以习近平同志为核心的党中央权威和集中统一领导，认真落实全面从严治党要求。深入开展党的群众路线教育实践活动、“三严三实”专题教育和“两学一做”学习教育，认真贯彻中央八项规定、国务院“约法三章”精神，严格落实自治区、市委配套规定，严控办公用房标准，完成公务用车制度改革，政风明显好转。认真落实市人大及其常委会的决议和决定，主动接受人大法律监督和工作监督。自觉接受政协民主监督，主动听取各民主党派、工商联、无党派人士和专家学者意见建议。全面推进依法行政，健全完善政府议事决策规则、“三重一大”集体决策、行政决策合法性审查和政府法律顾问等制度，加大审计、监察力度，大力推行政务公开，廉洁政府建设不断加强。

各位代表，刚刚过去的2017年，我们隆重庆祝了自治区成立70周年，在努力保持经济平稳发展的基础上，以更大的决心、更大的力度从根本上转变发展理念、转变发展方式。针对中央巡视“回头看”和自治区党委巡视指出的问题，我们主动认领、坚决整改，及时停建压缩了地铁等55个政府性投资项目，压减投资702亿元；对主要经济指标作了调整，目的是压实总量、提高质量，卸下包袱、轻装上阵。预计完成地区生产总值3450亿元，按可比口径增长6%；固定资产投资3010亿元，增长2%；社会消费品零售总额1500亿元，增长7%；一般公共预算收入137.6亿元，下降49.3%，剔除虚增空转因素后同比增长6.1%；城乡居民人均可支配收入分别达到44230元和15870元，均增长8%，完成了调整后的预期目标。用电量、货运量等先行指标保持两位数增长，主要工业品量价齐升，规模以上工业企业利润大幅增长，就业比较充分，经济运行总体稳中有进、稳中向好。一年来，我们重点抓了以下工作：

一是全力以赴稳运行。主动应对经济下行压力，强化经济运行研判调度，实施重点企业市级领导包联帮扶责任制，不断完善国有企业改革发展政策体系，积极帮助企业解决运行中的实际困难，包钢扭转了连续3年亏损局面。积极争取自治区电力多边交易、基本电费减免政策，为企业降低用电成本19.4亿元。制定出台扶持“百年老店”发展的政策，授予26家企业“百年老店”称号。强化跟踪督办推进机制，全力推动亿元以上重大项目建设，完成投资1924.6亿元。实施招商引资项目1120个，引进国内（区外）资金到位879.2亿元。落实供给侧结构性改革任务，淘汰48万吨落后钢铁产能，化解60万吨煤炭过剩产能。推动棚户区改造货币化安置，新建住房库存面积较2016年底下降5%。积极稳妥推进政府债务化解，金融机构不良贷款率控制在合理区间。取消停征行政事业性收费和基金16项，为企业减轻负担9235万元。

二是坚持不懈调结构。牢牢把握提质量、增效益的发展方向，推进传统产业优化升级，新增稀土高强度防护用钢、特种越野车用钢等一批新产品，北方股份110吨级电动轮矿用车成功下线，包头盛泰铝轮毂、汇众汽车摇臂项目建成投产，联网数控机床达到602台（套）。发展壮大战略性新兴产业，自治区级稀土新材料产业园区挂牌成立，阿特斯光伏一期等新能源项目建成投产，启动建设全国首个军民融合综合评估中心、中国技术交易所包头中心、自治区军民融合大数据中心。全面提升科技创新能力，全社会研究与试验发展经费（R&D）占地区生产总值比重达到1.8%，组建信息技术大数据研究院等7所研发机构，国内首台磁共振医疗车研发成功，一机集团自主研发的4×4防雷车填补了该领域空白，世界首条隧道窑绿色环保稀土着色剂中试线投入使用，进入首批全国中小企业知识产权战略试点城市行列。大力发展现代服务业，成功举办第18届中国绿色食品博览会、中国特色旅游商品博览会等62次会展活动。包头海洋馆等旅游项目建成运行，旅游总收入492.2亿元，增长23.5%。深化农牧业供给侧结构性改革，绿色农畜产品进社区工程和“七个一流”现代农牧业体系建设有序推进，粮食安全盟市长责任制考核居自治区首位，成为全国绿色食品溯源试点城市。

三是坚定不移增活力。着眼于破除体制机制障碍，协同推进“放管服”改革，实行行政权力动态管理和清单管理，推行“互联网＋政务服务”模式，市本级387项公共服务事项全部实现网上办理，市政务大厅荣获全国“百优大厅”称号。实行公共资源交易目录制度，完成市县交易平台整合，工程建设交易实现全流程电子化。稳步推进国有企业剥离办社会工作，包钢医院、包钢职业技术学院等机构实现委托管理，“三供一业”移交工作全面启动。36户市属企业纳入国有资产集中统一监管体系。实施“六个一”提升工程，82%的龙头企业与农牧民形成有效利益联结。全面推进国有林场、土地确权和不动产统一登记制度改革，草原确权基本完成。加快发展外向型经济，开工建设国家进口肉类指定口岸、中蒙互市贸易区，B型保税物流中心获准建设，满都拉口岸过货量突破200万吨。完成包头国际机场航站楼改造，机场旅客吞吐量突破200万人次，进入国内中型机场行列。

四是建管结合抓城建。立足完善功能、提升品质，强化城乡规划战略引领和刚性控制，城市总体规划（2011—2020）获得国务院批准，入选全国第一批城市设计试点和全国“城市双修”试点。北梁腾空区首批重点项目全面启动，新都市区开发建设扎实推进。110国道改造、沼南大道等重点道路和综合管廊项目加快实施，军工文化主题公园、奥林匹克公园全面开放，“两馆一中心”基本建成，劳动公园、八一公园等老旧公园完成改造，赛汗塔拉新增规划绿地面积2800亩，成为名副其实的万亩城中草原。大力发展装配式建筑，加快提升工程建设品质，获评国家装配式建筑示范城市。持续加强城市管理，实施城市环境综合整治“五化”工程，顺利通过“国家卫生城市”复审。

五是多措并举优生态。始终坚持绿色发展理念，大力开展生态保护修复，实施国家林业重点工程40万亩、重点区域绿化3.7万亩。积极推进大青山南坡生态综合治理工程，完成绿化修复6.4万亩，清理整顿违法企业项目256个，自然保护区工矿企业全部退出。开展废弃矿井专项整治，累计封堵废弃矿井643个。重拳治理环境污染，实施污染治理工程130项，划定300平方公里高污染燃料禁燃区和192处畜禽禁养区，完成原煤散烧整治9.5万户，全市空气质量优良天数达到277天，比上年增加8天，全面完成中央环保督察反馈意见年度整改任务。实施城市水生态综合治理工程，完成30公里河道治理、污水控制、水景观建设等改造任务，小白河等湿地保护开发项目加快推进，“河长制”得到全面推行。

六是用心用情惠民生。全面贯彻以人民为中心的发展思想，投入扶贫资金6.5亿元，实施精准脱贫攻坚，建立贫困学生交通补贴、免费免试接受职业教育、医疗扶贫救助金制度，开展农畜产品认购、园林绿化、义拍捐赠等社会公益扶贫模式，扶贫质量进一步提高。着力推动创业创新，建设和认定市级以上创业园孵化基地73个，7218名就业困难人员实现再就业，为1.1万名创业者发放创业担保贷款10亿元，居全区首位。高度关注弱势群体，全力开展农牧民工工资清欠工作，投入2.4

亿元提高养老、医疗、低保等7项社会保障和救助标准。开工建设综合老年养护院，加快推进儿童福利院、老年福利院、救助管理站等工程建设。新建18所中小学、幼儿园，投入1.7亿元实施高中分层教学等三项制度改革，贫困学生资助政策实现全覆盖。积极推进市儿童医院等项目建设，与国内知名医疗机构合作共建院士工作站8个，投入3000多万元为年满50周岁农牧民实行免费体检，为偏远乡镇卫生院配备流动卫生服务车和医疗设备。组织实施原创剧目展演、群众文化艺术等一系列公共文化活动，成功举办中国体育文化博览会、中国体育旅游博览会和首届草原国际足球节等重大活动。深入实施“七五”普法规划。建立健全社会治安防控体系，启动推行“三见警”常态化巡逻机制，持续开展缉枪治爆、打击“黄赌毒”等专项行动，深入开展安全生产大检查和信访积案化解“百日攻坚”，治安和刑事案件、安全生产事故整体下降，“平安包头”建设成果持续巩固。

过去一年，我们进一步加强政府自身建设，深入推进依法行政。牢固树立“四个意识”，不断强化责任担当，坚决整改中央巡视“回头看”、自治区党委巡视和市委巡察指出的问题。高度重视人大代表建议和政协委员提案办理工作，共办理人大代表建议和政协委员提案427件，办结率100%。严格落实党风廉政建设责任，全面开展政府系统“作风转变年”活动，持续开展重大政策落实、财政民生资金、领导干部经济责任审计，强化行政监察和督查问效，执行力落实力进一步增强。更加自觉地接受社会监督，完善政务公开和新闻发布制度，全年举办新闻发布会48次。严控“三公”经费支出，腾出更多资金用于保障和改善民生。

各位代表！五年的发展成就来之不易。这是习近平新时代中国特色社会主义思想科学指引的结果，是市委统揽全局、坚强领导的结果，是市人大、市政协认真监督、大力支持的结果，是全市各级干部群众同心同德、苦干实干的结果，是社会各界关心关注、共同努力的结果。在此，我代表市人民政府，向全市各族人民，向所有为包头建设发展作出贡献的同志们、朋友们表示衷心的感谢、致以崇高的敬意！

各位代表！五年的奋斗历程，让我们深刻体会到：推动包头的改革发展事业，**必须坚持党的领导**。党的领导是各项事业成功的根本保障。我们只有牢固树立“四个意识”，坚决维护以习近平同志为核心的党中央权威和集中统一领导，全面贯彻落实中央、自治区和市委的决策部署，才能确保改革发展各项事业始终沿着正确的方向前行。**必须坚持工业强市**。工业是包头的立市之本，更是强市之基。我们只有坚决贯彻落实新发展理念，把转变经济发展方式的重中之重放在工业提档升级上，强化科技创新，深化改革开放，才能破解发展难题，厚植发展优势，实现更有质量、更有效益、更可持续的发展。**必须坚持生态优先**。绿水青山就是金山银山。我们只有坚定不移地走绿色发展之路，形成节约资源和保护环境的空间格局、产业结构、生产方式、生活方式，才能实现人与自然的和谐共生，建成美丽家园。**必须坚持依靠群众力量**。发展为了人民，发展依靠人民。我们只有坚持以人民为中心的发展思想，从解决人民群众普遍关心的突出问题入手，不断满足人民群众日益增长的美好生活需要，充分激发人民群众的积极性主动性创造性，才能凝聚起建设包头的强大正能量。**必须坚持艰苦奋斗的创业精神**。艰难困苦，玉汝于成。包头的发展历程炼就了艰苦奋斗的创业精神。我们只有不断传承和发扬这种精神，敢于攻坚克难、勇于开拓创新，实事求是、扎实苦干，才能肩负起新时代赋予的新使命。

各位代表！站在新的历史起点，我们也清醒地认识到，发展中还面临着不少困难和问题。主要是：产业支撑能力不强，传统支柱产业仍处于价值链中低端，新兴产业尚未形成规模，非公经济发展还不充分，缺乏带动作用强、对经济贡献率大的项目；地区综合优势未能有效发挥，龙头企业带动作用不明显，驻市企业与地方经济未能形成深度融合，优势产业集群尚未形成；创新能力不强，科技成果转化率不高，新技术、新业态、新经济开发和培育滞后，经济转型升级压力大；税收增长乏力，财政收支矛盾凸显，化解政府债务任务艰巨；城乡发展不平衡问题依然突出，基础设施还不完善，生态环境比较脆弱，空气质量亟待改善；民生和社会事业领域的短板尚待补齐，人民群众在就业、教育、医疗、安居、养老等方面还面临不少难题；部分干部墨守成规、不敢担当，一些单位作风漂浮、工作不实，与新时代新任务新要求还不相适应。问题导向就是努力方向，我们将切实采取有力措施，认真加以解决。

二、今后五年的总体思路

今后五年，是全面建成小康社会的决胜期，也是实现“两个一百年”奋斗目标的历史交汇期。党的十九大吹响了决胜全面建成小康社会、开启全面建设社会主义现代化国家新征程的集结号。新一届政府要切实增强责任感和使命感，不忘初心、牢记使命，埋头苦干、锐意进取，不断开创改革发展事业和现代化建设新局面。

政府工作的总体要求是：**全面贯彻党的十九大精神，以习近平新时代中国特色社会主义思想为指导，统筹推进“五位一体”总体布局，协调推进“四个全面”战略布局，坚持稳中求进工作总基调，坚持新发展理念，紧扣社会主要矛盾变化，按照高质量发展要求，认真落实中央、自治区、市委的决策部署，紧紧抓住发展这个解决一切问题的基础和关键，突出抓重点、补短板、强弱项，坚决打好防范化解重大风险、精准脱贫、污染防治攻坚战，坚决守好发展、民生、生态三条底线，进一步增强发展后劲，进一步提升城市品位，进一步改善人民生活，进一步优化生态环境，推动各项事业提档升级、争创一流，确保与全国同步建成经济更加发展、民主更加健全、科教更加进步、文化更加繁荣、社会更加和谐、人民生活更加殷实的全面小康社会，全面开启社会主义现代化建设新征程，奋力谱写“建设亮丽内蒙古、共圆伟大中国梦”的包头篇章。**

按照总体要求，重点要抓好六个方面的工作：

——更加注重增强发展后劲，努力打造我国西部地区最具竞争力的现代工业城市。深化供给侧结构性改革，提高供给体系质量，优化各类要素配置，大力振兴实体经济。强化一盘棋意识，树立“大包头”理念，打破所有制和隶属关系界限，挖掘整合辖区内的一切生产要素，推动驻市企业与地方经济深度融合，加快构筑以央企区企等优势企业为龙头、众多中小企业协同发展的产业集群。以创建“中国制造2025”示范区为契机，运用互联网、大数据、新技术等手段改造提升传统产业，推动钢铁、铝业、装备制造等产业向高端化、高技术化、集群化方向发展。大力发展战略性新兴产业和现代服务业，在中高端消费、绿色低碳、共享经济等领域培育新增长点，形成新旧动能协调拉动的经济发展格局。发挥稀土资源的绝对优势，以国家级稀土新材料产业园区为载体，强化顶层设计和政策配套，加强科技研发和成果转化，提高白云鄂博矿产资源综合开发利用水平，拓展稀土开发应用的广度和深度，打造“世界稀土产业之都”。

——更加注重科技创新驱动，加快建设科

技创新高地和创新型城市。构建形成以创新为主要引领和支撑的经济体系和发展模式，建设国家可持续发展议程创新示范区。围绕企业技术改造、产品开发和产业发展需求，实施高校创新能力、科研机构研究能力提升计划，加快建设稀土功能材料创新中心等一批国家级科技创新平台。依托龙头企业、国家重点实验室、院士工作站和各类科研院所，针对重点领域、关键环节开展一批科技集中攻关和中试研究，促进产学研深度融合和科技成果落地转化，让创新链更好地服务产业链。积极推动军民融合深度发展，构建全要素、多领域、高效益的军民融合发展格局。深入实施人才强市战略，优化人才培养引进政策和服务体系，引进一批领军人才，集聚一批高技能人才，培育一批"包头工匠"，加快构建科技创新能力体系。

——更加注重深化改革开放，着力建设更具活力动力的开放型城市。全力抓好习近平总书记嘱托内蒙古先行先试的三项改革任务落实，深入推进经济、生态、行政体制等重点领域改革攻坚，进一步破解体制机制障碍。深化"放管服"改革，充分激发民间投资活力动力，大力发展非公有制经济，使包头成为吸引投资、创新创业的热土。深化金融体制改革，健全金融监管体系，积极化解政府债务，坚决打好防范化解重大风险攻坚战。深化国企国资改革，完成剥离国有企业办社会职能工作，全力支持包钢、包铝、一机、北重、北奔、二〇二、二冶等企业做强做优做大。加快口岸、外贸、外资、跨境电商等平台建设，鼓励企业通过产能合作开拓国际市场，构建全方位对外开放新格局。积极落实呼包鄂协同发展战略，推进各领域互联互通，提升城市辐射力带动力。

——更加注重提升城市品位，倾心打造以人为核心的宜居宜业现代化城市。坚持人民城市为人民，用科学规划引领城市发展，划定生态保护红线、永久基本农田、城镇开发边界三条控制线。实施"功能完善、景观提升、交通优化、文旅融合"四大工程，构建系统完善、运行高效的现代化城市基础设施体系。不断强化新都市区基础设施、公共服务和综合配套设施，建设贯通东西、连接南北的城市新中心。健全城市管理体制机制，加快"智慧城市"建设，提高标准化、精细化、智能化、人性化管理水平。大力实施乡村振兴战略，坚持农牧业和农村牧区优先发展，建立健全城乡融合发展的体制机制和政策体系，着力优化"三带六区"农牧业产业布局，加快推进农牧业农牧区现代化。践行社会主义核心价值观，加强城乡精神文明建设和全社会诚信体系建设，全面提升城乡内涵品质。

——更加注重优化生态环境，奋力建设人与自然和谐共生的美丽包头。坚决打赢污染防治攻坚战，实行最严格的生态环境保护制度，开展"山水治理、大气防控、水土改善"三大行动，确保主要污染物排放总量大幅减少，城区环境质量明显改善。开展大规模国土绿化行动，实施好天然林保护、退耕还林等国家重点工程，巩固好围封禁牧成果。加强生态保护修复，统筹山水林田湖草系统治理，抓好大青山南坡地质环境治理及生态恢复。大力发展绿色低碳产业，培育壮大节能环保产业，推进资源全面节约和循环利用，强化节能减排，建立健全绿色低碳循环的经济体系，推动生态环境质量大幅改善。

——更加注重改善人民生活，全面提升全市人民的获得感、幸福感和安全感。强化精准扶贫、精准脱贫举措，坚决打赢精准脱贫攻坚战。坚持以产业、创业带动就业，落实全民参保计划，不断提升城乡居民收入和社会保障水平。推进教育强市建设，优化资源配置，提高教育质量，促进教育公平，打造全区一流、人民满意的教育。

深化医药卫生体制改革，全面建立基本医疗卫生制度、医疗保障制度和优质高效的医疗卫生服务体系，积极发展多形式、多层次的城乡养老事业，加快建设健康城市。完善公共文化服务体系，大力弘扬乌兰牧骑优良传统，实施文化惠民工程。坚决抓好安全生产、食品药品安全、社会治安等工作，确保社会大局和谐稳定。

各位代表，新时代赋予新使命，新时代要有新作为。包头有六十多年的工业基础，有相对完备的产业体系，有较为雄厚的科研和人才优势，有健全完善的城市功能，有蝉联五届文明城市的深厚底蕴，有艰苦奋斗的创业精神，有深深热爱着这座城市的286万勤劳智慧的各族人民，特别是在党的十九大精神鼓舞下，市委团结带领全市广大干部群众凝聚形成了干事创业的强大合力，我们完全有基础、有条件、有信心、有能力实现既定目标。只要我们戮力同心、埋头苦干，就一定能够挺钢铁脊梁，振包头雄风！

三、2018年工作建议

2018年是贯彻党的十九大精神开局之年，是改革开放40周年，是决胜全面建成小康社会、实施“十三五”规划承上启下的关键一年，我们要认真贯彻落实中央经济工作会议、自治区党委十届五次全会暨全区经济工作会议、市委十二届四次全会精神，统筹做好经济社会发展各项工作。综合考虑当前和长远、需要和可能、速度和质量等各方面因素，建议主要预期目标为：**地区生产总值增长7%左右，固定资产投资增长8%左右，社会消费品零售总额增长8%左右，一般公共预算收入增长6%左右，城乡常住居民人均可支配收入均增长7.5%左右，城镇登记失业率控制在3.9%以内，政府债务化解完成年度任务，全面完成国家和自治区下达的各项约束性指标。**

实现上述目标，要重点抓好七个方面的工作：

（一）深化供给侧结构性改革，全力振兴实体经济。坚持把发展经济的着力点放在实体经济上，把提高供给体系质量作为主攻方向，坚定不移推动经济发展质量变革、效率变革、动力变革。

一是深入挖掘内在潜力。全力推进企地融合，制定出台支持实体经济、促进企地融合发展的政策措施，鼓励支持中小企业围绕央企区企等优势企业开展产业协作配套、科技成果转化和共享经济服务，策划实施企地融合项目30个以上。建立企地交流合作运行机制和绿色通道，搭建互动交流、务实管用的合作平台，最大限度地发挥出全市经济发展的综合优势。**支持实体企业成长，**强化煤电油气运等生产要素保障，综合施策降低企业融资、物流、用能成本和税费负担，帮助企业解决实际困难，充分释放有效产能。健全完善中小企业公共服务平台功能，降低初创期中小微企业经营成本，培育“专精特新”中小企业150户。扩大“助保金贷款”覆盖面和资金池，惠及企业100户以上，发放助保金贷款5亿元以上。落实好关于非公经济发展的一系列政策措施，继续清理规范涉企收费，着力优化实体经济发展环境。实施企业家培育工程，依法保护民营企业合法权益，构建亲清新型政商关系，营造利于企业发展的良好氛围，让企业家安心创业、安心发展。大力弘扬工匠精神，开展质量提升行动，推动标准化建设，加强商标使用、管理和保护，打造一批知名“百年老店”，让更多的包头品牌出去“闯天下”。

二是实施精准有效投资。充分发挥投资对优化供给结构的关键性作用，按照提高质量、优化结构、产业集聚、注重效益的原则，毫不放松地抓招商、抓项目，年内组织实施亿元以上重点项目680个，完成投资1500亿元以上。**加强产业项目建设，**鼓励支持现有企业实施产业升级项目，开工建设晶澳太阳能单晶硅、盛泰50万只卡巴轮等130个项目，加快推进神华二期、神雾化工等项目建设，力争北方嘉瑞高强度聚乙烯、丰川高压化成箔生产线等300多个项目竣工。**加强基础设施建设**，加快实施东河至白云鄂博、110国道北绕城等公路项目，确保满都拉口岸至白云鄂博、东河至托县等公路建成通车。积极推动包银高铁开工建设，加速融入国家高速铁路网。力争石拐、达茂通用机场建成投入使用，争取包头机场升级为国际机场。**实施招商引资“市长旗县区长工程”**，统筹整合全市各类招商资源，加强招商队伍建设，发挥产业体系和城市配套的综合优势，创新招商方式，注重以商招商、精准招商，全方位对接国际国内龙头企业，力争在稀土新材料、高端装备及智能制造、总部经济、新型服务业等领域引进一批大项目好项目，年内引进国内（区外）资金增长8%左右。

三是强化科技创新驱动。突出企业创新主体地位，强化知识产权保护和运用，引导企业加大研发投入，重点培育50家国家高新技术企业、10家科技小巨人企业。**支持新型研发机构建设**，鼓励重点科研院所和企业申报国家、自治区级科技企业孵化器、重点实验室、企业技术中心和工程技术中心，组织实施重大科技专项30项以上。**推动科技成果转化**，充分发挥院士工作站等研发机构作用，建立以市场为导向、产学研深度融合的技术创新体系，推动创新要素向产业和企业集聚，支持绿色环保稀土着色剂、伺服电机等科技成果产业化。**抓好军民融合**，鼓励军转民、民参军，培育认定10家军民融合科技创新示范企业，组织实施15项以上军民协同创新重点项目，全力创建国家军民融合创新示范区。**强化人才支撑**，探索建立“人才＋项目＋资本”协同引才模式，深入实施高技能人才“聚匠工程”和“国际认证引育工程”，开展享受政府特殊津贴评选和青年创新人才项目资助活动，力争培养引进高层次人才1000人左右。

四是强化金融服务保障。支持金融机构回归本源，打通金融服务实体经济的“血脉”。创新服务模式，积极推动组建金融租赁公司，加强与外埠非银行金融机构的合作，帮助和支持企业拓宽融资渠道、降低融资成本。依托多层次资本市场，支持金海新能源、威丰电磁等企业在主板、创业板上市，鼓励更多企业在新三板、区域股权市场挂牌，支持包钢等企业推进市场化法治化债转股，提高直接融资比重。持续优化金融环境，树立地区良好形象，合理运作城市资源，吸引更多资金助力基础设施建设。大力发展绿色金融和普惠金融，加大金融对节能环保、精准脱贫、“三农三牧”支持力度。促进科技与金融紧密结合，与中科院包头稀土研发中心、上海交大包头材料研究院及有关投资机构合作设立风险投资基金，加快构建科技金融服务链。

（二）全力推进产业转型升级，加快构建现代产业体系。深入落实“五个结合”，着力做强做优存量，做大做特增量，以工业提档升级引领产业全面升级。

一是全力振兴工业经济。改造提升传统产业，制定出台传统工业优化升级三年行动方案，重点在增品种、提品质、延链条上下功夫，实施明拓160万吨铁素体不锈钢、威丰冷轧取向硅钢三期、固阳50万吨轻金属材料等重大产业项目，培育发展高品质特殊钢、新型轻合金制造等产业。加大传统机床数字化改造力度，扩大网络协同制造平台的应用领域，促进信息技术在企业研发设计、生产制造、经营管理、销售服务等全流程和全产业链的集成应用。**大力发展战略性新兴产业**，加快推进通威高纯晶硅、亚洲硅业超纯硅和阿特拉斯切片及电池组件等项目建设，打造投资200亿元的晶硅—切片—光伏组件—太阳能电站产业链。实施宝钢化工针状焦、杉杉负极材料、北京双杰电池隔膜及昊明新能源电池等项目，打造投资150亿元的煤焦油—针状焦—负极材料—电池—新能源汽车全产业链。制定落实智能制造三年行动计划，实施医疗器械、伺服电机、工业机器人、智能车间等现代装备制造项目，推动组建区域网络协同制造联盟，建设智能制造创新体验中心，加快构筑智能制造互联网生态圈和制造业共享经济圈。积极发展大数据产业，重点完善基础数据库建设和无线城市应用，建设高速宽带信息通信网，加快"智慧包头"建设。**全力做强做优做大稀土产业**，积极争取国家和自治区支持，制定支持稀土产业发展专项政策，以独特的资源优势和宽松的政策环境，大力引进国内外具有竞争实力的研发和应用企业。建设国家稀土功能材料创新中心，整合稀土科研院所、企业创新资源，提高稀土、铌、钍等资源开发应用水平，扩大稀土功能材料和终端应用产品比重，培育新的经济增长极。**大力实施园区振兴计划**，优化园区布局和产业定位，健全园区管理体制和工作机制，科学完善基础设施，提高承载服务能力。建立健全"僵尸企业"退出处置机制，推动化解过剩产能，破除无效供给，盘活土地等存量资源。提高投资强度和产出效益，促进园区集约集聚发展。

二是加快发展现代服务业。制定出台支持现代服务业发展的实施意见，筹备召开全市现代服务业发展大会，推进现代服务业提质增效。**促进生产性服务业向专业化和价值链高端延伸**，着力扩大钢铁、有色、建材等物流规模，发展绿色物流、冷链物流、城乡配送等新业态，支持物流企业拓展仓储、金融等增值服务，推动物流业标准化改造，提高物流全链条服务时效。大力发展互联网共享经济等新经济、新业态、新商业模式，加快乐享机械营销网、诚昊启元无车承运人互联网平台＋冷链物流储配送项目建设。依托国家工程实验室包头信息技术大数据研究院，加快培育壮大稀土、钢铁、煤炭电商交易平台，推进苏宁内蒙古结算中心建设，进一步扩大电子商务交易规模。支持会展产业市场化发展，举办各类大型展会60场以上。**推动生活性服务业向精细化和高品质转变**，高标准实施中东奥特莱斯、九原万达、包百新天地、红星美凯龙等商业综合体项目，积极构建辐射带动周边城市的中高端和个性化消费中心。促进文化旅游深度融合，实施老包头记忆历史文化旅游街区项目，推动大型实景文化演出、图书类文化综合体等项目。大力发展全域旅游，加快创建土右、达茂、石拐、固阳四个全域旅游示范区。集中力量创建五当召国家5A级景区，抓好九峰山大峡谷、秦长城、希拉穆仁草原旅游区等一批旅游项目建设。实施军事文化旅游体验园、小白河文化旅游产业园等项目，培育特色旅游品牌。加强与重点客源城市和航班直飞城市的旅游合作，开发旅游精品线路，打造国内知名旅游目的地。

三是大力实施乡村振兴战略。坚持以工补农，以城带乡，走城乡融合发展的道路。深化农牧业供给侧结构性改革，促进农牧业与二三产业融合发展，落实粮食安全盟市长责任制。调整优化种养结构，积极发展特色种养殖业，加快"菜薯肉乳"主导产业转型升级，建设现代农牧业示范基地10个、都市休闲观光农牧业示范基地10个。推动现代农牧业示范园区提档升级，年内入园企业达到130家以上，3个食品加工园区新增加工企业20家以上，提高绿色农畜产品加工转化率。引导鼓励土地流转，促进农牧业规模化、集约化经营，大力培育龙头企业、合作社、专业大户、家庭农牧场等新型农牧业经营主体。支持拓展连锁直销、农超对接、物流配送、电子商务等销售途径，开展农畜产品质量安全追溯体系试点建设，着力构建现代农牧业产业体系、生产体系、经营体系。

（三）坚决打好三大“攻坚战”，筑牢经济社会发展底线。全力落实“防范化解重大风险、精准脱贫、污染防治”任务，进一步夯实决胜全面建成小康社会的基础。

一是打好防范化解重大风险攻坚战。重点防范金融风险，组建包头市地方金融监督管理局，强化属地风险处置责任，加强金融风险监测预警和防范处置，加大互联网金融监管力度，严厉打击违法违规金融活动，规范产权交易场所、小额贷款公司、融资性担保公司经营运行，坚决守住不发生区域性、系统性金融风险底线。坚持把化解政府债务作为一项重大政治任务来抓，全面加强政府债务管理，更多地运用市场化规则，盘活政府性资产，激发平台公司活力，打好预算安排、债权置换、资产重组、资源盘活组合拳，积极稳妥化解政府债务。强化预算绩效和债务限额管理，出台政府性投资项目管理办法，规范政府举债行为，严控政府债务增量，力保通过4年时间将政府债务率降至合理区间。

二是打好精准脱贫攻坚战。全面落实“六个精准”和“五个一批”要求，压实旗县区脱贫攻坚主体责任，强化部门行业扶贫及社会扶贫责任，保证现行标准下的脱贫质量，既不降低标准，也不吊高胃口。加大产业扶贫力度，依托小尾羊、草原立新、建华禽业等龙头企业，通过委托代种代养、保底收购及入股分红等方式，促进自主生产与龙头带动结合，稳定贫困户收入来源。全面落实教育、医疗扶贫措施，加快推动危房改造，让贫困户都能看得起病、上得起学、住上安全房。进一步落实政策性兜底措施，不断深化和创新社会帮扶模式，按计划完成精准脱贫任务。加大“智志双扶”力度，更加注重激发贫困人口的内生动力，建立完善防止返贫长效机制，不断巩固和提升脱贫成果。

三是打好污染防治攻坚战。全面推进中央、自治区环保督察反馈问题整改落实。持续开展大气污染防治行动，突出重点污染源专项整治，启动实施钢铁、电力等重点行业的污染深度治理工程，加强工业园区大气污染防治，全面完成煤场封闭，在工业污染源全面达标排放的基础上，进一步压减排放总量，严控排放增量。持续推动原煤散烧治理，强化露天焚烧和扬尘污染管控，严查高污染车辆，全面停止销售低于国五标准的普通柴油，坚决打赢蓝天保卫战。开展水污染综合治理，完善污水收集管网建设和污水处理厂提标改扩建，进一步提高中水利用率。强化土壤污染管控和修复，划定土地利用功能分区，建立土壤污染企业清单，强化固体废弃物和垃圾处置监管。加强农业面源污染防治和城中村、城边村环境综合整治，不断改善城乡生产生活环境。

（四）不断深化改革开放，激发各类市场主体活力。把改革开放摆在更加突出的位置，全力破解影响制约发展的体制机制障碍，拓展发展空间，厚植发展优势。

一是深入落实重点领域改革任务。进一步理顺推进改革的体制机制，增强改革方案的针对性可行性，提高改革举措的执行力落实力。深化国有资产管理体制改革，盘活资产存量，优化资产布局，促进保值增值，推动国有资本做强做优做大。深化国有企业改革，稳步推进国有企业剥离办社会职能，完成包钢“三供一业”分离移交任务。纵深推进“放管服”改革，进一步简化优化审批流程，推动“并联审批”“多图联审”，开辟园区项目审批绿色通道，不断优化营商、便民服务环境。深化商事制度改革，推行企业全程电子化登记，实现“双随机一公开”监管全覆盖。

全面启动稀土新材料产业园区配售电改革。实施标准化改革，创建国家标准化综合改革试点城市。落实第二轮土地承包到期后再延长30年政策，加快完成土地草牧场确权登记颁证工作。开展经济发达镇行政管理体制改革试点，改进乡镇行政管理模式。

二是加快构建全面开放新格局。积极参与“一带一路”建设，支持包钢、一机、北重、北奔等品牌企业开拓国际市场，鼓励鹿王、丰达等企业开展产能国际合作。紧紧抓住满都拉作为呼包鄂唯一陆路口岸的有利条件，推动基础设施提档升级，建成中蒙互市贸易区一期和国家进口肉类指定口岸，推进满都拉至蒙古国赛音山达、塔奔陶乐盖2条公路项目，加快形成综合运输成本优势，大幅提升口岸竞争力，力争过货量突破300万吨。加快传化公路港和蒙西国际物流配送中心项目建设，发挥B型保税物流中心作用，完善曹妃甸“无水港”“一站式”服务，改造升级天津“无水港”，推动中亚国际班列市场化运行。创新与俄蒙合作机制，做好赴蒙棚改援建项目，以开放促发展。

三是主动开展区域合作。积极参与呼包鄂协同发展，发挥比较优势，抢占发展先机，在工业、金融、文化、旅游、商贸等领域谋划和实施一批重点项目，打造呼包鄂区域的经济辐射区和产业集聚区。积极推动包茂高速包头至东胜改扩建等基础设施互联互通工程，优化区域资源配置。加强协同创新，与呼鄂两市开展产学研合作，积极创建新型研发机构，提升科技成果转化效率。推动医疗社保、教育人才、住房保障、林业生态等资源的共建共享，强化三市环境污染联防联治，着力开创协同发展新局面。主动融入京津冀和呼包银榆经济区，加强与长三角、珠三角合作，拓展经济成长新空间。

（五）着力优化城乡环境，构建城乡协调发展格局。尊重和顺应城市发展规律，统筹规划、建设、管理三大环节和生产、生活、生态三大布局，全面增强城乡发展的系统性和宜居性。

一是着力完善城市功能。加强城市发展战略研究，启动编制新一轮城市总体规划（2021—2035），推动“多规合一”，绘制城乡统筹发展“一张蓝图”，划定“三条红线”，用红线管控城市、管控土地。开展城市设计和城市“双修”试点，注重城市风貌塑造和单体建筑设计，更多体现包头地域特色和时代特征。加快新都市区和北梁腾空区建设，实施地下管廊、海绵城市、排水防涝、污水处理、充电桩、停车场等一批基础设施工程，新改续建道路49条115公里，提升城市承载力。合理把控土地供应节奏，精准推进商品非住房去库存，加快建立多主体供应、多渠道保障、租购并举的住房制度，改造棚户区10896户，促进房地产市场健康发展。出台物业管理规定，召开全市物业管理大会，实施住宅小区物业管理提档升级三年行动，年内实现146个小区物业管理达标。加强装配式钢结构建筑发展应用，加大绿色建筑推广力度，全面提升建筑工程质量安全水平，加快推动建筑产业转型升级。推动国家生态园林城市创建，进一步提升赛汗塔拉、奥林匹克公园“城市绿肺”功能，实施昆河、二道沙河、东河生态修复治理，打造一批特色鲜明的社区公园和中小型绿地，全面构建“300米见绿、500米见园”的城市绿化格局，让绿色成为包头的城市品牌。合理配置医院、商圈等区域周边的停车设施，方便群众出行。实施城市精细化管理，推进市政公用、市容环卫、园林绿化和城市管理执法等职能协作共融，加密城市管理网格，持续开展私搭乱建、破墙开店、张贴小广告等专项整治，提高城市管理和服务水平。

二是推进县域协调发展。优化外五旗县区资源配置，加大基础设施投入、生产要素集聚和资金政策倾斜力度。推动石拐加速融入主城区，做强旅游业、大数据和现代物流产业。支持土右发展清洁能源、新型化工和新材料等主导产业，打造新的经济增长极。发挥白云、达茂区位优势，大力发展边境经济，推动稀土资源综合利用、风光新能源、现代煤化工等产业发展。帮扶固阳巩固扩大脱贫攻坚成果，建设全市重要的产业承接基地，发展特色冶金、新能源产业及旱作绿色农业。规划建设一批产业定位明确、文化内涵深厚、景观风貌独特的特色小镇，培育壮大县域经济。开展农村牧区人居环境整治三年行动，建立完善长效管理机制，加强农村牧区基础设施建设，建好管好护好运营好农村公路，推进“厕所革命”，强化垃圾污水治理，提升村容村貌，创建50个市级美丽乡村示范村。

三是加强生态文明建设。启动大规模国土绿化行动，培育一批专门从事生态保护修复的专业化企业，引导鼓励社会多方投资参与生态建设。实施新一轮退耕还林还草、京津风沙源治理和天然林保护等国家林业重点工程，扎实推进公路、村屯、厂矿园区、城镇周边、黄河流域及大青山南坡等重点区域绿化，森林覆盖率提高到17.8%。实施湿地保护恢复工程，建设包头黄河国家湿地公园，增强湿地生态功能。落实草原生态补奖政策，持续实施围封禁牧、退牧还草，积极开展草原荒漠化、沙化治理，确保基本草原生态持续改善。全面落实河长制，稳步实施以防洪安全、水污染治理、水环境改善、水生态修复为重点的城市水生态提升综合利用工程，着力打造沿黄生态走廊。不断完善生态文明制度体系，健全自然资源资产产权制度，严格执行污染物排放许可制度，探索建立市场化、多元化生态补偿机制，改革生态环境监管体制。促进低碳绿色发展，强化能源消耗总量和强度“双控”，启动智慧能源监管平台建设，实现工业能源消耗的动态监控和数字化管理。推进传统产业和工业园区循环化改造，完善再生资源回收体系，抓好国家“城市矿产”示范基地建设，创建可再生能源综合应用示范区。

（六）着力保障改善民生，促进社会和谐稳定。牢牢抓住人民群众最关心最直接最现实的利益问题，周密谋划、用心操作，尽力而为、量力而行，实实在在办好民生实事。

一是千方百计促进就业增收。坚持就业优先战略和积极就业政策，扎实做好以大学生、农牧民和就业困难人员为重点群体的就业创业工作，完善覆盖城乡的技能培训制度，确保全年新增城镇就业4万人以上，农牧民转移就业23万人以上。推进创业园孵化基地提档升级，落实好创业担保贷款等各类支持政策。健全科学合理的企业工资正常增长机制，完善机关事业单位津贴补贴和绩效工资制度，不断提高居民劳动收入和财产性收入。严格落实惠农惠牧政策，支持和鼓励农牧民就业创业，拓宽农牧民增收渠道。全面治理拖欠农牧民工工资问题，形成市场主体自律、政府依法监管、社会协同监督、司法联动惩处的工作体系，切实维护好农牧民工合法权益。

二是编密织牢社会保障网。全面实施全民参保计划，针对重点群体开展精准扩面，及时调整养老、失业等各项社会保险待遇水平。深化医保支付方式改革，严格医保资金使用管理，推行总额控费和单病种付费方式，控制医疗费用不合理增长。统筹城乡社会救助体系，推进低保制度和社会救助、社会福利、慈善事业、优抚安置等相衔接，稳步提高特殊困难群体保障标准。加快民政福利园区建设，健全完善关心关爱弱势群体工作机制，使鳏寡孤独者得到关爱。推进残疾人事业发展，建成残疾人康复中心。大力发展养老事业和养老产业，加强日间照料中心、养老服务站、互助幸福院、综合养护院以及医养服务机构等养老设施建设，打造城市养老服务示范基地。

三是促进教育质量提升和均衡发展。全面启动教育提升三年行动计划，实施校长领航工程，建立分层培训机制，提升校长办学治校能力，着力解决好中小学生课外负担重、大班额、乱办班乱补课等突出问题。实施学前教育普惠工程，积极推进23所中小学幼儿园新改扩建项目，确保公办和普惠性民办幼儿园覆盖率达到82%。实施义务教育扩优工程，推进城区强校带弱校的学区化、集团化办学，深入开展城乡学校结对共建，促进城乡教育一体化发展，努力让孩子们都能享有公平而有质量的教育。实施普通高中教育质量提升工程，推进包一中迁建等项目，建设9个普通高中学科（项目）基地，提升普通高中毕业生的优质升学率。积极支持高等院校内涵式发展，完善职业教育和培训体系，深化产教融合、校企合作，切实把高等院校打造成为集聚和培养人才的摇篮。统筹抓好民族教育特色创建、特殊教育发展、社会实践教育创新工程，鼓励社会力量兴办教育，完善教育投资多元化体制，不断满足教育资源供给多样化需求。

四是推动文化事业繁荣发展。加快公共文化服务体系建设，加大向社会力量购买公共文化服务力度，提升公共文化服务标准化、均等化水平。办好鹿城文化艺术节、交响音乐季等群众性文化活动，创作排演《双翼神马》等一批文艺精品，不断扩大“包头故事”影响力、感染力。制定加快乌兰牧骑事业发展的意见，更好地支持乌兰牧骑在新时代实现新发展，努力让广大农牧民精神生活更加丰富多彩。加强文物保护利用，实施秦长城、五当召、北梁老街巷等一批古遗址、古建筑、古民居保护利用工程，加大工业遗产保护开发力度，促进中华传统文化和地区特色文化有效传承。大力实施公民道德建设工程，不断深化道德之城、诚信之城、志愿之城建设，巩固扩大全国文明城市创建成果。

五是全力提升全民健康水平。全面开展健康城市创建工作，加快实施23项健康行动和10项健康产业工程。优化医疗布局，推进市儿童医院、包医国际医院、市蒙中医院等项目建设，构建优质高效的医疗卫生服务体系。加快医药卫生体制改革，建立现代医院管理制度，健全完善药品供应保障体系，推动家庭医生签约服务和医联体建设，努力让群众看得上病、看得起病，享受到更便捷、更优质的医疗服务。建设全民健康信息平台，依托医疗院士工作站和博士工作站，培育壮大学科和人才队伍。支持社会办医，吸引社会资金进入养老、医疗领域。坚持中西医并重，持续推动蒙中医药事业健康发展。推进平安医院建设，关心爱护医务人员身心健康，营造全社会尊医重卫的良好风气。大力实施食品安全工程，积极创建国家食品安全示范城市，加大监管力度，让群众吃得放心。落实全民健身国家战略，促进体育事业与体育产业协同发展，加强城乡体育设施建设，丰富群众健身活动，让运动休闲成为市民生活新时尚。

六是加强和创新社会治理。强化安全生产责任制，大力开展企业主体责任落实标准化、行业监管常态化、执法监察规范化、属地监管网格化建设，坚决遏制重特大安全事故。加大源头预防和矛盾纠纷排查化解工作力度，积极推动信访积案化解，加快信访法治化建设步伐，依法依规解决群众合理诉求。深入推进“平安包头”建设，进一步完善立体化社会治安防控体系和“三见警”

常态化巡逻机制，持续加大缉枪治爆和打击黄赌毒、黑拐骗工作力度，不断提升人民群众安全感。坚持共建共治共享，完善社区治理体系，为群众解难题、办实事，把社区建设成为人民群众的幸福家园。加快公共法律服务体系建设，满足群众法律服务需求。认真落实党的民族宗教政策，促进民族团结、宗教和顺。支持军队改革和国防建设，落实优抚安置政策，争创全国双拥模范城“九连冠”。

（七）全面加强政府自身建设，不断提高施政能力和服务水平。各级政府及其工作人员必须牢固树立“四个意识”，自觉维护以习近平同志为核心的党中央权威和集中统一领导，始终保持为民务实清廉，增强工作本领，切实肩负起新时代的历史责任。

一要恪守为民之责。坚持密切联系群众，畅通民意表达渠道，坚持开门决策，多方汇集民智，真正使政府决策建立在广泛的民意基础上。把万家忧乐放在心头，千方百计解决事关群众切身利益的教育、医疗等热点难点问题。进一步提升政风行风热线等便民平台服务质量，完善诉求办理和督查督办机制，积极回应社会关切。树牢“功成不必在我”的理念，多做打基础、利长远的工作，多做惠民生、得民心的实事，久久为功践行为民服务的宗旨。

二要严格依法行政。认真落实市人大及其常委会的决议和决定，积极支持政协通过协商民主广泛深入参政议政，主动听取民主党派、人民团体和社会各界意见建议，坚持重大事项报告和通报制度，进一步提高人大代表建议和政协委员提案办理质量，自觉接受市人大法律监督、工作监督和政协民主监督。支持监察体制改革试点工作，加快实现对公职人员行使公权力的全面约束和统一监督。坚持“法定职责必须为，法无授权不可为”，自觉运用法治思维和法治方式推动工作。推进依法决策、民主决策、科学决策，完善市政府工作规则和市政府党组“三重一大”议事制度，建立决策后的绩效评估和责任追究制度。严格规范公正文明执法，加强行政执法规范化、信息化，不断强化法治政府建设。

三要强化实干担当。各级政府要带头讲担当、讲诚信，坚决兑现作出的承诺，以政府的担当诚信带动全社会实干有为、诚实守信。进一步强化执行力、落实力，强化督查问责，严厉整肃庸政懒政怠政行为，决不允许占着位子不干事。健全激励机制和容错纠错机制，给干事者鼓劲，为担当者撑腰，让广大干部愿干事、敢干事、能干成事。加强政府职业能力建设，大兴调查研究之风，不断增强政府公职人员学习本领、改革创新本领、科学发展本领、群众工作本领、狠抓落实本领、驾驭风险本领，确保中央、自治区和市委决策部署落实到位。

四要坚持廉洁从政。认真落实全面从严治党要求，全力抓好党风廉政建设和“两个责任”落实。强化重点领域、关键岗位监督，规范权力运行，全方位扎紧制度笼子。严格落实中央八项规定实施细则和自治区、市委配套规定，全面落实市委开展“作风建设年”的部署要求，持之以恒转作风，严防“四风”反弹回潮和隐形变异。认真开展“不忘初心、牢记使命”主题教育，严肃党内政治生活，强化党内监督，从严管理政府公职人员。严控“三公”经费支出，压缩行政运行成本，用政府的“紧日子”换取群众的“好日子”。

各位代表，历史在传承，时代在召唤。回首包头的发展历程，第一代开拓者艰苦创业，在一片荒芜的原野上建起一座体系完整的工业城市；改革开放以来，全市人民锐意进取，把一座工业城市建成了具有现代气息的文明城市；今天，新时代的历史使命落在了我们肩上，接好事业传承的接力棒，回应人民群众的新期盼，需要我们只争朝夕，担当有为。让我们更加紧密地团结在以习近平同志为核心的党中央周围，在市委的坚强领导下，以时不我待的紧迫感、舍我其谁的责任感，凝心聚力、埋头苦干，为决胜全面建成小康社会、开启全面建设社会主义现代化新征程、奋力谱写“建设亮丽内蒙古、共圆伟大中国梦”包头篇章而努力奋斗！

关于包头市2017年国民经济和社会发展计划执行情况与2018年国民经济和社会发展计划草案的报告

——2018年1月6日在包头市第十五届人民代表大会第一次会议上

包头市发展和改革委员会

各位代表：

受市人民政府委托，现将全市2017年国民经济和社会发展计划执行情况与2018年国民经济和社会发展计划草案提请大会审议，并请各位政协委员和其他列席人员提出意见。

一、2017年国民经济和社会发展计划执行情况

2017年，全市上下认真贯彻党的十八大、十九大精神，深入贯彻自治区党委、政府的决策部署，全面落实市委十二届二次全会的部署要求，围绕“提档升级、争创一流”总目标，统筹推进稳增长、促改革、调结构、惠民生、防风险各项工作，经济社会保持平稳健康发展。认真落实中央巡视“回头看”和自治区党委巡视整改要求，及时停建压缩了地铁等55个政府性投资项目，压减投资702亿元，对主要经济指标作了调整，目的是压实总量、提高质量、卸下包袱、轻装上阵。预计地区生产总值增长6%左右；固定资产投资增长2%左右；社会消费品零售总额增长7%以上；一般公共预算收入下降49.3%，剔除虚增空转因素后同比增长6.1%；城乡居民收入均增长8%左右。总体上看，经济运行稳中有进、稳中向好，发展的质量和效益不断提高。

（一）三次产业协调发展，经济结构日趋优化

一是工业经济提质增效。预计规上工业增加值增长6.5%左右，其中五大支柱产业增加值增长7%，对工业增长的贡献率达到68%。先行指标较快增长，1-11月工业用电量423.6亿千瓦时、增长18.2%，铁路货运量7850万吨、增长24%；工业内部结构不断优化，战略性新兴产业占规上工业的比重达到22%、提高2个百分点；主要工业品量价齐升，重点监测的30种工业品中90%的产品价格同比上涨，重点监测的22种工业品中77%的产品产量同比增长；企业效益明显好转，规上工业企业产销率达到97%，主营业务收入增长20%，利润总额增长130 %，亏损面下降4.5个百分点。包钢实现扭亏为盈，预计实现销售收入600亿元以上、利润5亿元以上。

二是服务业发展明显加快。预计服务业增加值增长6.5%左右、高于地区生产总值增速0.5个百分点。1-11月金融业各项存款余额3951.4

亿元、增长25.9%，贷款余额2975.5亿元、增长24.7%。预计重点监测电商企业交易额500亿元、超额完成年度计划。举办各类展会62次、拉动消费605亿元。旅游业接待游客1421万人次、增长17.6%，收入492.2亿元、增长23.5%。获评全国商贸物流节点城市。

三是现代农牧业稳步推进。预计农牧业增加值增长3%。粮食总产量106万吨、蔬菜产量113万吨，粮经饲比例由4.4：2.9：1调整为3.9：2.5：1；牲畜总存栏571万头（只）、增长0.7%。5个现代农牧业示范园区、3个食品加工园区加快建设，农畜产品加工转化率达到65%。新增农牧民专业合作社281个，圆满完成草原确权工作，成为全国首家“中国绿色食品溯源试点市”。

（二）项目建设扎实推进，支撑投资稳定增长

一是重点项目建设成效突出。落实“项目建设攻坚年”要求，出台了《重点项目建设和固定资产投资考核办法》等9个指导性文件，围绕四大领域、呼包鄂协同、振兴东北等建立了22个项目库。积极清理政府投资项目、防范财政金融风险，投资亿元以上项目由957个调整为875个，完成投资1924.6亿元、为年度计划的98.3%，竣工413个；109个自治区监控项目加快推进，项目数量、开复工率、完成投资额和完成年度投资计划四项指标全区第一。

二是重大工程推进成效显著。千万千瓦级风电基地完成就近消纳方案，可再生能源综合应用示范区通过国家评审；采煤沉陷区光伏领跑者基地一期100万千瓦、12个项目加快建设；白彦花矿区列入国家矿产资源“十三五”规划，煤田总规获国家发改委批复。包银高铁即将开工、包西高铁前期工作有序推进，包满铁路三期主体完工，包环线电气化改造和站房建设基本完工。华云一期和二期一步项目基本竣工，神雾乙炔化工、阿特斯太阳能铸锭切片、晶澳太阳能单晶硅等一批项目开工建设。

三是招商引资和争取资金成效卓著。出台了《进一步加强招商引资和投资促进工作的实施意见》等政策措施。推动蒙商大会、大数据推介会、央企恳谈会上111个签约项目落地实施19个、完成投资183.3亿元。实施招商引资项目1120个，引进国内（区外）资金到位879.2亿元、增长16.1%。2018年工业重点项目集中签约，投融资总额1053亿元的20个重点工业项目达成合作协议。争取各类资金172.4亿元、增长4.3%，协调发行企业债券3支、49亿元。

（三）转型升级效果显现，动能转换步伐加快

一是传统产业加快改造提升。围绕钢铁、铝业补链延伸，实施了威丰10万吨高磁感取向硅钢、盛泰汽车540万只铝轮毂等80个打通关键节点的原材料产业精深加工项目，优质钢特种钢比重达到90%，电解铝就地加工转化率达到80%。推进传统装备制造业向智能化方向发展，一机集团智能制造实验室投入使用，北重集团新产品研发80%的零部件实现三维设计，北方股份智能化TR100矿车填补了国内空白，602台（套）数控机床实现联网。优化电力产业结构，加快发展新能源，装机总规模达到461万千瓦，占电力总装机规模的32.9%、提高1.4个百分点。

二是战略性新兴产业加快发展。编制完成战略性新兴产业发展规划，启动实施新材料、高端装备制造、大数据云计算和生物科技三年行动计划。新增战略性新兴企业20户、总数达到135户，实施了总投资1900亿元的304个战略性新兴产业项目，战略性新兴产业增加值增长14%、提高3个百分点。稀土新材料及应用产品产量占稀土产业的比重达到44%、提高24个百分点，稀土产业增速高于全部规上工业6个百分点。

三是转型发展平台加快构筑。自治区级稀土新材料产业园区挂牌，稀土功能材料创新中心启动，“中国制造2025”试点示范城市方案通过国家工程院、国家工信部联合考评。军民融合创新示范区创建方案上报国务院、中央军委，核电、高端装备制造、稀土新材料、石墨新材料、军事文化5个军民融合产业园加快建设。获评国家首批蒙西老工业城市和资源型城市产业转型升级示范区。被国务院通报表彰“推动实施中国制造2025、促进工业稳增长和转型升级成效明显城市”、“老工业基地调整改造力度较大、承接产业转移和产业合作等工作成效突出的市”。

四是创新驱动战略加快实施。全社会研究与试验发展经费（R&D）占地区生产总值的比重达到1.8%。推进关键共性技术攻关和成果转化项目50项，高新技术产业产值达到1300亿元、增长11%。新型研发机构共实施成果转化项目27项，总投资5.4亿元，预计实现产值15.8亿元；形成了中科产业园、上海交大产业园、北大科技园和浙大中试基地等一批科技成果转化产业园区。稀土高新区列入国家第二批双创示范基地，是全区唯一的国家级双创示范基地；合作共建17个院士工作站，新增9家自治区众创空间。成功承办了自治区2017年大众创业万众创新活动周。

（四）城乡建设规范有序，承载能力稳步提高

一是全域规划有序展开。《包头市城市总体规划（2011-2020）》获国务院批复，“多规合一”工作启动实施，县域乡村建设规划全面展开。列为全国第三批“双修”工作试点城市和国家首批20个城市设计试点城市。白云矿区列为自治区城市“双修”试点旗县区。九原区列为全国首批农村生活垃圾分类和资源化利用示范区。

二是基础设施日臻完善。省道311线固阳至武川一级公路和省道104线希拉穆仁至百灵庙一级公路具备通车条件，南绕城一级公路改建工程全线通车。达茂通用机场基本完工，石拐通用机场加快建设，国际口岸机场建设稳步推进。新开工91项道路硬化工程，累计完成54条道路及其附属设施维护维修工程。开工建设26项地下管网工程，累计铺设燃气、供热管网45公里、排水管网73公里。北梁腾空区地下综合管廊主体完工。

三是人居环境不断提高。实施45项园林绿化工程，友谊大街等9条道路绿化和奥林匹克公园二期、赛汗塔拉城中草原提档升级等重点景观工程完工，建成区绿化覆盖率达到44.2%，人均公园绿地面积达到13.8平方米。1-11月，棚户区改造开工41775户，为年计划的99.6%。完成3565户农村危房改造，农村常住人口安全住房问题全部解决。蝉联全国文明城市“五连冠”。

（五）生态环保全面加强，环境质量持续提升

一是生态建设稳步推进。实施各类林业生态建设工程59.6万亩，其中国家林业重点工程40万亩，重点区域绿化3.7万亩，大青山南坡绿化修复工程6.4万亩，造林补贴和中幼林抚育9.5万亩。累计清理国家级和自治区级自然保护区内工矿企业167家，清理力度和生态恢复进度位居自治区前列。城市水生态提升工程完成景观河道30公里，其中24公里实现蓄水及沿河两侧景观建设。

二是环境治理效果明显。落实大气、水、土壤污染防治等一系列制度措施，实施130项重点治理工程，完成投资41.9亿元。黄河包头三断面水质与城市集中式饮用水水源地水质稳定达标，在全国水环境质量同比改善情况通报中，我市改善幅度达到62.7%，位列全国第二。划定约300平

方公里的高污染燃料禁燃区，通过城中村改造、清洁取暖改造、型煤替代和生活服务业治理等一揽子措施，冬季原煤散烧污染有效改善。中央环保督察反馈意见年度整改任务全部完成，督察期间转办的168件群众举报环境问题全部办结，自治区生态环保大检查反馈的15问题完成整改2个。超额完成“大气十条”第一阶段目标任务。全市达标天数277天，同比增加8天，达标比例75.9%。

三是节能减排力度加大。制定了《“十三五”节能降碳综合工作方案》《推进节能降耗十项措施》，建立了节能工作月调度季分析制度，加强能源消费总量和强度“双控”指标分解落实和调度工作。组织实施计划投资102亿元的112个节能减排典型示范项目，涵盖重点企业节能改造、工业三废综合治理、节能产品技术推广、环境污染整治等领域。单位GDP能耗完成“十三五”进度指标，主要污染物减排任务圆满完成。

（六）改革开放不断深化，发展活力明显增强

一是供给侧结构性改革取得实效。**去产能，**取缔两户“地条钢”企业，淘汰48万吨落后钢铁产能；化解60万吨煤炭过剩产能。**去库存，**1–11月可售商品房6.2万套、面积702万平方米，较2016年底下降2.8%。**去杠杆，**金融机构不良贷款率2.1%，全市杠杆率62.4%，均低于自治区水平。**降成本，**争取自治区电力多边交易电价补贴18.8亿元，为102户企业减免电费5680.4万元；取消停征行政事业性收费和基金16项，减轻企业负担9235万元。**补短板，**完成150个、486.1万平方米老旧小区改造；1–11月，基础设施完成投资652.1亿元，占全部投资比重达到22.3%。

二是重点领域改革迈出坚实步伐。深化“放管服”改革，实现市级审批事项100%网上预约预审，60%全流程网上审批。建立了具有地区特色的跨区域碳排放权交易体系，填补了国内跨区域碳市场建设的空白。铝业园区增量配电业务试点启动实施，稀土新材料产业园区增量配售电业务改革试点获批。33家公立医院取消药品加成，实行药品零差率销售，破除了以药补医机制。

三是融入区域发展的协调性增强。完成了《推动呼包鄂协同发展规划》及实施方案，建立了总规模近万亿元的项目储备库。包茂高速等基础设施互联互通工程开工，推动建立科学仪器、中试基地、国家级实验室、自治区试验中心以及双创基地三市共享平台。在第五届呼包银榆经济区市长联席会议上签署了四项合作协议。积极配合呼包鄂榆城市群发展规划相关工作。

四是外向型经济发展步伐加快。进口肉类指定口岸、互市贸易区、口岸物流园等项目稳步推进，保税物流中心（B型）获国家海关总署批准，包头机场全年临时开放获批，已开通至泰国、蒙古等国际航线10条。满都拉口岸过货量完成226.1万吨、增长1.8倍，1–11月，外贸进出口总额18.5亿美元、增长23.9%。

（七）惠民举措更加有力，人民生活不断改善

一是社会事业全面发展。新建中小学幼儿园18所，包一中迁建项目主体封顶，昆区、东河通过国家义务教育基本均衡县验收。包医国际医院地下工程、市第四医院儿童医院一期工程和二附院内科楼主体完工。成功举办2017中国体育文化博览会、中国体育旅游博览会和首届草原国际足球节，游泳馆、乒羽馆、青少年发展中心等一批工程竣工。电视剧《安居》、电影《搬迁》、话剧《北梁人家》等获自治区“五个一工程奖”。

二是就业民生持续加强。民生支出264.2亿元，占一般公共预算支出的80%。城镇新增就业4.3

万人、高校毕业生就业 2.5 万人，共为 1.1 万名创业者发放创业担保贷款 10 亿元，就业困难人员实现再就业 7218 人，城镇登记失业率 3.87%，均超额完成目标任务。企业退休人员养老金月人均增加 151 元、达到 2662 元，城乡居民基础养老金标准每人每月提高 20 元、最低标准达到 165 元。完成 18 家定点医疗机构接入国家异地就医结算系统并实现对接。加大价费监管力度，有效维护市场价格秩序，居民消费价格总水平上涨 1.7%，物价保持稳定。

三是脱贫攻坚取得决定性进展。围绕“五个一批”扶贫措施，大力推进精准扶贫，出台了《2017 年精准脱贫攻坚实施方案》、《贫困人口医疗救助实施方案》等 10 余项精准扶贫配套政策，投入扶贫资金 6.5 亿元，实施扶贫项目 100 项，减少贫困人口 5876 人。

此外，信访、安全生产、食药监管、民族宗教、外事侨务、人事、审计、档案、气象等方面工作均取得新的进展。

各位代表，在总结成绩的同时，也清醒的认识到，当前经济社会发展中还存在一些突出问题，主要表现为：战略性新兴产业发展不充分，转型升级压力依然较大；科技创新能力相对不足，实体经济质量效益亟需提高；重大产业类项目支撑不够有力，生态环保、文化产业、社会事业等领域还不平衡，等等。对于这些问题，我们要在今后工作中认真研究，切实加以解决。

二、2018 年经济社会发展预期目标和主要任务

2018 年是贯彻党的十九大精神的开局之年，是改革开放 40 周年，是决胜全面建成小康社会、实施“十三五”规划承上启下的关键一年。**我们要全面贯彻党的十九大精神、中央经济工作会议精神，以习近平新时代中国特色社会主义思想为指导，坚持稳中求进工作总基调，坚持新发展理念，紧扣社会主要矛盾变化，按照高质量发展的要求，统筹推进“五位一体”总体布局和协调推进“四个全面”战略布局，全面落实自治区党委十届五次全会暨全区经济工作会议、市委十二届四次全会的决策部署，以供给侧结构性改革为主线，突出抓重点、补短板、强弱项，坚决打好防范化解重大风险、精准脱贫、污染防治攻坚战，坚决守好发展、民生、生态三条底线，进一步增强发展后劲，进一步提升城市品位，进一步改善人民生活，进一步优化生态环境，推动各项事业提档升级、争创一流，奋力谱写“建设亮丽内蒙古、共圆伟大中国梦”的包头篇章。**

经济社会发展的主要预期目标是：地区生产总值增长 7% 左右、力争达到 7.5% 左右，固定资产投资增长 8% 左右，社会消费品零售总额增长 8% 左右，一般公共预算收入增长 6% 左右、力争达到 8% 左右，城乡居民收入均增长 7.5% 左右、力争达到 8% 左右。城镇登记失业率控制在 3.9% 以内。完成自治区下达的节能减排目标任务。重点抓好八个方面工作：

（一）深化供给侧结构性改革，全力推动实体经济振兴

一是落实“三去一降一补”。进一步淘汰落后产能，优化存量产能。持续推进商品房去库存，新建商品非住房库存面积减少 3%。推进包钢等重点企业市场化、法制化债转股，降低债务杠杆。打好简政放权、减税降费等政策“组合拳”，持续扩大“放管服”改革综合成效，继续清理涉企收费，降低企业生产交易成本。围绕基础设施、环境保护、战略性新兴产业、服务业等 9 大专项领域，补齐发展短板。

二是支持企业做大做强。落实领导干部包联企业制度，出台支持实体经济促进企地融合的政

策措施，通过采取“一企一策”、“一类一策”等帮扶措施，支持包钢、一机等重点企业发展，实施质量、品牌、标准提升行动，培育“包头工匠”、“自治区工匠”、“大国工匠”，打造一批“百年老店”。激发企业家精神，支持本地民营企业投资创业、做大做强，帮助外来企业在我市投资兴业、发展壮大。鼓励非公企业参与国企改革和重大项目建设，实现共同发展、互利共赢。

三是强化服务业支撑。加快传化公路港、九原公铁海物流基地、中铁泰吉利石化仓储物流集散中心、满都拉口岸国际公路物流园区等项目建设。完善稀土、钢铁、煤炭等电商交易平台和石拐大数据平台建设，创建国家级电子商务示范城市，进一步扩大电商交易规模；加快会展业发展，年内力争举办专业性、综合性展会60场以上，努力形成新的消费增长点。加快小白河文化旅游产业园、军事旅游文化产业园、包钢工业旅游景区、大青山红色旅游教育基地等项目建设，打造五当召、美岱召、九峰山、春坤山、希拉穆仁等精品景区，大力发展全域旅游。健全文化产业体系，丰富文化产品，推动文化产业快速发展。推动奥特莱斯、红星美凯龙等重点商贸综合体稳定运营、提高效益。服务业增加值增长7.2%以上。

四是做实金融保障。着力打通金融到实体经济的“主动脉”和“毛细血管”，加大对国有重点企业和中小微企业的支持力度，有效缓解融资难融资贵问题。创新金融手段，支持战略性新兴产业、高新技术产业和创新创业企业发展。构建绿色金融体系。鼓励引导企业通过上市、发行债券等多种方式融资，促进多层次资本市场健康发展。开展“助保金贷款”业务，全年惠及企业100户以上，发放助保金贷款5亿元以上。

（二）扎实推进项目建设，不断夯实转型升级基础

一是提高项目建设水平。坚持质量第一、效益优先，建立项目后评价制度，增强项目对经济社会发展的拉动作用。进一步完善“市领导包联、两级管控、三级责任、五会推进、六步调度”机制，加大项目调度管理，千方百计保前期、保开工、保推进、保竣工、保投产。年内实施投资亿元以上重点项目680个左右，力争完成投资1500亿元以上，竣工300个以上；确保60个自治区监控项目主要指标保持全区前列。

二是加大招商引资力度。加强招商队伍建设，围绕稀土新材料、先进装备制造、人工智能、互联网、大数据等新兴产业，大力推进集群招商、产业链招商，把引项目和引才引智、引技术结合起来，引进一批投资规模大、产业带动性强的重大项目。落实国家和自治区鼓励支持民营经济发展各项政策措施，促进民间投资实现较快增长。全年引进国内（区外）资金到位增长8%左右，争取各类政策性资金增长10%以上。

三是加强项目策划储备。突出抓重点、补短板、强弱项，围绕基础设施、产业转型、社会民生、生态环保四大领域，依托军民融合、大数据、呼包鄂协同、振兴东北老工业基地等项目库，重点策划储备一批智能制造、稀土新材料、铝镁合金后续开发应用等具有核心竞争力的产业项目，形成建设一批、策划一批、储备一批、推进一批的项目发展格局，实现项目接续不断、滚动实施的良性循环。

四是严格政府投资项目管理。出台政府投资项目管理实施办法，健全从项目筛选、决策、审批、实施到项目竣工、验收、质量评估、跟踪问效等全过程监管制度，规范政府投资项目建设行为。加强项目事中事后监管，提高资金使用效率，保证项目建设质量。严控债务增量，防范财政金融风险。

（三）加快工业提档升级，打造西部现代工业城市

一是加快传统产业优化升级。实施传统产业转型升级三年行动计划，用好工业产业转型升级基金，发挥包钢、包铝、一机、北重等龙头企业的示范带动作用，建设一批传统产业改造升级项目，促进“两化”深度融合，助推产业升级。**钢铁产业，**立足现有板、管、轨、线产业基础，补链延链，重点发展特种钢、铁素体不锈钢、超薄不锈钢带3条产业链，重点实施60万吨不锈钢、160万吨稀土现代铁素体不锈钢等项目，优质钢特种钢比重达到90%以上。**铝产业，**引进高附加值的下游铝加工企业，发展高端铝镁合金、汽车零部件、高端消费用铝、轨道交通用铝等深加工产品，提升产业层次，重点实施30万吨铝镁合金、铝合金挂车零部件及整车组装等项目，电解铝就地加工转化率达到80%以上。**装备制造业，**重点实施电子智能数控多线切割机、大型飞行机器人等项目，对传统机床进行数字化改造，加大网络协同云平台建设与应用力度，筹建全区网络协同制造联盟，建设智能制造创新体验中心，构筑智能制造互联网生态圈，率先开创制造业共享经济格局。**煤化工，**加快新型电石法乙炔化工多联产示范项目建设，推动神华二期、明拓乙二醇、上海浦景全降解高分子材料等项目及早开工，推进煤化工产业向下游高附加值新材料发展。

二是培育壮大战略性新兴产业。围绕打造“世界稀土产业之都”，出台稀土产业发展三年行动计划，加快稀土新材料产业园区建设，创建国家稀土功能材料创新中心；发挥北方稀土龙头带动作用，推动发展磁性、储氢、抛光材料和催化助剂等稀土功能材料及风力电机、核磁共振仪等稀土下游终端产品，重点实施2000吨新型高效稀土改性抛光液、5万吨稀土硫化物、8000吨钕铁硼磁材等项目；提升白云鄂博尾矿资源综合开发利用水平，全力推动稀土产业新突破。围绕打造高端装备制造产业集群，加快创建“中国制造2025”国家级示范区，出台智能制造三年行动计划，重点实施智能制造、绿色制造7项提质增效行动，培育壮大新能源汽车及零部件、轨道交通设备及零部件等产业，加强3D打印、数控机床等新兴装备产业发展；实施伺服电机、工业机器人、智能车间等现代装备制造项目。围绕提高新能源就地消纳比例，创建国家可再生能源综合应用示范区，建设国内首条低压柔性直流电力通道；促进新能源延伸产业发展，打造多晶硅、单晶硅、切片、光伏组件和焦油深加工、负极材料、电池、新能源汽车2条产业链。

三是提升园区集约集聚水平。加强园区基础设施和配套公共服务设施建设，提升园区承接产业和项目的能力，促进人才、技术、平台等各种要素向园区集聚。进一步优化园区项目建设环境，对符合国家产业政策的项目，从落地、开工、建设等环节全过程跟踪服务。实施“双千亿”工程，培育形成销售收入超千亿元产业园区、超千亿元产业集群。

（四）实施创新驱动战略，强化现代化经济体系支撑

一是健全科技创新体系。发挥企业创新主体作用，年内新增高新技术企业50家。实施科研院所研发能力提升计划，健全完善科技人才、政策和资金措施，优化人才引进、科技创新环境。发挥内蒙古（包头）科技大市场作用，搭建国内一流的技术交易服务平台，促进科研成果实现快速转化。推动互联网、大数据、人工智能和实体经济深度融合。全社会研发经费支出占地区生产总值的比重达到2%左右。

二是构筑创新发展平台。支持中科院包头

稀土中心、浙大包头工研院申报和建设国家级科技企业孵化器；支持包钢、一机、北重、中核北方等企业建设国家级重点实验室和工程技术研究中心，加快一机、稀土院等企业（院所）与科技部共建国家军民融合协同科技创新平台。培育建设自治区级重点实验室和企业技术中心等创新平台20家以上，新增院士工作站17家。加快创建国家可持续发展议程创新示范区。

三是深化产学研用融合。强化应用基础研究，突出关键共性技术、前沿引领技术、现代工程技术、颠覆性技术的创新，依托北大科技园、中科院科技产业园、上海交大科技园等科技产业园区，在稀土新材料、新型冶金、高端装备制造、石墨烯、新能源汽车等领域，开展科技攻关和中试研究，推动商学研深度融合发展，组织实施重大科技专项30项以上。

（五）加强城乡建设管理，倾心打造宜居宜业城镇

一是强化规划引领作用。启动新一轮城市总体规划（2021–2035）修编。高标准、高质量推进“多规合一”，构建城市发展“一张蓝图”。划定生态红线、永久基本农田（草原）保护线和城市开发边界三条红线，依法保障规划的严肃性、权威性。开展城市“双修”，实施一批河湖连通、清洁能源、再生水设施建设、交通优化等重点工程。全面推动实施旗县区域乡村建设规划。

二是提高城市建设水平。实施110国道、沼南大道、站前路等道路新建改造工程，贯通“五横八纵”骨架路网。实施赛罕塔拉提档升级、召庙公园等园林绿化工程，北梁绿道建设工程，完善城市水系和滨河生态景观带，构建“300米见绿、500米见园”的城市绿化格局，创建国家生态园林城市。加大老旧基础设施的改造力度，实施民族西路等排水管网工程。完成供热北环线建设工程，实现5万户居民人工煤气置换天然气。在新都市区、北梁腾空区和装备园区全面推开海绵城市建设。推进特色小镇和特色小城镇建设。

三是推进城市精细化管理。启动智慧桥梁、智慧照明、智慧园林、智慧工地、建筑市场监管等业务平台，全面建成“智慧城管”数字化平台，加快“智慧包头”建设。培育和发展住房租赁市场，满足市民住房需求。实施住宅小区物业管理提档升级三年行动计划，对236个住宅小区逐步开展信用评价和物业管理星级认定工作。对10896户、177万平米棚户区进行改造。

四是实施乡村振兴战略。深化农牧业供给侧结构性改革，着力构建现代农牧业产业体系、生产体系、经营体系。完成土地确权登记颁证工作，推进农村土地“三权”分置和经营权流转，落实第二轮土地承包到期后再延长30年政策。继续完善5个现代农牧业示范园区，加快3个大型食品加工园区基础设施建设，引进培育大型农畜产品精深加工企业10家，绿色农畜产品加工转化率达到66%以上。推进绿色农畜产品进社区和“互联网＋现代农牧业”行动，做大润恒、北上广等展销平台。完善农畜产品质量安全追溯体系，开展农村牧区一二三产业融合发展试点建设，积极探索城乡融合发展的体制机制。

（六）深化改革扩大开放，加快培育地区发展优势

一是深化重点领域改革。抓好总书记嘱托的先行先试三项改革。深化国有企业改革，支持国有企业与非公企业股权融合、战略合作和资源整合，推进包钢、一机等企业开展混合所有制改革。加快剥离企业办社会职能，按时完成“三供一业”等改革任务。深化军转民、民参军混合所有制改革，促进军民深度融合发展，创建国家军民融合创新示范区。加大公立医院综合改革力度，打造健康

包头。推进稀土新材料产业园区增量配售电业务试点工作。

二是加强区域协同合作。推进呼包鄂、呼包银榆经济区和呼包鄂榆城市群规划建设。推动呼包鄂基础设施互联互通，加快包茂高速等项目建设，实施国道110线包头段绕城公路、国道210线白云鄂博至固阳段和固阳至东河段、国道335线黄花滩至百灵庙段、省道315线托克托至东河段等工程；达茂、石拐通用机场投入使用，固阳通用机场开工建设，希拉穆仁和满都拉通用机场列入自治区“十三五”通用航空规划。深化呼包鄂生态文明共建、产业协同、科技创新等方面的合作，促进社保、教育和卫生医疗等基本公共服务共建共享取得明显进展。

三是拓展对外开放格局。深度融入“一带一路”和“中蒙俄经济走廊”战略，加大满都拉口岸建设力度，推进满都拉口岸至白云鄂博一级公路和赛音山达、塔奔陶乐盖至满都拉两条公路等项目建设。完善包头国际口岸机场航站楼综合设施，力争年内投入使用。推动中亚货运班列常态化运行，建成B型保税物流中心。

（七）持续优化生态环境，建设和谐共生美丽包头

一是加大生态环境修复力度。树立“绿水青山就是金山银山”的理念，统筹山水林田湖草系统治理，重点突出生态保护修复，推进国土绿化，实施天然林资源保护、京津风沙源治理、新一轮退耕还林等国家林业重点工程30万亩以上，实施公路、村屯、厂矿园区、城镇周边等重点区域绿化2万亩以上，继续推进大青山南坡绿化修复工程。

二是加快形成绿色发展方式。推进“互联网＋智慧能源”发展，建设工业能耗智慧监管平台，实现100家重点用能企业能源消耗在线监测和数字化管理。推进重点用能行业实施系统节能改造和节能技术集成优化应用，发展壮大节能环保产业。推进资源节约和循环利用，力争工业固废资源综合利用率达到80%。

三是坚决打赢污染防治攻坚战。实行最严格的生态环境保护制度，持续开展大气、水、土壤污染综合治理，深入实施重点行业整治，确保工业企业稳定达标排放，持续开展原煤散烧治理，强化露天焚烧、扬尘污染管控。加快完善污水收集管网建设，推动实施昆河、二道沙河、东河生态修复治理，消除入黄断面劣五类水质。抓好中央、自治区环保督察反馈问题的整改落实，为全市人民提供更多优质生态产品。

（八）坚持保障和改善民生，满足人民美好生活需要

一是坚决打好脱贫攻坚战。进一步落实“六个精准”“五个一批”要求和措施。依托龙头企业联结带动，推进光伏发电、电商平台、农（牧）家乐等扶贫产业发展。落实好易地扶贫搬迁、生态保护扶贫和教育扶贫政策措施。突出解决好贫困地区住房、饮水、道路和用电等基础设施建设，持续改善提升农牧民的生产生活条件和生存环境。年内实现除享受兜底政策人员外，全市建档立卡未脱贫人口全部稳定脱贫。

二是做好就业和社保工作。围绕“双创”，推进创业园孵化基地建设和创业担保贷款工作。加快建设包头高技能人才公共实训基地项目，加强以大学生、农牧民工和就业困难人员为重点群体的就业创业工作，确保城镇新增就业4万人以上。加强社会保障体系建设，实施全民参保计划。完善机关事业单位津补贴和绩效工资制度，完善企业工资正常增长机制，拓宽居民劳动收入和财产性收入渠道，千方百计增加居民收入。

三是促进社会事业发展。实施教育提升三年

行动计划，普惠幼儿园覆盖率达到82%，义务教育巩固率保持在95%以上，普通高中生在优质示范性高中在校人数达到75%以上；新建续建改扩建中小学、幼儿园23所。加快建设全民健康信息平台，实现业务协同及资源共享。提高公共文化服务水平，发挥草原上的“红色文艺轻骑兵”作用，丰富基层群众文化生活。加快民政福利园区建设，重点支持智慧养老社区、医养结合的养老服务机构建设。

四是维护社会和谐稳定。牢固树立“天大地大、安全为大”的意识，全面落实安全生产责任制。加强食品药品安全监管和日常专项整治，创建国家食品安全示范城市。完善立体化社会治安防控体系和“三见警”制度，确保社会和谐稳定。加强社会信用体系建设。开展价格专项和重点领域检查，规范市场价格秩序，保持物价水平稳定。

此外，重视民族宗教、外事侨务、人事、气象、审计、档案等各方面工作，实现经济社会协调发展。

各位代表，2018年的工作目标明确、任务艰巨、责任重大，我们要更加紧密的团结在以习近平同志为核心的党中央周围，以习近平新时代中国特色社会主义思想为指导，深入贯彻党的十九大和中央经济工作会精神，全面落实市委的各项决策部署，自觉接受人大的依法监督和政协的民主监督，创新举措、奋力开拓，坚定信心、苦干实干，推动全市经济社会持续健康发展，为决胜全面建成小康社会，奋力谱写“建设亮丽内蒙古，共圆伟大中国梦”的包头篇章而不懈奋斗。

包头市2017年预算执行情况和2018年预算草案的报告

——2018年1月6日在包头市第十五届人民代表大会第一次会议上

包头市财政局

各位代表：

我受市人民政府委托，向大会提交2017年预算执行情况和2018年预算草案的报告，请予审议，并请各位政协委员和其他列席人员提出意见。

一、2017年预算执行情况

2017年，全市上下认真贯彻落实市委十二届二次全委会议精神，坚决执行市人大的决议决定，勇于担当，积极作为，攻坚克难，完成了市人大批准的调整预算目标。

（一）一般公共预算执行情况

全市一般公共预算收入完成137.6亿元，比上年同期减少133.6亿元，下降49.3%，剔除虚增空转因素后同比增长6.1%；一般公共预算支出完成330.3亿元，比上年同期减少84亿元，下降20.3%。

市本级一般公共预算收入完成24.7亿元，比上年同期减少21.1亿元，下降46.7%。年初市人代会批准的市本级一般公共预算支出86.1亿元，预算执行中市人大常委会批准自治区增发债券支出15.4亿元、调入预算稳定调节基金6.8亿元，加自治区下达各类补助资金及上年结转、调入资金等89亿元后，支出预算调整为197.3亿元。市本级一般公共预算支出151.4亿元，完成支出调整预算数76.7%，比上年增加8.4亿元，增长5.8%。

（二）政府性基金预算执行情况

全市政府性基金收入46.5亿元，比上年同期增加7.6亿元，增长19.4%；政府性基金支出43.4亿元，比上年同期增加7.7亿元，增长21.5%。

市本级政府性基金收入39亿元，完成预算的66.8%，比上年同期增加9.7亿元，增长33%；政府性基金支出34.6亿元，完成预算的62%，比上年同期增加10.9亿元，增长46.1%。

（三）社会保险基金预算执行情况

全市社会保险基金收入190.1亿元，完成预算的106.7%，社会保险基金支出170.1亿元，完成预算的94.5%，收支结余20亿元，累计结余84.4亿元。

市本级社会保险基金收入172.4亿元，完成预算的109.5%，预计全年社会保险基金支出153.4亿元，完成预算的96%，收支结余19亿元，累计结余81.9亿元。

（四）国有资本经营预算执行情况

国有资本经营预算收入主要是国有参股、控股企业股利、股息收入。2017年全市国有资本经营预算收入623万元，全部为市本级收入。当年未发生实际支出。

上述各类数据待决算后，还会有一些变化，届时依法向市人大常委会报告。

（五）2017年财政主要工作

2017年，全市各级财政部门紧紧围绕稳增长、调结构、促改革、防风险、惠民生重点工作，精准发力，狠抓落实。

1. 落实积极的财政政策，着力稳增长、促发展。紧扣供给侧结构性改革主线，有效发挥财政资金引导作用，促进我市经济转型升级、提质增效。一是支持去产能、降成本。全年拨付专项资金2.9亿元妥善安置包钢、宝鑫特钢及杨圪塄矿业职工，化解钢铁、煤炭过剩产能，解决国企职教幼教退休教师待遇问题。置换存量债务232.6亿元，降低政府债务成本5.8亿元。落实“营改增”减税及高新技术企业、中小企业税收优惠政策、取消停征13项行政事业性收费和3项基金，全年为企业减负约25亿元。二是着力促转型、稳工业。投入2.7亿元，实施工业结构调整和重点产业、中小企业发展、企业节能改造、技术创新及循环经济项目。拨付1.5亿元，加快稀土产业改造和新型功能材料产业化，促进稀土产业转型升级，落实扶持本地企业发展的材料和产品协作补贴政策。争取转移支付4.3亿元，支持白云、石拐、青山等地发展。三是助力调结构、增动能。本级支出0.4亿元编制完善规划体系。投入资金1.1亿元推动养老等社会服务业发展。拨付资金1.5亿元促进旅游业提档升级，支持大数据、云计算、电子商务项目及牛羊肉大会、中蒙博览会等会展活动，落实企业上市奖补及金融业扶持政策，进一步壮大第三产业。投入资金1.2亿元支持高校、科研院所和企业开展应用技术研发，推动创新驱动战略，培育发展新动能。四是保重点、增投资。拨付各级资金26.1亿元，支持棚户区改造、地下综合管廊、航线补贴及城乡水利、管网、道路等“七网七业”基础设施和重点项目建设，有效拉动投资增长。

2. 下决心强化收支管理，全力抓质量、保平衡。一是着力提高收入质量。通过全面客观地核查摸底，坚决落实中央巡视整改要求，挤掉财政收入中的“水分”，消化历史遗留问题，将一般公共预算收入调减至137.6亿元，其中税收99.2亿元、非税38.4亿元，非税占比降至27.9%，同比回落8.3个百分点，财政收入基数扎实，为今后可持续健康发展奠定了良好基础。二是多措并举保平衡。争取上级各类资金172.4亿元，同比增长4.3%。积极克服因减收带来的支出困难，通过动用历年预算稳定调节基金6.8亿元、盘活存量资金7亿元及压缩本级“三公经费”等举措，确保了年度预算平衡。

3. 加大民生投入力度，稳步提标准、补短板。坚持以人民为中心的发展思想，确保各项民生政策落细落实。一是着力补“三农三牧”短板。投入2.5亿元，同比增长127%，全力打赢脱贫攻坚战。投入2.2亿元，实施“一事一议”、田园综合体、土地治理、农业开发、集体经济、美丽乡村建设等项目，拨付农牧业专项资金4.5亿元，加快农业供给侧结构性改革，促进现代农牧业发展。通过“一卡通”兑现玉米生产者、农业三项改革、草原生态奖补、退耕还林、农牧业保险等补贴4.5亿元，稳定农牧民政策性收入。二是稳步提高民生保障标准。拨付资金2.4亿元，提高居民医疗保险、城乡低保和“三无”、五保、孤儿供养及重度残疾人护理七项民生保障标准并足额落实。继续提高企业养老待遇和高龄津贴标准。三是支持重点民生项目。多渠道筹资6.8亿元，实施民政福利园区、残疾人康复中心、老年大学等工程，支持城市公园广场、市政维护、公共交通、绿化亮化、污水垃圾处理、智慧城管、文明城市复评、食品药品监管等项目，改善城市人居环境。累计投入13亿元，带动社会资本110亿元，完成4大类、126个节能减排财政政策综合示范项目。投入5.7亿元，支持新能源推广、燃煤散烧补贴和大气、水、土壤污染治理及天然林保护、大青山绿化、风沙治理等项目，促进生态文明建设。**四是**促进就业创业。拨付资金2.3亿元，全面落实高科技人才入市、草原英才、大学生集聚计划等就业政策，支持“三支一扶”、志愿者服务。补助贴息4048万元，为1.1万名创业者发放小额担保贷款10亿元。**五是**支持各项社会事业发展。教育支出43.5亿元，落实教育提升三年行动计划，加大扶困助学力度，推动高等教育、义务教育、学前教育、特殊教育、民族教育、中职教育全面发展。医疗卫生支出18.4亿元，完善城乡医保体系，支持重点医疗机构建设，继续推进基本和重大公共卫生服务、公立医院改革、嘎查村卫生室建设、蒙医药发展，提升健康包头水平。文化体育支出3.5亿元，支持文化惠民活动、文化精品创作、文物保护及场馆免费开放、群众性体育活动举办，加快发展足球事业。此外，拨付资金2.4亿元，保障70周年大庆各项活动顺利开展及公安消防装备购置、司法救助、城市监控体系、安全生产等工作，打造平安包头。拨付3.1亿元，落实低保户取暖供煤、自然灾害、特困群体、流浪乞讨人员救助及退役安置、拥军优抚等政策，进一步织密织细民生保障网。

4.扎实推进财政改革，努力调机制、增活力。年内承担的13项改革任务全面完成，形成政府债务管理、行政事业性收费管理、政府购买服务管理等7项制度性成果。“营改增”改革全面推开，配套的管户交接、税收入库分成等机制进一步完善。预决算公开内容继续细化，公开要求进一步提高。清理以城市公用事业附加、排污费、水资源费等“以收定支、专款专用”事项，进一步增强政府预算体系的统筹协调。行政事业性收费再次瘦身，并全面公开收费政策清单，做到清单之外无收费。落实农牧业转移人口市民化改革政策，3700万元改革奖补资金及时下达。制定完善部门购买服务指导性目录，推动政府购买服务扩面增容。政府与社会资本合作项目库已储备项目42个，纳入国家示范项目4个，年内得到上级奖补2000多万元，包医国际医院等项目开工建设。

5.加强法治财政建设，切实强监管、重绩效。认真落实巡视整改要求，把防范和化解财政金融风险作为重大政治任务，全面摸清核实了“十个全覆盖”等各类政府债务底数，制定了化解债务和防范风险的实施方案，明确了预算安排、统筹整合专项资金、土地收益、国有资产处置等具体措施和4年的化解目标，全面强化了政府债务管理。积极发挥财政监督职能，在全市范围内集中开展了“雁过拔毛”式腐败整治、“三公”经费和津补贴专项整治、会计信息质量检查等专项工作，有效整饬了财经纪律。制定涉及预算编制、执行、监督及内部管理全方面的“1+7”内控制度体系，工作成效得到财政部充分肯定。继续扩大绩效评价范围，新评价15个项目绩效，积累了绩效管理经验。配合完成了财政收入质量、政府债务等审计监督。依法处置行政事业资产2.3亿元。新上财政信息化大平台项目。部门决算管理平台上线运行。依法理财工作在全区财政系统考评中名列第一。

总的看，2017年财政收支前高后低，减幅较大，但克服困难，保障有效，也为本届政府财政工作划上了一个基数做实、质量提升的句号。五年来，在市委、市政府的正确领导下，全市各级财政认真贯彻落实习近平总书记系列重要讲话精神、党中央治国理政新理念新思想新战略和考察内蒙古重要讲话精神，始终把稳增长作为第一要务，把保民生作为第一责任，狠抓增收节支，扎实推进改革，依法加强管理，被财政部、人社部评为“全国财政系统先进集体”，开创了财政事业发展的新局面。

一是财政收支总量增加。五年来全市公共预算收支总量分别较上届政府的五年增加397亿元和143.6亿元。其中，累计争取上级资金741.7亿元，年均增长11.1%。固阳县、白云区、石拐区、青山区分别被列入国家资源枯竭型城市及独立工矿区、老工业基地等政策支持范围。特别是近三年先后争取到节能减排、地下综合管廊、稀土产业转型升级三个中央财政支持总额达30多亿元的国家示范项目，极大地缓解了我市支出压力。

二是支持发展的政策灵活有效。立足我市产业特点，着眼于稳增长、调结构的关键环节运用财政政策工具，兑现了价格补贴、协作配套、定向补助等一系列稳工业、调结构的政策举措，落实了鼓励物流、商贸、旅游、金融等促进服务业发展的扶持政策，支持实施了产业示范园区、食品加工园区、种养殖龙头等一批高精强的现代农牧业项目，有效地释放了财政资金的乘数效应。

三是公共财政对民生的保障职能更加凸显。五年来累计民生及重点支出1510亿元，支持解决了事关群众切身利益的一批大事、要事、难事。城乡低保、城乡医保、企业养老财政补助或发放水平均较2012年增长16%以上，实施了北梁棚改、生态环境治理、大气污染治理、城市基础设施建设以及教育、公共卫生、公共文化等一大批民生工程，发展成果普惠全市，是我市民生投入力度最大、保障水平最高、为民办实事和群众得实惠最多的五年。

四是财政改革取得一系列成果。预算编制实现了由单一预算向全口径预算管理的转变，并将政府性债务纳入预算管理，提升预算完整性；部门预算编制细化到项级，基本支出定额体系逐步建立，项目支出落实到具体项目。预算执行得到加强，国库集中直接支付的比重提高到88%；财政预决算、部门预决算、“三公”经费全部公开，支出绩效评价积极推开。完善了一整套公用经费管理办法，从制度上规范和控制“三公”支出。预算监督更加有力，2014年起所有部门预算全部提交市人大审议，实现了市人大财经委、市审计局与财政局数据信息联网，主动接受市人大及审计监督。大手笔清理行政事业性收费115项，有效激发了市场活力。农业“三项”补贴、玉米生产者补贴改革顺利实施。政府购买服务试点扩大到了教师聘用、社区养老、预算单位代理记账、校车租用等领域。建成了全国一流的电子政府采购服务平台，市本级采购规模由2012年的30.6亿元提高到2017年的120亿元，荣获全国政府采购制度创新奖。

总之，过去五年，我市财政工作与经济社会各项事业一样，取得了新的发展成绩，但一些矛盾和问题也十分突出。一是财源基础薄弱，财政收支矛盾突出。我市以产品初加工和资源型为主导的产业转型升级进程仍需加快，新开工和运营项目税收支撑作用还未显现，财政收入增速趋缓。与此同时，财政刚性支出增长较快，财政收支矛盾困境短时期内改善很难。二是防范和化解政府债务工作面临较大困难。近年来累积的政府债务规模大，政府债务率偏高，化解债务的渠道和能力有限。三是预算支出结构固化问题仍然突出，农业、教育、文化、科技等重点财政支出与财政收支增幅挂钩，在收支矛盾日益突出、地方财力有限的情况下，亟需破除和优化。四是财政改革还需加快推进。限于职能和权限，部分税制改革、事权和支出责任划分改革推进力度不足，财政改革任务艰巨。五是预算绩效管理体系有待完善，资金效益有待提高。预算绩效管理机制在预算部门中还未全面树立、绩效管理评价体系不够完善，绩效评价结果运用有限，作用还未充分发挥，财政资金使用效益有待进一步提高。对此，我们已高度重视，正在采取有力措施积极应对和解决。

二、2018 年预算草案

（一）2018 年财政经济形势

2018 年，全市财政改革发展面临的形势严峻复杂，有利条件和制约因素叠加，必须坚持问题导向和底线思维，做好“啃硬骨头”的充分准备。从不利因素看：一是部分旗县区 2018 年经济发展、固定资产投资等不平衡，造成地区收入增长不均衡，再加上偿债压力，收支矛盾更加突出；二是受房地产市场和相关政策影响，我市土地出让收入可能出现不确定因素；三是传统产业转型发展面临的困难仍然较多；四是“营改增”后部分行业纳税基数、税率的调整还有一个需要长期消化的过程；五是按照财政部要求，原纳入预算管理的学校收费、部分经营性收费全部实行专户管理，再加上取消停征等因素影响，非税收入增长空间十分有限。从有利因素看：一是 2017 年收入“挤水分”从年初 288 亿元调减为 137.6 亿元，减幅 52%，居全区首位。在今年收入基础夯实的情况下，经与国地税分析测算，2018 年收入实现 6% 左右的增速是合理可行的，同时从保工资、保运转、保基本民生来讲，也是必须要守住的底线。各旗县区没有一定的财力增长也是难以完成自治区要求四年化债任务的。二是包钢集团实现了扭亏为盈，再加上钢铁价格上涨等因素影响，预计明年税收有所增加。铝产品量价齐涨、需求增加；煤炭价格去年以来明显回升，都会促进财税增收。三是我市部分重点税源企业税收增长相对平稳，部分新增税源企业陆续完成进项抵扣。同时有些企业也投产达效。四是以金融业、房地产业为主的三产业税收近年来增长稳定，成为带动财政增收的重要因素。

综合利弊，我们要坚定发展信心，抓住有利因素，克服工作困难，更加注重保基本和稳当前、促协调和利长远、调结构和防风险，努力实现高质量发展。

（二）预算编制的指导思想和基本原则

2018 年预算编制的指导思想是：全面贯彻党的十九大精神，以习近平新时代中国特色社会主义思想为指导，坚持稳中求进工作总基调，坚持新发展理念，推进供给侧结构性改革，推动高质量发展；认真贯彻《预算法》要求，加大资金统筹，有效盘活存量，优化支出结构，全面提升预算绩效和透明度，确保民生持续改善和重大政策有效落实，为我市各项工作“提档升级、争创一流”提供有力保障。

贯彻上述指导思想，收支预算编制着重把握以下原则：一是收入预算要实事求是、积极稳妥。既要考虑消化历史遗留问题后实实在在的增长，也要考虑保工资、保运转和保基本民生以及化解债务的需要。二是支出预算要按照党的十九大精神和中央经济工作会议要求，进一步调整优化支出结构，压缩一般性支出，加大对“三大攻坚战”的支持力度，突出保工资、保基本运转、保基本民生、确保偿债支出，精打细算、过紧日子，共度难关。三是管理上强化绩效评价和资金统筹整合使用。强化政府性债务管理，严控新增债务，多措并举化解存量债务，完成年度化债目标，守住风险底线。

（三）2018 年收入预计和支出安排

根据各旗县区预算汇编和全市经济社会发展预期、财税政策调整情况，经通盘考虑并认真测算，2018 年全市一般公共预算收入预计 145.8 亿元左右，比上年实际完成数增长 6% 左右。其中：税收收入预计 110 亿元，占比 75.4%；非税收入预计 35.8 亿元，占比 24.6%。全市一般公共预算支出拟安排 330 亿元左右。

根据市人民代表大会对预算草案及报告审查的内容，重点报告市级政府预算安排情况。

1. 收入及可用财力预算安排

（1）一般公共预算收入。较上年实际完成数增长 5.1%。其中：税收收入 6.7 亿元，较上年实际完成数增长 59.9%；非税收入 19.2 亿元，较上年实际完成数下降 6.2%。

（2）政府性基金预算收入。拟安排土地出让净收益 10 亿元，与上年持平。主要是考虑可用财力及偿债需要，对列收列支的土地成本性支出、车辆通行费在报告中不再详述。

根据现行财政体制划定的收入范围和上级财政确定的对我市补助数额测算，2018 年市本级一般公共预算收入预计 25.9 亿元，加中央自治区净补助 39.7 亿元、旗县区净上解 4.4 亿元、政府性基金调入 5 亿元（土地出让净收益）。按照现行财政体制测算后，2018 年市本级一般公共预算可用财力拟安排 75 亿元，政府性基金预算可用财力 5 亿元，两项合计 80 亿元，较 2017 年预算 91.1 亿元减少 11.1 亿元。

此外，2018 年中央、自治区提前下达我市需列入 2018 年预算的转移支付 43.8 亿元（均有指定用途，不构成本级可统筹财力）。汇总后，市级一般公共预算总支出安排 127.4 亿元，其中：市级实际可统筹财力安排的支出 75 亿元，转移性支出 43.8 亿元。

2. 支出预算安排

按照收支平衡的原则，与可用财力相适应，2018 年市本级一般公共预算支出拟安排 75 亿元、政府性基金预算支出安排 5 亿元，较上年减少 11.1 亿元。其中：

（1）保工资及机构运转支出。拟安排 48.9 亿元，占总财力的 61.1%。其中工资福利支出 45.2 亿元，机关事业单位机构正常运转支出 3.7 亿元，同比增加 1.1 亿元。

（2）保基本民生支出。拟安排 14.2 亿元，占总财力的 17.8%，占项目支出 31.1 亿元的 45.7%。包括直接增加个人收入、减轻个人负担及支持社会事业发展、以及改善居民生产生活条件等方面支出。

——直接增加个人收入方面支出 8.3 亿元，占基本民生支出的 58.5%。主要包括：城乡最低生活保障支出 0.95 亿元，对城乡居民基本养老保险补助 0.9 亿元，对企业养老保险及企业离退休人员取暖补贴 2.1 亿元，对居民医疗保险补助 0.8 亿元，行政事业单位养老保险补贴 0.2 亿元，长征建材、财经印刷厂等单位职工医疗保险费和养老保险补助 0.2 亿元，企业军转、军队复员干部、自主择业军转补贴 0.1 亿元，以及重点优抚对象、交通协勤及协管人员、志愿服务西部计划大学生、“三支一扶”高校毕业生、环卫一线临时工工资等补贴支出。

——减轻个人负担及支持社会事业发展方面支出 4.8 亿元，占基本民生支出的 33.8%。主要包括：支持教育方面支出 2.4 亿元，重点用于教育分层改革、国有企业职教幼教退休教师提高待遇，农村牧区义务教育阶段住宿生免费午餐，学前教育资助，中职学校和普通高中“两免”地方配套，普通高中、中职、高校国家助学金、奖学金及学业奖学金地方匹配资金以及城乡义务教育阶段贫困寄宿生生活费补贴等；支持党报覆盖工程 0.1 亿元；支持精准扶贫及脱贫解困 1 亿元；支持医疗卫生事业 0.8 亿元，重点用于对市级劳模和先进生产（工作）者及农牧民免费体检、基层医疗卫生机构综合改革、血液核酸检测、计划生育、离休干部医疗费补贴、基层防疫人员补助、城乡医疗救助等；支持就业、粮油储备补贴0.1亿元；加大对“三无”人员、孤残儿童、流浪乞讨人员救助、残疾人康复、重度残疾人护理等支持。

——改善居民生产生活条件方面支出1.1亿元，占基本民生支出的7.7%。主要包括：草原禁牧补贴0.3亿元，80周岁以上老年人普惠制高龄津贴和城乡80周岁以上最低生活保障人群生活补贴0.3亿元，航线补贴资金0.5亿元。

（3）维护社会稳定、促进科技、文化等与民生密切相关的社会事业发展支出。拟安排6.9亿元，占总财力的8.6%，占项目支出31.1亿元的22.2%。主要包括：维护稳定支出0.7亿元（看守所羁押人员费用支出、强制隔离戒毒人员经费、驻包部队支出）；引进高科技人才入市、社区硬件基础设施建设、地方维稳、税收征管、中央自治区专项配套及应急等1.1亿元，城市维护、公交IC卡、老年人免费乘车补贴、环保等2.4亿元，市长预备费2亿元。

（4）化解和偿还债务本息10亿元，占总财力的12.5%，占项目支出31.1亿元的32.1%。

上述收支预算作这样的安排后，由于2018年市本级可用财力较上年预算减少11.1亿元，预算安排中又新增了教育分层改革、化解政府债务等重大事项，与上年预算相比，城市维护、三供一业、环保、科技、农林水、交通运输、商贸、食药卫生、公共安全、各部门业务经费、住房货币化改革工作经费等均未列或未足额列入公共预算，拟通过争取上级转移支付及新增债券资金安排解决。

此外，国有资本经营预算、社会保险基金预算按照预算法要求也进行了编制，连同92个部门（单位）的预算草案将一并提交会议审议。

三、今后五年财政工作思路和2018年财政工作安排

今后五年，是贯彻落实党的十九大精神、全面建成小康社会的决胜阶段，做好财政工作责任重大，使命光荣。为此，我们的总体思路是：**全面贯彻党的十九大精神，以习近平新时代中国特色社会主义思想为指导，加强党对财政工作的领导，按照高质量发展要求，紧扣我市社会主要矛盾变化，践行创新协调绿色开放共享发展理念，落实积极的财政政策，调整优化财政支出结构，支持补足我市发展不平衡不充分的弱项和短板；突出问题导向，切实加强政府债务管理；坚持尽力而为，量力而行，支持打好“三大攻坚战”，促进经济发展和民生改善，为我市与全国同步建成全面小康社会提供坚实的财政保障。**

按照上述工作思路，我们将着力做好以下工作。

一要旗帜鲜明讲政治，加强党对经济财政工作的领导。各级财政要自觉用习近平新时代中国特色社会主义思想武装头脑、指导实践，在思想上政治上行动上同以习近平同志为核心的党中央保持高度一致，坚定不移将党的基本理论、基本路线、基本方略贯彻到财政工作各个方面，不断增强“财”服从于“政”的意识，提高“财”服务于“政”的能力。

二要坚定不移把高质量发展作为第一要务，不断提高财政收支质量效益。贯彻新发展理念，坚持质量第一、效益优先，以推进供给侧结构性改革为主线，创新方式和手段，统筹好财力安排，发挥财政杠杆作用，着力解决一些事关发展全局的突出问题，推动经济发展质量、效率和动力变革。调整完善与我市经济发展相适应的、精准有效、配合协调的财政政策体系，大力支持实体经济发展，引导社会资本投向新旧动能转换的重点领域和薄弱环节。

三要坚持以人民为中心的发展思想，强化公共财政保障能力。发挥财政再分配职能，对照全面建成小康社会差距和不足，集中财力抓重点、强弱项、补短板，打赢“三大攻坚战”，支持解决发展不平衡不充分问题。按照坚守底线、突出重点、完善制度、引导预期的要求，加大精准扶贫、教育、医疗健康、社会保障、文化等公共服务领域投入，完善公共服务体系，统筹促进基本公共服务均等化。

四要深化财税体制改革，推进法治财政建设。严格执行《预算法》及其实施条例等法律法规。积极稳妥化解政府债务，守住不发生系统性区域性财政金融风险的底线。大力推进各项财税改革，积极在事权和支出责任划分、地方税体系建设等改革中争取改革红利，争取有助于地方财力增长的税源结构和财政体制，筑牢财政可持续发展基础。加强财政绩效管理和资金统筹使用，提高财政资金使用效益。

2018 年是贯彻落实党的十九大精神的开局之年，开好头，起好步至关重要。各级财政要按照稳中求进的工作总基调和积极的财政政策要求，依法理财，增收节支，优化结构，加强统筹，盘活存量，提高绩效，着力稳增长、转方式、补短板、强弱项、防风险、促开放，推动全市经济社会各项事业持续健康发展。

（一）突出开源增收，稳步壮大地方财政实力。深刻认识财源不足、增收乏力和财政收支矛盾突出是制约财政可持续发展的最大瓶颈，千方百计开源增收。一是强化税收征管。进一步加强政府综合治税系统管理，将财政、人社、工商、交通运输、国土、房管等部门基础数据纳入综合治税平台管理，通过财税大数据信息共享，实现政府对重点税源企业征管及入库税收的动态监控，减少税收跑冒滴漏。二是清理历年欠税欠费。由国税、地税、财政、国土、房管、公安经侦、审计等部门联合组成检查组，加大对建筑、餐饮、物流、房地产等行业税收稽查力度，强化房产税、耕地占用税、土地使用税、“营改增”增值税、个人所得税等税收稽查力度。同时加大对欠缴的城市配套费、城市公用事业附加费等非税收入的清欠力度。出台对旗县区、国地税等协查部门和地区的奖励政策。对履职不力、应收未收的征管责任人严肃追究责任。三是鼓励扩大税源。出台支持总部经济发展政策，积极协调总部经济、中央、内蒙驻包企业和关联企业落户包头，税收属地征管，增加地方财源。四是加强土地和国有资产管理。合理制定土地出让计划，提高土地出让收益率。加强政府资产的统一调度管理，通过变现、入股、抵债等方式，盘活资产，增加收入。五是抢抓政策机遇，进一步加大一般性转移支付和专项转移支付争取力度，缓解我市财力困难。

（二）完善政策引导，助推经济高质量发展。积极落实供给侧结构性改革任务，促进现代化经济体系建设。一是助力转型升级。发挥财政资金撬动作用，支持钢铁、稀土、装备制造、铝等传统产业优化升级，延长产业链条，增加效益和税收。积极推进新型工业化，支持军民融合发展、“中国制造 2025”、物联网、云计算、大数据、智慧城市、电子商务等新兴产业。创新政府科技经费投入和管理方式，推动创新驱动战略实施。积极推进农业供给侧结构性改革，支持发展绿色、循环、特色、品牌农业。二是保持财政投资力度。全面梳理竞争性领域财政支出政策，综合财力负担，有针对性地停止、暂缓或加大投入，实行政策公开公示制度，引导社会预期。全面完成国家节能减排、稀土产业转型升级、地下综合管廊等国家示范项目建设。加快财政支出进度，推动财政资金尽快转化为实物工作量。三是深化投融资体制改革。坚持利益共享、风险共担，积极推进政府与社会资本合作，守住财政可承受底线，撬动民间资本支持发展建设。加强财政金融合作，引导金融业加大对实体经济的支持力度。

（三）坚持民生优先，提高保障和改善民生水平。始终把保工资、保运转、保基本民生放在首位。大力支持脱贫攻坚工程，多渠道健全财政扶贫投入保障体系，确保按要求精准脱贫。支持办好人民满意的教育，促进我市教育水平保持自治区前列。落实就业创业政策，推动扩大就业和就业稳定。坚持托底线、救急难、可持续原则，稳定各项民生保障水平。支持健康包头建设，深化医药卫生体制改革，完善城乡医疗保障体系。鼓励发展健康服务业，鼓励社会资金投入养老服务建设。支持食品药品安全监管体系，让人民享受更高水准的食品药品安全保障。支持公共文化和体育事业发展，丰富群众文化生活。落实保障性安居政策，不断改善城乡居民居住条件。继续推动平安包头、法治包头建设。

（四）强化改革推动，加快建立现代财政制度。继续推进预算管理制度改革，健全预算标准体系，规范预算编制管理。继续完善“四本预算”为主的定位清晰、分工明确的完整政府预算体系。进一步推进预算信息公开。建立跨年度预算平衡机制。实行中期财政规划管理。清理规范重点支出同财政收支增幅或生产总值增幅等挂钩事项。压减各类项目支出15%以上。实行专项资金预算绩效管理。完善政府购买服务制度，对适合市场化方式提供、社会力量能够承担的公共性和公益性服务事项，原则上都要引入竞争、政府购买。硬化预算约束，坚持“先有预算，后有支出”，严格执行人大批准的预算。强化地方政府债务管理，积极稳妥做好存量债务化解工作，严控新增债务，力争用4年时间将债务率降至合理水平。稳步推进国家统一部署的税收制度改革，认真贯彻落实国家结构性减税和普遍性降费政策。按照中央与自治区事权和支出责任改革要求，逐步理顺市与期县区财政体制。

（五）增强执政本领，全面加强财政干部队伍建设。事业成败，关键在人。要按照党的十九大提出的全面增强八个方面的执政本领要求，全面强化财政职能，提高干部队伍素质。要从领导干部抓起，覆盖每一名财政干部，以问题为导向，切实加强政治、思想、组织、作风、纪律建设，大力培养专业能力、专业精神，树立正确的用人导向，旗帜鲜明地为敢于担当、踏实做事、不谋私利的干部撑腰鼓劲，激发全体财政干部积极性、主动性和创造性。认真落实党建责任，引导党员干部自觉遵守党章党规，扎实开展“不忘初心，牢记使命”主题教育。全面落实党风廉政建设“两个责任”、“一岗双责”，强化内控机制管理，加强廉政风险防控，不断推进财政部门全面从严治党向纵深发展。

各位代表，新时代要有新气象，新气象须有新作为。我们要在市委、市政府的正确领导下，在市人大、市政协的监督支持下，迎难而上，苦干实干，全力以赴完成好2018年财政工作目标任务，努力为推动全市经济社会实现高质量发展做出积极贡献。

包头市2017年国民经济和社会发展统计公报

包头市统计局

（2018年4月23日）

2017年，包头市委、市政府认真学习贯彻党的十九大精神，以习近平新时代中国特色社会主义思想为指导，带领全市各族人民全面贯彻落实中央和自治区决策部署，坚持稳中求进工作总基调，坚定不移贯彻新发展理念，以供给侧结构性改革为主线，统筹推进稳增长、促改革、调结构、惠民生、防风险各项工作，全市经济社会持续平稳健康发展。

一、综合

年末全市常住总人口287.8万人，比上年末增加2.0万人，其中城镇人口239.7万人，乡村人口48.1万人。常住人口城镇化率达到83.3%，较上年末提高0.3个百分点。

初步核算，全市生产总值按可比价格计算比上年增长5.5%。其中，第一产业增加值增长3.6%，第二产业增加值增长4.5%，第三产业增加值增长6.5%。三次产业增加值占全市生产总值的比重分别为3.2%、41.1%和55.7%。全市人均生产总值比上年增长4.6%。

全年居民消费价格总水平比上年上涨1.6%。八大类商品及服务价格呈“六升一降一平”的态势。其中，食品烟酒价格与上年持平；生活用品及服务价格下降0.2%；医疗保健价格上涨10.3%，涨幅最高。

全年城镇新增就业4.3万人，其中城镇失业人员再就业0.7万人。年末城镇登记失业率为3.87%。

全年一般公共预算收入137.6亿元，按可比口径计算比上年增长6.1%。其中，税收收入99.2亿元，非税收入38.4亿元。全年一般公共预算支出330.3亿元，按可比口径计算比上年增长7.1%。其中民生支出264.7亿元，占到一般公共预算支出的80.1%。

二、农牧业

全年农作物播种面积31.1万公顷，比上年下降6.0%，其中粮食作物播种面积21.2万公顷，下降0.3%。在粮食作物中，小麦种植面积4.2万公顷，下降0.7%；玉米种植面积10.9万公顷，增长1.0%；马铃薯种植面积3.9万公顷，下降6.2%；其它谷物种植面积2.0万公顷，增长3.4%。

全年粮食总产量106.4万吨，与上年持平。其中，小麦产量9.8万吨，下降3.6%；玉米产量81.1万吨，增长0.5%；马铃薯产量12.0万吨，增长19.5%。全年油料产量6.5万吨，下降39.3%；蔬菜产量97.7万吨，下降2.5%。

年末全市牛存栏17.5万头，下降11.9%；羊存栏221.7万只，增长7.9%；猪存栏23.8万头，增长0.2%。年末牛出栏24.4万头，下降2.6%；羊出栏444.7万只，增长2.7%；猪出栏57.1万头，增长1.7%。全年肉类总产量17.2万吨，比上年增长2.1%。其中，猪肉产量4.8万吨，增长1.7%；牛肉产量4.2万吨，增长0.9%；羊肉产量7.4万吨，增长2.9%；禽肉产量6350吨，下降0.6%。禽蛋产量3.1万吨，增长14.8%；牛奶产量79.4万吨，下降12.1%；水产品产量9126吨，增长0.3%。

年末全市拥有各类农民专业合作社2046家；拥有市级以上农牧业产业化重点龙头企业166家，其中国家级5家、自治区级33家、市级128家。全市农畜产品行业拥有中国驰名商标11个。

三、工业和建筑业

全年全部工业增加值比上年增长5.3%，其中规模以上工业增加值增长6.0%。在规模以上工业中，轻工业增加值下降20.7%，重工业增长8.1%；钢铁、铝业、装备制造、稀土、电力五大产业增加值增长8.0%，拉动规模以上工业增长4.5个百分点。

从主要工业产品产量看，全年生铁产量达1451.5万吨，比上年增长9.4%；铁合金33.4万吨，增长6.2%；粗钢产量1643.4万吨，增长21.7%；钢材产量1588.4万吨，增长19.3%；铝产量145.0万吨，增长14.9%；铝材产量56.3万吨，下降0.5%；汽车产量13567辆，增长74.1%；精甲醇产量197.8万吨，增长16.5%；液体乳产量19.0万吨，下降6.3%；水泥产量254.4万吨，下降28.7%。

全年规模以上工业企业主营业务收入比上年增长11.1%；利润总额增长80.6%，其中盈利企业利润总额增长23.3%，亏损企业亏损额下降15.6%。全年工业产品销售率为97.1%，较上年下降0.3个百分点。

全年建筑业增加值比上年增长1.5%。在本市注册的具有资质等级的建筑施工企业113户，完成总产值210.3亿元，比上年增长4.3%；施工企业房屋建筑施工面积1476.3万平方米，增长10.7%，房屋竣工面积343.4万平方米，下降17.7%。

四、固定资产投资

全年500万元以上项目完成固定资产投资2958.8亿元，比上年增长0.1%。其中，民间投资1841.5亿元，增长5.6%，占全市投资的比重达62.2%；高技术产业完成投资60.8亿元，增长15.1%；基础设施建设投资654.5亿元，下降1.3%。

分产业来看，第一产业投资121.2亿元，比上年增长47.9%；第二产业投资1204.8亿元，下降6.9%；第三产业投资1632.8亿元，增长3.3%。

全年房地产开发投资155.4亿元，比上年下降15.8%。其中，住宅投资116.7亿元，下降5.6%；办公楼投资3.3亿元，下降10.3%；商业营业用房投资22.9亿元，下降43.2%。

五、国内贸易和对外经济

全年社会消费品零售总额1486.4亿元，比上年增长6.2%。按经营单位所在地分，城镇实现社会消费品零售额1448.2亿元，增长6.1%；乡村实现社会消费品零售额38.2亿元，增长7.4%。

全年限额以上批发零售及住宿餐饮企业实现消费品零售额305.5亿元，比上年增长1.1%。其中，餐饮收入36.7亿元，下降0.9%；商品零售268.8亿元，增长1.4%。在限额以上企业商品零售额中，粮油、食品类商品零售额增长0.3%，服装、鞋帽、针纺织品类下降0.6%，化妆品类增长23.8%，日用品类增长10.9%，家用电器和音像器材类增长8.5%，家具类下降11.2%，金银珠宝类下降4.2%，汽车类增长5.0%，石油及制品类增长0.8%。

全年限额以上批发零售企业通过互联网实现商品零售额2.6亿元，比上年增长26.5%；限额以上住宿餐饮法人企业通过互联网实现餐费收入1.5亿元，增长19.9%。

全年外贸进出口总额20.0亿美元，比上年增长22.3%。其中，出口总额12.9亿美元，增长13.0%；进口总额7.1亿美元，增长43.9%。

六、交通、邮电和旅游业

全年公路货运量33663.8万吨，比上年增长13.0%；公路客运量674.6万人，增长2.7%。民航客运吞吐量209.0万人次，比上年增长11.9%；民航货邮总量8981.5吨，下降4.5%。

年末全市民用汽车保有量达到63.8万辆（包括三轮汽车和低速货车），比上年末增长11.3%，其中个人汽车保有量57.4万辆，增长11.8%。民用载客汽车保有量为56.2万辆，增长11.6%，载货汽车保有量为7.3万辆，增长9.0%。

全年邮政行业业务收入（不包括邮政储蓄银行直接营业收入）完成4.9亿元，比上年增长24.0%；业务总量完成3.8亿元，增长29.1%。全年快递服务企业业务收入完成2.6亿元，比上年增长27.5%；业务量完成1212.0万件，增长36.5%。年末固定电话用户26.4万户，下降10.1%。移动电话用户400.2万户，增长15.6%。

全年实施重点旅游建设项目66个，其中续建项目33个，新建项目33个，计划总投资350.5亿元，本年共投入资金80.5亿元。实现旅游总收入505.2亿元，比上年增长25.3%。国内旅游人数达1427.6万人次，增长18.1%；国内旅游收入502.2亿元，增长26.0%。入境旅游人数4.0万人，增长0.4%；旅游外汇收入4602.0万美元，增长1.3%。

七、金融和保险业

年末全市金融机构人民币各项存款余额3886.6亿元，比上年末增长20.1%。其中，住户存款1457.2亿元，增长6.3%；非金融企业存款1140.0亿元，增长24.6%。年末金融机构人民币各项贷款余额2960.4亿元，增长23.2%。其中，住户贷款976.9亿元，增长25.8%；非金融企业及机关团体贷款1982.7亿元，增长22.1%。

截至2017年底，全市共有保险公司39家，其中人身险公司16家，财产险公司23家。全年保险业务收入69.6亿元，比上年增长7.0%。其中，财产险收入21.2亿元，增长11.6%；人寿险收入48.4亿元，增长5.1%。保险赔款及给付支出15.3亿元，比上年增长14.3%。其中，财产险赔款及给付9.3亿元，增长20.8%；人寿险赔款及给付5.9亿元，增长5.5%。

八、人民生活和社会保障

全年全体居民人均可支配收入38749元，比上年增长8.4%。其中，城镇常住居民人均可支配收入44231元，增长8.0%；农村牧区常住居民人均可支配收入15901元，增长8.2%。全年全体居民人均消费支出26502元，比上年增长4.0%。城镇常住居民人均消费支出29806元，增长4.1%；农村牧区常住居民人均消费支出11435元，增长3.8%。城镇居民家庭恩格尔系数为27.5%，农村牧区居民家庭恩格尔系数为31.1%。

年末全市养老保险参保人数为142.3万人，比上年末增长3.2%。其中，城镇职工养老保险参保人数为98.8万人，增长4.7%；城乡居民养老保险参保人数为43.5万人，与上年持平。在城镇职工养老保险参保人数中，企业职工参保56.0万人，机关事业单位职工参保7.9万人，纳入统筹的离退休人员34.9万人。年末全市医疗保险参保人数为198.1万人，剔除城乡居民整合后重复参保人员，比上年末下降3.7%。其中，参加城镇职工基本医疗保险的人数为78.4万人，下降3.6%；参加城乡居民医疗保险的人数为119.7万人，下降3.8%。参加失业保险人数42.5万人，与上年持平。参加工伤保险的人数为48.1万人，增长0.5%。参加生育保险的人数为49.0万人，增长1.0%。

截至年底，全市累计建成直饮水站119座、分站 47 座、自助式饮水屋和现制现售水机近 500 台，全市直饮水工程覆盖受益人口达 197.3 万人。

九、教育和科学技术

年末全市有普通高等学校（包括高职院校）5 所，全年招收学生 2.4 万人，在校学生 7.8 万人，毕业生 2.4 万人。普通中专和职业高中（含成人中专）共 20 所，在校学生 2.5 万人。普通高中 37 所，在校学生 4.5 万人。普通初中 57 所，在校学生 6.2 万人。普通小学 134 所，在校学生 13.9 万人。全市有幼儿园 326 所，在园幼儿 6.1 万人。全市有少数民族中小学校 14 所，少数民族在校学生 2.2 万人。小学专任教师学历合格率为 100%，普通初中专任教师学历合格率为 100%，普通高中专任教师学历合格率为 97.9%。小学适龄儿童入学率为 100%。

全年专利申请量 2511 件，专利授权量 1464 件。万人发明专利拥有量 4.0 件，居自治区第二位。签订各类技术合同 38 个，技术合同成交金额达 1.6 亿元。年末累计拥有国家高新技术企业 154 家，较上年新增 39 家；自治区级重点实验室 28 家，新增 2 家。全市累计认定 39 家院士工作站、30 家市级农业科技示范基地、5 家自治区农业科技示范园区和特色科技产业化基地。全市拥有 3 家国家级和 7 家自治区级星创天地，分别较上年新增 2 家和 5 家。此外，推进关键共性技术攻关、成果转化项目达 50 项。全年组织企业申报自治区重大科技专项等各类项目 88 项，争取资金 7674 万元。

十、文化、卫生和体育

年末全市共有专业艺术表演团体 5 个，群艺馆、文化馆 11 个，公共图书馆 10 个，国有博物馆 6 个，美术馆 1 个。广播综合人口覆盖率达 99.58%，电视综合人口覆盖率达 99.56%。

年末全市共有卫生机构 1779 个，其中医院 84 个，基层医疗卫生机构 1629 个，专业公共卫生机构 49 个，其他卫生机构 17 个。年末卫生机构实有床位 18845 张，拥有卫生技术人员 23854 人。

年内运动健儿参加亚洲男子 U18 校园曲棍球锦标赛获得第四名，参加全国 U18 曲棍球锦标赛获得冠军；在全区青少年足球锦标赛中获得男子 U18 冠军、男子 U16 亚军；在全区青少年篮球锦标赛中获得男女甲乙四个组别中的三项冠军；在全区青少年橄榄球锦标赛中获两项冠军、两项亚军；在全区青少年武术套路锦标赛中，获得金牌 15 枚，银牌 6 枚，铜牌 4 枚；包一中女排代表自治区参加全国第十三届运动会并取得历史最好成绩。此外，还成功举办了包头市第十三届运动会和首届市民运动会。

十一、城市建设

全年共实施城建重点项目 282 项，新增道路面积 113.0 万平方米，新建、改造供热设施及城市供热干网 19.0 公里；城市燃气普及率达 96.7%，生活污水处理率为 91.0%。积极组织实施绿化工程，建成区绿化覆盖率达 44.2%。

截至年底，全市公路总里程 9070 公里，其中高速公路里程 140 公里，公路网密度为 32.7 公里 / 百平方公里。

十二、资源和环境保护

全年水资源取用水总量 10.6 亿立方米，其中地表水源供水量 6.3 亿立方米，地下水源供水量 3.8 亿立方米，再生水 0.5 亿立方米。全年各行业用水总量 10.6 亿立方米，其中农业用水 6.6 亿立方米，工业用水 2.7 亿立方米，城镇生活、社会综合用水量 1.3 亿立方米。

全年国土绿化造林面积 3.2 万公顷，其中人工造林 2.4 万公顷，封山育林面积 0.8 万公顷。林业重点工程完成造林面积 2.6 万公顷，其中：天然林保护工程 0.3 万公顷，退耕还林工程 1.2 万公顷，京津风沙源工程1.0万公顷，占全部造林面积的80.5%。年末全市拥有自治区级自然保护区3个。

全年平均气温为8.3℃，年平均风速2.8米/秒，年降水总量208.2毫米，年日照时数2960.2小时。

初步核算，全年万元生产总值能耗较上年下降4.24%，超额完成自治区下达的“十三五”进度目标。

注释：

[1] 本公报中数据均为初步统计数；部分数据因四舍五入的原因，存在分项相加与合计项不等的情况。

[2] 地区生产总值、各产业及行业增加值、人均地区生产总值增长速度按不变价格计算。

[3] 民间固定资产投资是指具有集体、私营、个人性质的内资企事业单位以及由其控股（包括绝对控股和相对控股）的企业单位建造或购置固定资产的投资。

[4] 房地产业投资除房地产开发投资外，还包括建设单位自建房屋以及物业管理、中介服务和其他房地产投资。

资料来源：本公报中居民消费价格及城乡收支情况数据来自国家统计局包头调查队；城镇新增就业、登记失业率、社会保障数据来自人力资源和社会保障局；财政数据来自财政局；农民专业合作社、市级以上农牧业产业化重点龙头企业等数据来自农牧业局；外贸进出口数据来自商务局；公路运输数据来自交通局；民航数据来自内蒙古自治区民航机场集团有限责任公司包头分公司；汽车保有量数据来自公安局交通管理支队车辆管理所；邮电业务数据来自包头市邮政管理局和电信部门；旅游数据来自旅游发展委员会；金融数据来自中国人民银行包头市中心支行；保险业数据来自保险行业协会；水资源及直饮水数据来自水务局；教育数据来自教育局；专利等科技数据来自科技局；艺术表演团体、博物馆、公共图书馆、文化馆、广播电视数据来自文化新闻出版广电局；卫生数据来自卫生和计划生育委员会；体育数据来自体育局；城市建设数据来自城乡建设委员会；造林面积等数据来自林业局；气候数据来自气象局；其他数据均来自包头市统计局。

第二部分　统计资料

PART TWO STATISTICS

1

行政区划和自然资源

DIVISIONS OF ADMINISTRATIVE AREAS AND NATURAL RESOURCES

1-1　行政区划（2017年）

单位：个

项　目	乡（苏木）	镇	街道办事处	居民委员会	村民委员会
全　市	**10**	**29**	**47**	**273**	**520**
稀土高新区		1	2	11	9
东河区		2	12	66	49
昆都仑区		2	13	78	24
青山区		2	8	54	21
石拐区	1	1	6	4	17
白云矿区			2	4	
九原区	1	3	4	27	50
土默特右旗	3	5		11	201
固阳县		6		10	72
达尔罕茂明安联合旗	5	7		8	77

1-2　土地面积和人口密度（2017年）

项　目	土地面积（平方公里）	年末常住人口（万人）	密度（人/平方公里）
全　市	**27768**	**287.77**	**104**
稀土高新区	116	15.19	1309
东河区	470	55.19	1174
昆都仑区	301	79.32	2635
青山区	280	51.98	1856
石拐区	761	3.78	50
白云矿区	303	2.78	92
九原区	734	22.93	312
土默特右旗	2368	29.97	127
固阳县	5025	16.95	34
达尔罕茂明安联合旗	17410	9.68	6

1-3　自然资源（2017年）

项　目	单　位	2017
地理位置		
东　经		109°51′
北　纬		40°40′
海　拔	米	1067.2
土地资源		
土地总面积	平方公里	27768
#年末实有耕地面积	千 公 顷	423.8
森林资源		
森林面积	千公顷	495.6
森林覆盖率	%	17.8
活立木蓄积量	万立方米	363.3
草原资源		
草场面积	千公顷	1992.2
水资源利用		
水资源取用水总量	亿立方米	10.6
地表水源供水量	亿立方米	6.3
地下水源供水量	亿立方米	3.8
再生水	亿立方米	0.5
矿产资源		
煤炭保有量	亿吨	61.31
铁矿保有量	亿吨	16.39
铜矿保有量	万吨	6.55
锌矿保有量	万吨	0.62
石墨保有量（晶质）	万吨	1329.45
水泥用灰岩保有量（矿石）	万吨	34919.19

1-4 气象情况

项 目	单 位	2016	2017
年平均气温	℃	8.0	8.3
年最高气温	℃	34.8	37.1
年最低气温	℃	-23.7	-23.0
年降水总量	毫米	340.2	208.2
年最大风速	米/秒	14.0	16.3
平均风速	米/秒	3.0	2.8
年日照时数	小时	2912.2	2960.2
年平均相对湿度	%	53	54
全年沙尘天气	次	13	9

1-5 分月气象情况（2017年）

月 份	月平均气温（℃）	月平均相对湿度（%）	月降水量（毫米）	月日照时数（小时）	月平均风速（米/秒）
一 月	-9.1	55	0.4	234.9	2.7
二 月	-6.4	59	17.4	216.3	2.9
三 月	0.7	57	21.0	241.7	2.9
四 月	11.4	39	1.0	274.8	3.2
五 月	18.5	37	12.0	321.6	3.4
六 月	22.2	49	39.4	264.4	3.2
七 月	25.4	59	35.4	236.4	2.6
八 月	21.7	62	26.4	262.7	2.4
九 月	17.4	58	23.9	257.6	2.8
十 月	7.6	69	31.3	177.7	2.5
十一月	-2.3	53		240.6	2.9
十二月	-7.8	55		231.5	2.6

主要统计指标解释

行政区划　指国家对行政区域的划分。根据宪法规定，我国的行政区域划分如下：（1）全国分为省、自治区、直辖市；（2）省、自治区分为自治州(盟)、县(旗)、自治县(旗)、市；（3）自治州分为县、自治县、市；（4）旗、县、自治县(旗)分为乡、民族乡、镇；（5）直辖市和较大的市分为区、县(旗)；（6）国家在必要时设立的特别行政区。

自然资源　指人类可以直接从自然界获得，并用于生产和生活的物质资源。自然资源一般可以分成可再生资源和非再生资源两大类。可再生资源指在较短时间内可以再生、可以循环利用的资源，包括土地资源、水资源、气候资源、生物资源和海洋资源等。非再生资源指在使用后不能再生的资源，包括矿产资源和地热能源。

土地资源　土地指陆地的表层部分，它主要由岩石、岩石的风化物和土壤构成。

土地资源按利用类型可以分为农用地、建筑用地和未利用地。农用地包括耕地、园地、林地、牧草地和水面。建筑用地包括居民点及工矿用地、交通用地和水利设施用地。未利用地指农用地和建筑用地以外的土地，包括滩涂、荒漠、戈壁、冰川和石山等。

耕地面积　指经过开垦用以种植农作物并经常进行耕耘的土地面积。包括种有作物的土地面积、休闲地、新开荒地和抛荒未满三年的土地面积。

草地面积　指牧区和农区用于放牧牲畜或割草，植被盖度在5%以上的草原、草坡、草山等面积。包括天然的和人工种植或改良的草地面积。

水资源　水在自然界中以固体、液体和气态三种聚集状态存在，分布于海洋、陆地（包括土壤）以及大气之中，通过水循环形成水资源。水资源包括经人类控制并直接可供灌溉、发电、给水、航运、养殖等用途的地表水和地下水，以及江河、湖泊、井、泉、潮汐、港湾和养殖水域等。水资源是发展国民经济不可缺少的重要自然资源。

地表水和地下水　陆地上的水因空间分布不同，可以分为地表水和地下水。地表水指分别存在于河流、湖泊、沼泽、冰川和冰盖等水体中水分的总称，又称陆地水。地下水指储存在地面以下饱和岩土孔隙、裂隙及溶洞中的水。

矿产资源　矿产指由地质作用形成，富集于地壳中或出露于地表达到工农业利用要求的有用矿物。矿产是一种重要的自然资源，是社会发展的重要物质基础。

气候　指地球与大气之间长期能量交换与质量交换所形成的一种自然环境状态，它是多种因素综合作用的结果。气候既是人类生活和生产的环境要素之一，又是供给人类生活和生产的重要资源。气温、降水、湿度等气象要素的多年平均值是用来描述一个地区气候状况的主要参数，而各种气象要素某年、某月的平均值（或总量）则可以反映出该时期天气气候状况的重要特征。

气温　指空气的温度，我国一般以摄氏度（° C）为单位表示。气象观测的温度表是[CM(7]放在离地面约[CM)]1.5米处通风良好的百叶箱里测量的。因此，通常说的气温指的是离地面1.5米处百叶箱中的温度。其统计计算方法为：

月平均气温是将全月各日的平均气温相加，除以该月的天数而得。

年平均气温是将12个月的月平均气温累加后除以12而得。

相对湿度　指空气中实际所含水蒸汽密度和同温度下饱和水蒸汽密度的百分比值。其统计方法与气温相同。

降水量　指从天空降落到地面的液态或固态（经融化后）水，未经蒸发、渗透、流失而在地面上积聚的深度。其统计计算方法为：

月降水量是将全月各日的降水量累加而得。

年降水量是将12个月的月降水量累加而得。

日照时数　指太阳实际照射地面的时间。其统计方法与降水量相同。

2 综合

GENERAL SURVER

2-1 平均每天主要社会经济活动

指 标	1995	2000	2005	2010	2015	2017
全市每天创造的财富						
生产总值(万元)	4089	6927	23589	62820		
第一产业	339	444	951	1821		
第二产业	2437	3716	12328	32388		
#工业	2185	3439	10816	28480		
第三产业	1313	2767	10310	28611		
一般公共预算收入（万元）	248	428	1601	3813	6912	3770
一般公共预算支出（万元）	301	593	2133	5615	10774	9050
主要工农业产品产量						
粮食（吨）	1356	1515	2323	2684	2984	3013
油料（吨）	159	203	84	88	172	190
原煤（吨）	19807	10286	8933	61233	52620	34251
发电量（万千瓦时）	1584	1359	2760	7180	12646	13623
粗钢（吨）	9295	10950	20293	30484	40539	45025
钢材（吨）	6405	9738	19178	30668	38548	43518
每天其他经济活动						
社会消费品零售额（万元）	1501	3185	8016	20022	34975	40723
进出口总额（万美元）	86	86	256	535	425	547
#出口总额	48	47	143	330	243	353
金融机构存款余额（万元）	2637	6380	18601	46729	74238	106482
#住户存款余额	1956	4183	10671	20568	35835	39924
金融机构贷款余额（万元）	4089	4843	9226	28419	60069	81107
每天人口变动						
出生人口（人）	78	66	51	56	44	58
死亡人口（人）	27	26	25	22	19	24
人口自然增长（人）	51	40	26	34	25	34

注：1. 2015年金融机构存贷款余额分项内容均发生变化，2015年之前为城乡居民年末储蓄余额，2015年及以后为住户存款余额；
2. 出生、死亡、人口自然增长数据来源于卫计委。

2-2 国民经济和社会发

指　标	总量指标					
	1978	1990	2000	2010	2015	2017
人口						
年末总人口（万人）	160.68	185.57	229.43	265.61	282.93	287.77
城镇人口	108.02	135.03	157.65	211.13	233.85	239.65
乡村人口	52.66	50.54	71.78	54.48	49.08	48.12
就业						
年末从业人员数（万人）	69.78	102.39	110.50	141.68	157.96	160.73
#城镇在岗职工人数	42.64	62.99	40.39	31.85	37.75	33.63
国民经济核算						
生产总值（亿元）	9.52	45.05	252.85	2292.93		
第一产业	1.02	4.93	16.22	66.46		
第二产业	6.38	26.44	135.65	1182.18		
第三产业	2.12	13.68	100.98	1044.29		
人均生产总值（元）	594	2447	11134	87068		
固定资产投资						
固定资产投资额（亿元）	1.93	9.43	53.95	1172.20	2582.91	
竣工住宅面积（万平方米）	10.66	57.17	158.76	424.45	258.42	286.68
财政收支						
一般公共预算收入（亿元）	1.61	7.59	15.62	139.18	252.30	137.61
一般公共预算支出（亿元）	1.03	6.22	21.65	204.96	393.27	330.32
农林牧渔业						
耕地面积（万公顷）	37.74	29.24	44.74	42.69	42.51	42.38
总产值（亿元）	1.23	6.86	28.71	118.14	180.16	156.66
主要农畜产品产量						
粮食（万吨）	17.20	35.60	55.30	97.98	108.91	109.98
油料（万吨）	0.60	4.90	7.41	3.21	6.28	6.94
工业						
主要产品产量						
原煤（万吨）	303.71	476.77	375.45	2235.00	1920.63	1250.15
发电量（亿千瓦小时）	20.45	44.19	49.60	262.06	461.59	497.23
粗钢（万吨）	89.23	261.90	399.67	1112.67	1479.68	1643.40
成品钢材（万吨）	55.53	146.64	355.42	1119.40	1406.99	1588.40
水泥（万吨）	2.49	14.98	46.93	476.18	544.20	254.40
电解铝（万吨）	1.93	5.91	11.84	87.13	131.94	145.00
焦炭（万吨）	125.66	180.09	195.28	569.96	576.43	565.87

注：2000年以后年末总人口为常住人口（均按第六次人口普查数据进行调整）。

展总量与速度指标

速度指标（%）									
指数（2017年比以下各年）						平均增长速度			
1978	1990	2000	2010	2015	2016	1979-2017	1991-2000	2001-2010	2011-2017
179.1	155.1	125.4	108.3	101.7	100.7	1.5	2.1	1.5	1.2
221.9	177.5	152.0	113.5	102.5	101.1	2.1	1.6	3.0	1.8
91.4	95.2	67.0	88.3	98.0	98.9	-0.2	3.6	-2.7	-1.8
230.3	157.0	145.5	113.4	101.8	100.8	2.2	0.8	2.5	1.8
78.9	53.4	83.3	105.6	89.1	92.1	-0.6	-4.3	-2.3	0.8
12053.0	4471.8	1265.1	188.9	113.5	105.5	13.1	13.5	20.9	9.5
1139.5	485.6	267.1	135.4	107.3	103.6	6.4	6.2	7.0	4.4
13159.5	5481.0	1496.8	198.6	113.0	104.5	13.3	13.9	22.4	10.3
17023.6	4577.9	1175.6	182.1	114.5	106.5	14.1	14.6	20.5	8.9
6811.4	2912.7	910.6	173.7	111.4	104.6	11.4	11.3	19.2	8.2
							19.1	36.1	
2689.3	501.5	180.6	67.5	110.9	125.2	8.8	10.8	10.3	-5.5
8552.1	1812.4	881.1	98.9	54.5	50.7	12.1	7.5	24.5	-0.2
31970.5	5314.8	1525.4	161.2	84.0	79.7	15.9	13.3	25.2	7.1
112.3	145.0	94.7	99.3	99.7	99.9	0.3	4.3	-0.5	-0.1
1882.0	848.4	460.3	133.1	107.0	103.5	7.8	6.3	13.2	4.2
639.4	308.9	198.9	112.2	101.0	100.7	4.9	4.5	5.9	1.7
1156.7	141.6	93.7	216.2	110.5	64.3	6.5	4.2	-8.0	11.6
411.6	262.2	333.0	55.9	65.1	63.3	3.7	-2.4	19.5	-8.0
2431.4	1125.2	1002.5	189.7	107.7	114.0	8.5	1.2	18.1	9.6
1841.8	627.5	411.2	147.7	111.1	108.6	7.8	4.3	10.8	5.7
2860.4	1083.2	446.9	141.9	112.9	103.5	9.0	9.3	12.2	5.1
10216.9	1698.3	542.1	53.4	46.7	73.2	12.6	12.1	26.1	-8.6
7513.0	2453.5	1224.7	166.4	109.9	115.0	11.7	7.2	22.1	7.5
450.3	314.2	289.8	99.3	98.2	104.9	3.9	0.8	11.3	-0.1

2-2 续

指 标	总量指标					
	1978	1990	2000	2010	2015	2017
运输、邮电						
公路客运量（万人）	123	306	950	1406	581	675
公路货运量（万吨）	634	2271	6800	16928	27255	33664
公路旅客周转量（亿人公里）	0.59	2.20	7.10	16.93	13.90	10.80
公路货物周转量（亿吨公里）	0.92	7.01	25.10	454.37	517.13	638.70
邮电业务总量（万元）	307	2413	98425	734389	385415	404974
全市固定电话用户（万户）	1.52	4.20	35.43	38.86	36.63	26.43
国内贸易						
社会消费品零售总额（亿元）	3.78	17.85	116.26	730.81	1276.57	1486.41
对外经济贸易						
进出口总额（万美元）		982	31527	195303	155300	199600
#出口总额（万美元）		792	17189	120403	88800	128900
金融						
金融机构各项存款余额（亿元）	3.10	29.01	232.88	1705.62	2709.70	3886.61
#城乡居民储蓄存款余额（亿元）	0.61	18.50	152.68	750.75	1307.99	1457.22
金融机构各项贷款余额（亿元）	6.72	33.77	176.78	1037.29	2192.52	2960.39
教育						
专任教师数（人）						
普通高校	342	1022	1331	2655	4373	4547
普通中专	583	883	727	1209	1104	1158
普通中学	7020	8270	8219	9038	9845	10340
小学	7615	9306	9754	8810	8736	9239
在校学生数（万人）						
普通高校	0.19	0.47	1.22	5.64	7.23	7.81
普通中专	0.36	0.63	1.47	2.60	2.39	2.24
普通中学	17.58	10.48	13.23	13.49	11.79	10.64
小学	23.58	15.67	16.47	14.29	13.34	13.89
卫生						
卫生医疗机构数（个）	382	498	854	2017	1723	1779
医疗机构床位数（张）	6571	8319	9462	12791	16008	18845
卫生技术人员数（人）	8830	13505	14639	17023	20941	23854
人民生活						
城镇居民人均可支配收入（元）		1305	5436	25862	38098	44231
农牧民人均纯收入（元）		640	2548	8766	13667	15901
物价指数（上年=100）						
居民消费价格总指数（%）	100.2	102.8	102.6	102.8	100.9	101.6

注：1.从2009年开始，交通部门公路运输数据统计口径调整，从2011年开始邮电业务总量计算方法调整；
2.2014年起城乡居民收入数据为城乡一体化住户调查数据，之前年度为旧口径数据，农村牧区居民人均可支配收入为农牧民人均纯收入。

表

速度指标（%）									
指数（2017年比以下各年）						平均增长速度			
1978	1990	2000	2010	2015	2016	1979-2017	1991-2000	2001-2010	2011-2017
548.5	220.5	71.0	48.0	116.1	102.7	4.5	12.0	4.0	-10.0
5309.7	1482.3	495.1	198.9	123.5	113.0	10.7	11.6	9.5	10.3
1819.7	490.1	152.1	63.8	77.7	89.3	7.7	12.4	9.1	-6.2
69310.9	9117.6	2544.5	140.6	123.5	114.1	18.3	13.6	33.6	5.0
131913.4	16783.0	411.5	55.1	105.1	77.7	20.2	44.9	22.3	-8.2
1741.7	629.3	74.6	68.0	72.1	89.9	7.6	23.8	0.9	-5.4
39280.3	8327.8	1278.5	203.4	116.4	106.2	16.6	20.6	20.2	10.7
	20325.9	633.1	102.2	128.5	116.0		41.5	20.0	0.3
	16275.3	749.9	107.1	145.2	104.7		36.0	21.5	1.0
125556.6	13398.3	1669.0	227.9	143.4	120.1	20.1	23.2	22.0	12.5
238692.4	7878.9	954.4	194.1	111.4	106.3	22.1	23.5	17.3	9.9
44037.1	8766.5	1674.6	285.4	135.0	123.2	16.9	18.0	19.4	16.2
1329.5	444.9	341.6	171.3	104.0	101.4	6.9	2.7	7.1	8.0
198.6	131.1	159.3	95.8	104.9	100.6	1.8	-1.9	5.2	-0.6
147.3	125.0	125.8	114.4	105.0	102.3	1.0	-0.1	1.0	1.9
121.3	99.3	94.7	104.9	105.8	103.9	0.5	0.5	-1.0	0.7
4130.4	1677.7	642.1	138.5	107.9	97.3	10.0	10.1	16.6	4.8
620.0	356.5	152.0	86.1	93.6	95.5	4.8	8.9	5.9	-2.1
60.5	101.5	80.4	78.9	90.2	98.1	-1.3	2.4	0.2	-3.3
58.9	88.6	84.3	97.2	104.2	100.2	-1.3	0.5	-1.4	-0.4
465.7	357.2	208.3	88.2	103.3	102.1	4.0	5.5	9.0	-1.8
286.8	226.5	199.2	147.3	117.7	108.7	2.7	1.3	3.1	5.7
270.1	176.6	162.9	140.1	113.9	105.2	2.6	0.8	1.5	4.9
	3791.8	910.3	191.3	116.1	108.0		15.3	16.9	9.7
	2755.6	691.7	201.1	116.3	108.2		14.8	13.2	10.5
617.7	320.5	140.3	117.2	102.3	101.6	4.8	8.6	1.8	2.3

2-3　社会经济主要指标人均水平

指　标	1995	2000	2005	2010	2015	2017
全市生产总值（元）	**7692**	**11134**	**35343**	**87068**		
第一产业	637	714	1426	2524		
第二产业	4585	5973	18471	44890		
#工业	4111	5527	16205	39473		
第三产业	2470	4447	15446	39654		
一般公共预算收入（元）	325	688	2398	5285	8965	4799
一般公共预算支出（元）	394	954	3196	7783	13974	11519
农牧业生产						
耕地面积（公顷）	0.15	0.20	0.17	0.16	0.15	0.15
粮食产量（千克）	256	244	348	372	387	384
油料产量（千克）	30.0	32.6	12.6	12.2	22.3	24.2
主要工业产品产量						
原煤（吨）	3.74	1.65	1.34	8.49	6.82	4.36
发电量（千瓦小时）	2991	2184	4135	9951	16402	17340
粗钢（吨）	1.76	1.76	3.04	4.23	5.26	5.73
钢材（吨）	1.21	1.57	2.87	4.25	5.00	5.54
社会消费品零售额（元）	**2835**	**5120**	**12010**	**27750**	**45361**	**51835**
进出口总额（美元）	**163**	**139**	**383**	**742**	**552**	**696**
#出口	90	76	214	457	316	450
千人拥有电话部数（部）	**72**	**234**	**625**	**1097**	**1232**	**1488**
千人拥有卫生技术人员（人）	**7.3**	**6.4**	**5.7**	**6.5**	**7.4**	**8.3**
千人拥有病床数（张）	**4.8**	**4.2**	**4.0**	**4.9**	**5.7**	**6.6**
人民生活						
在岗职工平均工资（元）	4938	7517	19805	41403	59573	69706
城镇居民人均可支配收入（元）	3385	5436	13218	25862	38098	44231
城镇居民人均消费性支出（元）	2615	4257	10056	20994	27269	29806
农村牧区居民人均可支配收入（元）	1470	2548	4667	8766	13667	15901
农村牧区居民人均生活消费性支出（元）	1327	1626	2952	6132	10099	11435
住户存款余额（元）	3696	6723	15987	28508	46478	50817
城镇居民住宅建筑面积（平方米）		21.3	27.0	31.7	35.6	37.7
城镇居民住宅使用面积（平方米）		17.0	20.3	23.8	26.7	28.3

注：2000年及以后各年人均指标按常住人口计算，之前年份按户籍人口计算。

2-4 国民经济主要比例关系

单位：%

指　　标	1995	2000	2005	2010	2015	2017
从业人员中三次产业的比例						
第一产业	28.9	23.2	24.9	14.1	13.5	13.2
第二产业	45.2	31.3	29.1	29.9	26.3	26.1
第三产业	25.9	45.5	46.0	56.0	60.2	60.7
生产总值中三次产业的比例						
第一产业	8.3	6.4	4.0	2.9	2.7	3.2
第二产业	59.6	53.6	52.3	51.6	48.4	41.1
第三产业	32.1	40.0	43.7	45.5	48.9	55.7
工业总产值中轻重工业比例						
轻工业	15.0	23.4	18.0	18.2	6.4	3.3
重工业	85.0	76.6	82.0	81.8	93.6	96.7
农业总产值中农林牧渔业的比例						
农　业	66.5	64.6	41.4	35.6	34.3	37.1
林　业	1.7	2.4	0.9	0.9	0.5	0.6
牧　业	30.4	31.8	54.0	60.1	63.3	59.9
渔　业	1.4	1.2	1.0	0.8	0.7	0.8
农林牧渔服务业			2.7	2.6	1.2	1.6
固定资产投资中三次产业比例						
第一产业	0.1	2.5	1.3	2.4	2.4	3.1
第二产业	83.0	52.9	60.1	51.0	47.7	40.6
第三产业	16.9	44.6	38.6	46.6	49.9	56.3
公共财政预算收入占生产总值比例		6.2	6.8	6.1	6.8	
进出口总额占生产总值比例	11.9	10.2	8.7	5.8	2.7	

注：从2015年起，工业总产值轻重比例为规模以上工业总产值轻重比例。

主要统计指标解释

可比价格　指计算各种总量指标所采用的扣除了价格变动因素的价格，可进行不同时期总量指标的对比。按可比价格计算总量指标有两种方法：一种是直接用产品产量乘某一年的不变价格计算；另一种是用价格指数进行缩减。

不变价格　指以同类产品某年的平均价格作为固定价格，用于计算各年的产品价值。按不变价格计算的产品价值消除了价格变动因素，不同时期对比可以反映生产的发展速度。新中国成立后，随着工农业产品价格水平的变化，国家统计局先后五次制定了全国统一的工业产品不变价格和农业产品不变价格。从1952年到1957年使用1952年工(农)业产品不变价格，从1957年到1970年使用1957年不变价格，从1971年到1980年使用1970年不变价格，从1981年到1990年使用1980年不变价格，从1991年开始使用1990年不变价格。从2001年开始，每五年开始更换一次不变价格，如从2001年到2005年使用2000年不变价格，2006年到2010年使用2005年不变价格，2011年到2015年使用2010年不变价格，依此类推。

平均增长速度　我国计算平均增长速度有两种方法：一种是习惯上经常使用的“水平法”，又称几何平均法，是以间隔期最后一年的水平同基期水平对比来计算平均每年增长(或下降)速度；另一种是“累计法”，又称代数平均法或方程法，是以间隔期内各年水平的总和同基期水平对比来计算平均每年增长(或下降)速度。在一般正常情况下，两种方法计算的平均每年增长速度比较接近，但在经济发展不平衡、出现大起大落时，两种方法计算的结果差别较大。

本《年鉴》内所列的平均增长速度，除固定资产投资用“累计法”计算外，其余均用“水平法”计算。从某年到某年平均增长速度的年份，均不包括基期年在内。如建国四十三年的平均增长速度是以1949年为基期计算的，则写为1950–1992年平均增长速度，其余类推。

3

国民经济核算

NATIONAL ACCOUNTS

3－1　生产总值指数

本表按可比价格计算　　　　上年=100

年 份	生产总值	第一产业	第二产业	工 业	建筑业	第三产业	人均生产总值
1952							
1953	97.2	91.8	184.0			107.9	93.4
1954	162.2	145.2	231.3			148.2	151.3
1955	112.6	98.9	152.4			113.9	98.2
1956	178.7	128.7	245.2			165.4	142.9
1957	87.8	68.2	103.4			78.2	77.6
1958	147.4	107.8	181.2			84.3	136.4
1959	166.8	142.5	169.5			192.0	134.1
1960	130.0	99.1	126.5			196.7	98.6
1961	52.3	77.5	40.9			84.6	43.5
1962	82.8	99.5	77.0			84.3	90.4
1963	118.7	111.8	126.0			109.8	135.4
1964	121.2	113.1	124.6			119.8	120.6
1965	124.4	84.9	138.1			121.8	120.6
1966	125.5	99.6	131.6			122.6	121.6
1967	69.3	118.0	60.9			72.8	67.2
1968	102.9	84.1	108.5			102.3	99.7
1969	106.1	109.5	102.9			112.2	105.3
1970	154.8	115.7	181.3			115.3	149.9
1971	111.8	103.5	111.8			116.3	108.5
1972	90.8	99.2	90.8			86.8	86.9
1973	95.1	110.2	95.1			86.9	92.4
1974	89.5	104.6	88.5			77.3	86.8
1975	119.8	97.5	119.8			140.9	117.8
1976	90.1	92.9	91.4			90.5	90.5
1977	113.7	107.5	113.7			117.9	112.7
1978	117.8	93.3	124.6			107.5	116.7
1979	110.7	121.1	106.8	106.6	109.2	118.3	110.1
1980	93.3	85.5	95.1	96.4	79.1	91.9	92.8
1981	102.7	113.0	96.7	94.7	127.4	115.0	102.3
1982	118.2	113.7	120.6	121.0	116.1	114.9	117.0
1983	113.1	106.8	113.3	111.7	132.4	115.2	111.8
1984	107.5	115.1	103.0	105.3	79.7	115.0	106.5
1985	111.1	114.8	107.8	105.0	145.6	117.2	109.1

3-1 续 表

本表按可比价格计算 上年=100

年 份	生产总值	第一产业	第二产业			第三产业	人均生产总值
				工 业	建筑业		
1986	106.7	81.4	109.5	104.0	163.4	111.7	104.6
1987	103.1	84.4	105.8	111.1	73.4	103.6	101.8
1988	112.9	150.2	107.4	106.7	114.3	112.7	111.3
1989	113.1	95.9	120.8	123.3	99.3	105.3	111.3
1990	113.3	126.3	107.2	107.2	108.0	121.4	111.6
1991	107.1	92.7	108.4	108.0	112.8	109.8	106.0
1992	117.0	134.2	115.2	112.2	150.1	115.2	116.4
1993	121.1	105.0	123.0	119.3	155.1	123.0	120.0
1994	115.2	103.7	118.6	119.0	115.9	112.1	113.7
1995	112.0	105.1	113.3	115.8	96.3	111.3	110.9
1996	114.5	111.0	116.5	117.9	105.3	111.2	113.3
1997	115.0	103.9	115.7	116.6	107.6	116.3	113.2
1998	112.4	101.3	111.3	113.0	95.2	117.4	111.1
1999	109.7	105.3	107.9	109.4	91.0	114.3	108.5
2000	111.2	103.8	109.6	109.9	105.1	115.6	110.3
2001	112.3	95.7	110.3	110.1	111.8	117.8	110.1
2002	120.2	115.0	120.2	118.2	144.4	120.9	118.3
2003	129.9	112.8	133.2	129.8	167.6	127.7	128.3
2004	128.1	117.5	130.0	130.1	128.9	126.9	126.7
2005	128.6	102.6	131.2	131.0	132.1	127.9	127.2
2006	118.4	104.2	119.4	120.8	109.6	118.4	116.9
2007	119.9	103.5	120.2	121.2	112.6	120.9	118.1
2008	119.7	107.5	122.4	123.5	113.2	117.3	117.8
2009	117.6	105.9	119.6	119.3	122.2	115.8	115.6
2010	116.0	107.4	119.1	119.8	112.5	112.5	114.0
2011	115.4	106.0	117.2	117.5	115.3	114.0	113.7
2012	112.5	106.1	114.0	114.8	107.9	111.1	110.9
2013	109.3	105.2	110.6	111.4	104.6	107.9	107.8
2014	108.5	103.0	109.9	110.4	105.8	107.2	107.2
2015	108.1	103.5	108.3	108.4	106.8	108.2	107.0
2016	107.6	103.6	108.1	108.3	107.1	107.5	106.5
2017	105.5	103.6	104.5	105.3	101.5	106.5	104.6

主要统计指标解释

国内生产总值　指按市场价格计算的一个国家（或地区）所有常住单位在一定时期内生产活动的最终成果。国内生产总值有三种表现形式，即价值形态、收入形态和产品形态。从价值形态看，它是所有常住单位在一定时期内生产的全部货物和服务价值与同期投入的全部非固定资产货物和服务价值的差额，即所有常住单位的增加值之和；从收入形态看，它是所有常住单位在一定时期内创造并分配给常住单位和非常住单位的初次收入之和；从产品形态看，它是所有常住单位在一定时期内最终使用的货物和服务价值与货物和服务净出口价值之和。在实际核算中，国内生产总值有三种核算方法，即生产法、收入法和支出法。

对于一个地区来说，称为地区生产总值或地区GDP。

三次产业　三次产业的划分是世界上较为常用的产业结构分类，但各国的划分不尽一致。根据《国民经济行业分类》（GB/T 4754—2017），三次产业的范围如下：

第一产业是指农、林、牧、渔业（不含农、林、牧、渔专业及辅助性活动）。

第二产业是指采矿业（不含开采专业及辅助性活动），制造业（不含金属制品、机械和设备修理业），电力、热力、燃气及水生产和供应业，建筑业。

第三产业即服务业，是指除第一产业、第二产业以外的其他行业。第三产业包括：批发和零售业，交通运输、仓储和邮政业，住宿和餐饮业，信息传输、软件和信息技术服务业，金融业，房地产业，租赁和商务服务业，科学研究和技术服务业，水利、环境和公共设施管理业，居民服务、修理和其他服务业，教育，卫生和社会工作，文化、体育和娱乐业，公共管理、社会保障和社会组织，国际组织，以及农、林、牧、渔业中的农、林、牧、渔专业及辅助性活动，采矿业中的开采专业及辅助性活动，制造业中的金属制品、机械和设备修理业。

4 人口

POPULATION

4-1 年末户籍总人口及其构成

单位：万人

年份	年末总人口	年平均人口	按性别分		按农业、非农业分		按城乡分	
			男	女	农业人口	非农业人口	市镇人口	乡村人口
1949	35.79	35.47	20.44	15.35	24.37	11.42	16.79	19.00
1952	43.00	42.47	24.60	18.40	31.02	11.98	18.53	24.47
1957	80.16	75.49	46.43	33.73	36.63	43.53	51.62	28.55
1962	113.08	129.46	63.49	49.59	47.83	65.25	76.35	36.73
1966	123.02	121.58	68.12	54.90	53.26	69.76	84.29	38.73
1967	127.53	125.27	70.28	57.25	53.25	74.28	88.50	39.03
1968	131.09	129.31	72.10	58.99	54.91	76.18	90.83	40.26
1969	133.89	132.49	73.96	59.93	56.76	77.13	92.25	41.64
1970	136.20	134.70	75.75	60.45	58.57	77.63	93.15	43.05
1971	141.76	138.73	77.65	64.11	60.24	81.52	97.62	44.14
1972	147.86	145.00	80.03	67.83	61.97	85.89	102.52	45.34
1973	150.85	149.33	81.70	69.15	64.01	86.84	104.12	46.73
1974	154.42	152.63	83.14	71.28	66.68	87.74	106.47	47.95
1975	156.20	155.32	83.75	72.45	68.00	88.20	106.05	50.15
1976	157.86	157.03	84.65	73.21	69.60	88.26	106.93	50.93
1977	159.90	158.88	85.42	74.48	71.18	88.72	107.90	52.00
1978	160.68	160.31	85.68	75.00	71.96	88.72	108.02	52.66
1979	161.64	161.13	85.72	75.92	70.82	90.82	109.69	51.95
1980	162.10	161.86	86.07	76.03	71.02	91.08	110.07	52.03
1981	162.91	162.51	85.96	76.95	70.60	92.31	110.61	52.30
1982	165.33	164.13	87.16	78.17	72.20	93.13	112.23	53.10
1983	166.47	165.88	87.82	78.65	72.61	93.86	113.34	53.13
1984	168.40	167.44	88.73	79.67	73.81	94.59	114.39	54.01
1985	172.43	170.63	90.61	81.82	73.61	98.82	118.37	54.06
1986	175.05	173.73	92.00	83.05	75.22	99.83	124.19	50.86
1987	176.99	176.04	92.61	84.38	74.53	102.46	125.94	51.05
1988	180.03	178.49	94.18	85.85	75.00	105.03	129.22	50.81

4-1 续 表

单位：万人

年 份	年 末 总人口	年平均 人 口	按性别分		按农业、非农业分		按城乡分	
			男	女	农业人口	非农业人口	市镇人口	乡村人口
1989	182.61	181.36	95.58	87.03	76.06	106.55	131.45	51.16
1990	185.57	184.12	96.93	88.64	77.11	108.46	135.03	50.54
1991	186.27	185.92	97.28	88.99	76.74	109.53	135.42	50.85
1992	187.75	187.01	98.00	89.75	77.50	110.25	136.59	51.16
1993	189.75	188.75	98.94	90.81	77.42	112.33	138.92	50.83
1994	192.49	191.12	100.28	92.21	77.88	114.61	141.60	50.89
1995	194.01	193.23	100.99	93.02	78.17	115.84	143.19	50.82
1996	196.23	195.12	101.97	94.26	78.53	117.70	145.63	50.60
1997	198.92	197.57	103.20	95.72	79.39	119.53	148.07	50.85
1998	201.12	200.02	104.31	96.81	79.95	121.17	150.93	50.19
1999	203.01	202.06	105.13	97.88	79.84	123.17	152.98	50.03
2000	204.31	203.66	105.52	98.79	78.89	125.42	154.81	49.50
2001	206.16	205.24	106.33	99.83	78.85	127.31	160.85	45.31
2002	208.02	207.09	107.17	100.85	78.48	129.54	162.78	45.24
2003	209.33	208.68	107.67	101.66	78.03	131.30		
2004	210.24	209.79	107.81	102.43	77.73	132.51		
2005	209.32	209.78	107.23	102.09	76.35	132.97		
2006	212.41	210.87	108.66	103.75	78.62	133.79		
2007	214.60	213.51	109.55	105.05	80.12	134.48		
2008	217.76	216.18	111.13	106.63	82.18	135.58		
2009	219.59	218.68	111.69	107.90	83.28	136.31		
2010	219.80	219.70	111.55	108.25	83.32	136.48		
2011	221.75	220.78	112.46	109.29	84.26	137.49		
2012	223.45	222.60	113.04	110.41	85.14	138.31		
2013	225.02	224.24	113.68	111.34	85.79	139.23		
2014	223.71	224.36	112.84	110.87	85.01	138.70		
2015	223.86	223.79	112.75	111.11	67.08	156.78		
2016	223.70	223.78	112.56	111.14	74.32	149.38		
2017	223.61	223.66	112.17	111.44	74.64	148.97		

注：2015年公安部门户籍人口取消了非农业和农业人口分组，更改为城镇和乡村人口分组。

4-2 人口出生率、死亡率、自然增长率

年份	出生		死亡		自然增长		人口机械增长率（‰）
	出生人数（万人）	出生率（‰）	死亡人数（万人）	死亡率（‰）	人数（万人）	增长率（‰）	
1949	1.15	32.42	0.44	12.40	0.71	20.02	
1952	1.51	35.55	0.48	11.30	1.03	24.25	
1957	3.49	46.23	0.58	7.68	2.91	38.55	
1962	5.37	41.48	1.03	7.96	4.34	33.52	
1966	3.38	27.80	0.80	6.58	2.58	21.22	
1967	3.53	28.18	0.69	5.51	2.84	22.67	
1968	4.35	33.64	0.69	5.34	3.66	28.30	
1969	4.17	31.47	0.71	5.36	3.46	26.12	
1970	3.91	29.03	0.72	5.35	3.19	23.68	
1971	3.76	27.10	0.71	5.12	3.05	21.99	
1972	3.91	26.97	0.72	4.97	3.19	22.00	
1973	3.73	24.98	0.67	4.49	3.06	20.49	
1974	3.08	20.18	0.74	4.85	2.34	15.33	
1975	3.00	19.31	0.77	4.96	2.23	14.36	
1976	2.70	17.19	0.69	4.39	2.01	12.80	
1977	2.45	15.42	0.72	4.53	1.73	10.89	
1978	2.28	14.22	0.70	4.37	1.58	9.86	
1979	1.98	12.29	0.71	4.41	1.27	7.88	
1980	1.84	11.37	0.73	4.51	1.11	6.86	
1981	2.13	13.11	0.77	4.74	1.36	8.37	
1982	2.63	16.02	0.80	4.87	1.83	11.15	
1983	2.05	12.36	0.75	4.52	1.30	7.84	
1984	2.98	17.80	0.71	4.24	2.27	13.56	
1985	2.24	13.14	0.75	4.40	1.49	8.74	
1986	2.67	15.37	0.75	4.32	1.92	11.05	
1987	2.90	16.47	0.68	3.86	2.22	12.61	8.68
1988	2.98	16.70	0.74	4.15	2.24	12.55	7.25

注：本表数据为公安户籍统计数。

4-2 续 表

年份	出生		死亡		自然增长		人口机械增长率（‰）
	出生人数（万人）	出生率（‰）	死亡人数（万人）	死亡率（‰）	人数（万人）	增长率（‰）	
1989	2.99	16.49	0.72	3.97	2.27	12.52	2.42
1990	3.39	18.41	0.95	5.16	2.44	13.25	6.19
1991	2.99	16.08	0.80	4.30	2.19	11.78	-1.56
1992	3.44	18.39	0.83	4.44	2.61	13.96	
1993	3.04	16.11	0.92	4.87	2.12	11.23	0.30
1994	3.02	15.80	0.89	4.66	2.13	11.14	3.87
1995	2.84	14.70	0.97	5.02	1.87	9.68	1.35
1996	2.91	14.90	0.95	4.88	1.96	10.02	3.10
1997	2.91	14.72	0.95	4.82	1.96	9.90	3.96
1998	2.72	13.59	1.02	5.11	1.70	8.48	2.72
1999	2.75	13.63	0.83	4.09	1.93	9.54	6.54
2000	3.33	16.37	1.17	5.73	2.16	10.64	3.82
2001	2.41	11.74	0.68	3.32	1.73	8.42	2.82
2002	2.39	11.53	0.72	3.50	1.66	8.03	5.45
2003	1.51	7.25	0.67	3.23	0.84	4.02	2.34
2004	1.79	8.52	1.49	7.12	0.30	1.40	2.05
2005	1.63	7.75	1.66	7.94	-0.03	-0.19	0.64
2006	1.57	7.45	0.74	3.51	0.83	3.94	9.44
2007	2.07	9.70	0.76	3.56	1.31	6.14	3.87
2008	2.02	7.97	0.83	3.29	1.18	4.68	8.28
2009	2.19	8.00	1.31	3.00	0.88	5.00	2.29
2010	2.32	10.56	2.41	10.97	-0.09	-0.41	1.69
2011	1.99	8.98	0.69	3.10	1.30	5.88	2.94
2012	2.12	9.52	0.89	4.00	1.23	5.52	2.10
2013	2.05	9.11	1.03	4.56	1.02	4.55	2.45
2014	2.45	10.98	1.19	5.32	1.26	5.66	0.38
2015	1.72	7.69	1.00	4.47	0.72	3.22	0.45
2016	2.18	9.74	1.45	6.48	0.73	3.26	-1.07
2017	2.03	9.08	2.35	10.51	-0.32	-1.43	2.26

4-3 年末户籍总人口及人口变动

项　目	2016	2017	2017年比2016年增长（%、±千分点）
年末总户数（万户）	**88.18**	**89.26**	**1.22**
年末总人口（万人）	**223.70**	**223.61**	**-0.04**
#蒙古族	9.11	9.26	1.65
其他少数民族	6.89	6.94	0.73
按性别分			
男	112.56	112.17	-0.35
女	111.14	111.44	0.27
按农业、非农业分			
农业人口	74.32	74.64	0.43
非农业人口	149.38	148.97	-0.27
人口自然变动			
出生人口（万人）	2.18	2.03	-6.88
男	1.12	1.04	-7.14
女	1.06	0.99	-6.60
死亡人口（万人）	1.45	2.35	62.07
出生率（‰）	9.74	9.08	-0.66
死亡率（‰）	6.48	10.51	4.03
自然增长率（‰）	3.26	-1.43	-4.69
人口迁移变动			
省内迁入（万人）	0.76	1.25	64.47
省外迁入（万人）	0.45	0.54	20.00
迁往省内（万人）	0.88	1.07	21.59
迁往省外（万人）	0.57	0.66	15.79
迁入率（‰）	5.41	8.00	2.59
迁出率（‰）	6.48	7.73	1.25
机械增长率（‰）	-1.07	0.27	1.34

4-4 民族人口及构成

单位：人

项　目	2016	2017	构成（%）	
			2016	2017
汉　族	2077008	2074001	92.85	92.75
少数民族	1600008	162095	7.15	7.25
蒙古族	91056	92635	4.07	4.15
回族	37166	37657	1.66	1.68
满族	27172	27082	1.22	1.21
朝鲜族	850	856	0.04	0.04
达斡尔族	950	974	0.04	0.04
鄂温克族	132	137	0.01	0.01
鄂伦春族	32	32		
壮族	310	312	0.01	0.01
藏族	154	163	0.01	0.01
锡伯族	318	326	0.01	0.01
苗族	325	320	0.01	0.01
土家族	337	347	0.02	0.02
彝族	195	218	0.01	0.01
维吾尔族	17	21		
其他少数民族	994	1015	0.04	0.05

注：本表数据为公安户籍统计数。

4-5 年末民族人口数

年 份	在人口总数中							
	汉族（万人）	蒙古族（万人）	回族（万人）	满族（万人）	朝鲜族（人）	达斡尔族（人）	鄂温克族（人）	鄂伦春族（人）
1949	32.68	0.73	0.59	0.06				
1952	38.76	0.90	0.63	0.09				
1957	74.09	1.31	0.98	0.09	503	77		
1962	103.74	1.75	1.94	0.13	333	150	3	
1966	112.49	2.10	1.70	0.25	401	252	15	
1967	116.75	2.19	1.81	0.28	443	258	12	
1968	119.96	2.22	1.82	0.26	356	220	8	
1969	122.53	2.27	1.84	0.25	359	220	8	
1970	124.54	2.34	1.91	0.25	359	213	8	
1971	136.72	2.41	2.21	0.33	373	251	9	
1972	142.61	2.50	2.26	0.40	387	274	13	
1973	145.46	2.55	2.35	0.41	388	305	14	12
1974	148.83	2.65	2.43	0.40	462	287	9	1
1975	150.39	2.79	2.49	0.43	435	338	14	10
1976	152.10	2.78	2.46	0.43	414	257	17	6
1977	154.06	2.83	2.47	0.44	388	294	12	9
1978	154.85	2.82	2.45	0.45	356	333	6	11
1979	155.38	3.02	2.53	0.59	422	341	8	11
1980	155.58	3.10	2.55	0.75	413	361	10	10
1981	156.11	3.27	2.59	0.80	407	392	6	13
1982	157.79	3.60	2.78	1.01	448	415	11	14
1983	158.72	3.72	2.82	1.07	440	412	17	10
1984	160.69	3.77	2.76	1.05	437	401	14	20
1985	164.51	3.86	2.79	1.12	530	431	33	13
1986	166.82	4.00	2.80	1.26	434	459	41	15
1987	168.08	4.28	3.01	1.42	530	485	41	17
1988	171.11	4.33	2.96	1.46	509	486	31	14

注：本表数据为公安户籍统计数。

4-5 续 表

年 份	在人口总数中							
	汉族（万人）	蒙古族（万人）	回族（万人）	满族（万人）	朝鲜族（人）	达斡尔族（人）	鄂温克族（人）	鄂伦春族（人）
1989	173.48	4.47	2.90	1.57	518	526	30	27
1990	176.07	4.65	3.02	1.63	532	514	34	14
1991	176.46	4.82	3.07	1.71	529	532	39	14
1992	177.64	4.92	3.17	1.81	553	593	42	14
1993	179.24	5.17	3.24	1.85	566	525	54	14
1994	181.67	5.37	3.27	1.94	640	639	57	16
1995	182.94	5.48	3.31	2.01	640	651	59	16
1996	184.88	5.69	3.35	2.05	655	661	52	18
1997	187.35	5.82	3.38	2.10	663	664	60	13
1998	189.21	6.03	3.45	2.15	686	656	59	18
1999	190.81	6.26	3.44	2.19	689	685	60	24
2000	191.86	6.42	3.49	2.22	712	718	70	21
2001	193.39	6.69	3.49	2.26	725	760	80	25
2002	195.11	6.80	3.50	2.27	726	770	87	23
2003	196.25	6.93	3.52	2.29	736	780	78	25
2004	196.97	7.09	3.53	2.30	744	781	91	23
2005	195.98	7.17	3.51	2.30	743	769	83	22
2006	198.95	7.26	3.50	2.31	751	783	74	23
2007	200.91	7.43	3.53	2.34	771	785	78	25
2008	203.79	7.63	3.57	2.37	787	779	86	28
2009	205.17	7.96	3.62	2.44	787	800	92	31
2010	205.15	8.13	3.64	2.46	792	802	102	29
2011	206.86	8.31	3.67	2.50	797	825	106	30
2012	208.25	8.53	3.69	2.55	816	858	111	29
2013	209.53	8.73	3.72	2.60	827	879	119	33
2014	208.05	8.85	3.72	2.64	840	913	124	33
2015	208.06	8.96	3.72	2.67	851	916	131	31
2016	207.70	9.11	3.72	2.72	850	950	132	32
2017	207.40	9.26	3.77	2.71	856	974	137	32

4-6 年末常住人口

项　目	2000	2001	2002	2003	2004	2005
年末总户数（万户）	**77.78**	**79.27**	**80.59**	**81.75**	**83.01**	**84.91**
年末总人口（万人）	**229.43**	**233.86**	**236.93**	**239.52**	**242.35**	**244.88**
按性别分						
男	119.08	121.33	120.74	121.76	125.10	126.14
女	110.35	112.53	116.19	117.76	117.25	118.74
按城乡分						
城镇人口	157.65	161.41	164.24	166.67	172.82	176.31
乡村人口	71.78	72.45	72.69	72.85	69.53	68.57
城镇化率（%）	68.71	69.02	69.32	69.59	71.31	72.00
按旗县分						
稀土高新区	12.57	13.16	13.60	6.12	6.44	6.50
东　河　区	43.71	44.43	44.87	44.62	45.30	45.40
昆　　区	43.93	44.82	45.64	55.20	56.07	56.47
青　山　区	33.92	34.59	35.03	38.70	39.65	40.28
石　拐　区	5.12	5.08	4.90	4.92	4.94	4.87
白　云　区	2.57	2.59	2.52	2.44	2.44	2.44
九　原　区	28.25	29.07	29.68	27.38	27.65	27.73
土　右　旗	31.97	32.43	32.70	31.99	31.93	31.53
固　阳　县	17.37	17.60	17.74	17.61	17.67	17.68
达　茂　旗	10.02	10.17	10.26	10.23	10.26	10.10

注：2010年及之前数据根据第六次人口普查数据进行调整，2011年及以后数据为人口抽样调查推算数据。

4-6 续

项　　目	2006	2007	2008	2009
年末总户数（万户）	**86.84**	**88.31**	**90.05**	**95.38**
年末总人口（万人）	**248.37**	**252.56**	**256.63**	**261.09**
按性别分				
男	128.03	130.03	131.50	133.91
女	120.34	122.53	125.13	127.18
按城乡分				
城镇人口	181.48	188.66	194.78	203.39
乡村人口	66.89	63.90	61.85	57.70
城镇化率（%）	73.07	74.70	75.90	77.90
按旗县分				
稀土高新区	6.56	10.07	12.20	12.52
东　河　区	45.90	46.02	49.72	50.66
昆　　　区	57.20	57.88	63.22	64.36
青　山　区	41.13	41.82	45.70	46.69
石　拐　区	4.84	4.23	4.69	16.15
白　云　区	2.43	2.43	2.46	4.26
九　原　区	28.19	28.50	15.18	2.55
土　右　旗	31.64	31.06	30.69	30.82
固　阳　县	17.74	17.44	17.32	17.24
达　茂　旗	10.13	10.16	12.20	11.96

表

2010	2011	2012	2013	2014	2015	2016	2017
100.23	**101.88**	**103.64**	**104.97**	**106.25**	**107.41**	**108.48**	**109.26**
265.61	**269.29**	**273.16**	**276.62**	**279.92**	**282.93**	**285.75**	**287.77**
137.16	138.94	140.88	142.67	144.37	145.82	147.20	148.24
128.45	130.35	132.28	133.95	135.55	137.11	138.55	139.53
211.13	216.86	222.24	226.86	230.48	233.85	237.09	239.65
54.48	52.43	50.92	49.76	49.44	49.08	48.66	48.12
79.49	80.50	81.36	82.01	82.34	82.65	82.97	83.28
11.98	12.55	13.19	13.86	14.39	14.68	14.97	15.19
51.30	52.27	53.10	53.83	54.13	54.51	54.83	55.19
72.88	73.89	75.08	75.98	76.79	77.66	78.61	79.32
48.22	48.99	49.79	50.42	50.98	51.35	51.71	51.98
3.58	3.52	3.25	3.36	3.81	3.86	3.79	3.78
2.61	2.66	2.68	2.70	2.73	2.76	2.77	2.78
19.68	20.18	20.82	21.28	21.61	22.08	22.53	22.93
27.65	27.68	27.85	28.01	28.65	29.30	29.85	29.97
17.56	17.43	17.39	17.29	17.05	17.01	16.99	16.95
10.15	10.12	10.01	9.89	9.78	9.72	9.70	9.68

主要统计指标解释

人口数 指一定时点、一定地区范围内的有生命的个人的总和。

年度统计的年末人口数指每年12月31日24时的人口数。

户籍人口 指公民依《中华人民共和国户口登记条例》已在其经常居住地的公安户籍管理机关登记了常住户口的人，这类人口不管其是否外出，也不管外出时间长短，只要在某地注册有常住户口，则为该地区的户籍人口。

常住人口 指实际经常居住在某地区半年以上的人口。按人口普查和抽样调查规定，还包括户口在外地，但在本地居住半年以上者，或离开户口地半年以上而调查时在本地居住的人口；调查时居住在本地，但在任何地方都没有登记常住户口，如手持户口迁移证、出生证、退伍证、劳改劳教释放证等尚未办理常住户口的人。

城镇人口和乡村人口的划分 城镇人口是指居住在城镇范围内的全部人口；乡村人口是除上述人口以外的全部人口。

历年城乡人口数据是按照当时国家《关于统计上划分城乡的规定》计算的。

出生率(又称粗出生率) 指在一定时期内(通常为一年)平均每千人所出生的人数的比率，一般用千分率表示。本资料中的出生率指年出生率，其计算公式为：

出生率=年出生人数/年平均人数×1000‰

式中：出生人数指活产婴儿，即胎儿脱离母体时(不管怀孕月数)，有过呼吸或其他生命现象。年平均人数指年初、年底人口数的平均数，也可用年中人口数代替。

死亡率(又称粗死亡率) 指在一定时期内(通常为一年)一定地区的死亡人数与同期平均人数(或期中人数)之比，一般用千分率表示。本资料中的死亡率指年死亡率，其计算公式为：

死亡率=年死亡人数/年平均人数×1000‰

人口自然增长率 指在一定时期内(通常为一年)人口自然增加数(出生人数减死亡人数)与该时期内平均人数(或期中人数)之比，一般用千分率表示。计算公式为：

人口自然增长率=(本年出生人数−本年死亡人数)/年平均人数×1000‰=人口出生率−人口死亡率

5

从业人员和职工工资

EMPLOYMENT AND WAGES

5-1 就业基本情况

项　目	2012	2013	2014	2015	2016	2017
从业人员合计（万人）	**150.62**	**153.43**	**155.78**	**157.96**	**159.53**	**160.73**
第一产业	21.20	21.06	22.04	21.25	21.46	21.20
第二产业	43.26	42.92	41.21	41.56	41.95	42.03
第三产业	86.16	89.45	92.53	95.15	96.12	97.50
从业人员构成（%）						
第一产业	14.08	13.73	14.15	13.46	13.45	13.19
第二产业	28.72	27.97	26.45	26.31	26.30	26.15
第三产业	57.20	58.30	59.40	60.23	60.25	60.66
按城乡分组						
城镇从业人员（万人）	123.01	126.78	128.06	129.83	130.57	132.14
#国有单位	15.12	13.05	12.13	12.35	12.44	12.77
城镇集体单位	0.33	0.10	0.10	0.10	0.10	0.10
股份合作单位	0.38	0.25	0.17	0.15	0.04	0.04
联营单位	0.01	0.01	0.01	0.01	0.01	0.01
有限责任公司	16.24	18.98	19.37	18.47	17.74	14.97
股份有限公司	6.11	7.70	6.94	7.08	6.50	6.95
私营	30.99	31.33	37.05	41.63	42.32	47.03
港澳台商投资单位	0.32	0.28	0.24	0.35	0.34	0.32
外商投资单位	0.60	0.80	0.61	0.50	0.51	0.25
个体	52.65	54.07	51.28	49.00	50.48	49.62
乡村从业人员（万人）	27.61	26.65	27.72	28.13	28.96	28.59
#私营企业	2.52	2.65	4.25	4.96	5.52	4.95
个体	3.89	3.59	2.97	2.87	3.22	3.29
城镇单位职工人数（万人）	**35.91**	**41.09**	**38.54**	**37.75**	**36.53**	**33.63**
国有单位	12.42	12.72	11.82	12.24	12.07	12.30
城镇集体单位	1.97	1.50	1.27	1.13	1.10	0.54
其他单位	21.52	26.87	25.45	24.38	23.36	20.79
城镇登记失业人数（万人）	**3.68**	**4.87**	**4.96**	**5.13**	**5.38**	**5.52**
城镇登记失业率（%）	**3.87**	**3.87**	**3.87**	**3.88**	**3.89**	**3.87**

注：1998年及以后城镇单位从业人员、职工人数统计口径有调整，详见本篇指标解释。

5-2 按三次产业划分的年末从业人员

年 份	从业人员（万人）				构成（%）		
		第一产业	第二产业	第三产业	第一产业	第二产业	第三产业
1957	28.24	16.68	9.06	2.49	59.06	32.08	8.86
1965	44.06	22.26	18.30	3.51	50.52	41.53	7.95
1970	50.84	24.15	22.55	4.14	47.50	44.35	8.15
1975	65.19	27.20	27.88	10.11	41.72	42.77	15.51
1978	69.78	25.57	30.68	13.53	36.64	43.97	19.39
1980	77.99	26.08	35.27	16.64	33.44	45.22	21.34
1985	92.41	30.13	43.13	19.14	32.60	46.67	20.73
1986	95.38	30.00	44.78	20.60	31.45	46.95	21.60
1987	96.28	30.55	44.41	21.31	31.73	46.13	22.14
1988	99.01	30.47	46.09	22.45	30.77	46.55	22.68
1989	101.09	31.24	46.29	23.58	30.90	45.79	23.31
1990	102.39	31.82	46.70	23.87	31.08	45.61	23.31
1991	106.92	33.46	48.42	25.02	31.29	45.29	23.42
1992	109.34	32.82	50.43	26.09	30.02	46.12	23.86
1993	108.20	31.51	49.71	26.99	29.12	45.94	24.94
1994	113.63	31.40	52.23	29.99	27.63	45.96	26.41
1995	112.77	32.64	50.95	29.18	28.94	45.18	25.88
1996	111.41	32.57	49.05	29.79	29.23	44.03	26.74
1997	113.34	31.98	46.58	37.78	28.22	41.10	30.68
1998	105.66	32.57	39.17	33.92	30.82	37.07	32.11
1999	101.84	32.40	37.66	31.78	31.82	36.98	31.20
2000	110.50	25.59	34.66	50.25	23.16	31.37	45.47
2001	109.99	31.58	33.81	44.60	28.71	30.74	40.55
2002	111.07	32.60	32.90	45.57	29.35	29.62	41.03
2003	112.53	30.83	33.35	48.35	27.40	29.64	42.96
2004	114.24	30.62	32.55	51.07	26.80	28.49	44.71
2005	118.38	29.55	34.40	54.43	24.96	29.06	45.98
2006	121.68	27.17	39.18	55.33	22.33	32.20	45.47
2007	127.76	25.16	39.96	62.64	19.69	31.28	49.03
2008	133.18	22.40	40.22	70.55	16.82	30.20	52.98
2009	137.67	21.27	42.13	74.27	15.45	30.60	53.95
2010	141.68	20.01	42.34	79.33	14.12	29.89	55.99
2011	146.75	20.21	43.22	83.32	13.77	29.45	56.78
2012	150.62	21.20	43.26	86.16	14.08	28.72	57.20
2013	153.43	21.06	42.92	89.45	13.73	27.97	58.30
2014	155.78	22.04	41.21	92.53	14.15	26.45	59.40
2015	157.96	21.25	41.56	95.15	13.46	26.31	60.23
2016	159.53	21.46	41.95	96.12	13.45	26.30	60.25
2017	160.73	21.20	42.03	97.50	13.19	26.15	60.66

5-3　城镇就业及失业人数

年 份	当年需要安置人数（人）	当年新增就业人数（人）	年末城镇失业人数（人）	登 记失业率（%）
1980	61861	35780	26081	5.25
1981	72917	50854	22063	4.23
1982	80442	33591	46851	8.23
1983	72988	31031	41677	7.36
1984	61774	31020	23424	4.14
1985	53357	26007	26245	4.42
1986	55112	31664	23448	3.88
1987	54665	21641	31314	5.04
1988	55455	16693	37880	5.79
1989	57314	10562	44584	6.69
1990	54950	16800	37002	5.51
1991	55867	17000	37914	5.30
1992	55589	24480	29441	4.12
1993	43249	17319	25574	3.00
1994	35484	10199	25285	3.34
1995	33879	6674	27205	3.81
1996	35045	7667	26866	3.70
1997	31288	8132	20875	2.83
1998	29823	7898	21794	3.02
1999	21265	2416	18847	2.65
2000	24256	3844	20412	3.40
2001	29119	2231	26812	4.01
2002	37109	5068	32041	4.30
2003	37885	38180	31746	4.50
2004	106494	72796	33698	4.67
2005	106933	105725	30945	3.97
2006	105491	105610	31829	3.87
2007	145780	113932	33116	3.82
2008	135723	99768	35739	3.87
2009	93089	85953	41924	3.88
2010	117091	73352	39203	3.88
2011	93271	53041	40369	3.87
2012	86916	41620	36771	3.87
2013		41485	48722	3.87
2014		41362	49604	3.87
2015		42059	51253	3.88
2016		42267	53763	3.89
2017		43106	55240	3.87

注：本表数据由就业局提供；2003年及以后年份的“当年就业人数”中包括持优惠证的下岗职工。

5-4 按登记注册类型和城乡

年 份	合计	城					
		小计	#国有单位	#集体单位	#股份合作单位	#联营单位	#有限责任公司
1965	44.06	21.80	19.33	2.27			
1970	50.84	26.69	23.27	3.37			
1975	65.19	37.19	28.38	8.80			
1978	69.78	42.69	30.84	11.80			
1980	77.99	50.39	33.70	16.44			
1985	92.41	61.09	39.71	19.92			
1986	95.38	61.68	40.66	19.61			
1987	96.28	61.78	40.67	19.78			
1988	99.01	64.41	41.65	20.45			
1989	101.09	65.89	42.90	20.63			0.09
1990	102.39	67.84	44.81	20.28			0.10
1991	106.92	71.14	46.55	20.65			0.38
1992	109.34	73.01	47.55	21.12			0.65
1993	108.20	71.28	48.58	16.99			0.47
1994	113.63	76.61	47.52	20.40			1.53
1995	112.77	74.16	45.31	18.73			2.49
1996	111.41	70.86	43.56	16.66		0.06	1.98
1997	113.34	73.33	40.88	15.08		0.01	
1998	105.66	65.40	23.04	10.12	0.78	0.03	11.97
1999	101.84	60.69	18.91	8.32	1.04		14.25
2000	110.50	66.85	16.95	7.18	0.79	0.02	14.21
2001	109.99	68.10	15.78	6.34	0.62	0.03	14.13
2002	111.07	67.54	15.60	4.36	0.43	0.03	13.74
2003	112.53	68.70	15.12	4.21	0.40		13.46
2004	114.24	69.45	15.10	4.05	0.40		14.18
2005	118.38	72.35	14.94	3.86	0.40		13.46
2006	121.68	76.36	13.56	3.61	0.30		13.30
2007	127.76	87.97	14.41	3.82	0.30		12.67
2008	133.18	98.60	14.45	3.70	0.29	0.01	11.07
2009	137.67	106.87	14.47	1.16	0.28	0.01	11.00
2010	141.68	114.29	14.49	0.83	0.25	0.01	10.62
2011	146.75	118.97	14.52	0.39	0.26	0.02	11.40
2012	150.62	123.01	15.12	0.33	0.38	0.01	16.24
2013	153.43	126.78	13.05	0.10	0.25	0.01	18.98
2014	155.78	128.06	12.13	0.10	0.17	0.01	19.37
2015	157.96	129.83	12.35	0.10	0.15	0.01	18.47
2016	159.53	130.57	12.44	0.10	0.04	0.01	17.74
2017	160.73	132.14	12.77	0.10	0.04	0.01	14.97

划分的年末从业人员

单位：万人

镇					乡村		
#股份有限公司	#私营企业	#澳台商投资单位	#外商投资单位	#个体	小计	#私营企业	#个体
				0.20	22.26		
				0.05	24.15		
				0.01	28.00		
				0.05	27.09		
				0.24	27.60		
				1.44	31.32		
				1.41	28.87		
				1.91	29.55		
				2.31	29.52		
				2.27	30.05		
				2.60	34.55		
	0.67			2.88	35.78		
	0.42			3.27	36.33		
	0.83	0.59	0.43	3.41	36.92		
	1.07	0.83	0.52	4.74	37.02	0.43	
	1.95	0.77	0.82	4.09	38.61	0.68	4.10
	2.71	0.46	0.75	4.68	40.55	1.02	5.18
2.65	4.77	0.46	0.93	8.55	40.01	1.20	3.16
1.78	6.22	0.56	0.53	10.36	40.26	1.67	3.29
2.01	5.57	0.49	0.58	9.48	41.15	2.76	5.18
2.06	6.72	0.49	0.52	17.91	43.65	2.94	5.36
3.13	7.59	0.43	0.35	19.70	41.89	4.45	5.90
2.72	9.20	0.69	0.36	20.41	43.53	4.74	7.76
2.84	10.67	0.50	0.38	21.12	43.83	5.22	8.28
2.61	10.88	0.18	0.29	21.66	44.79	5.40	9.02
2.97	12.10	0.11	0.26	24.13	46.03	5.46	10.34
2.83	13.58	0.14	0.29	28.63	45.32	3.44	9.92
4.55	16.79	0.16	0.29	34.79	39.79	2.39	5.79
5.49	20.61	0.36	0.53	41.33	34.58	2.77	6.08
5.63	24.43	0.35	0.50	48.87	30.81	2.86	4.97
5.55	28.30	0.31	0.48	53.28	27.39	2.09	3.41
6.10	31.08	0.24	0.67	54.06	27.78	2.53	3.99
6.11	30.99	0.32	0.60	52.65	27.61	2.52	3.89
7.70	31.33	0.28	0.80	54.07	26.65	2.65	3.59
6.94	37.05	0.24	0.61	51.28	27.72	4.25	2.97
7.08	41.63	0.35	0.50	49.00	28.13	4.96	2.87
6.50	42.32	0.34	0.51	50.48	28.96	5.52	3.22
6.95	47.03	0.32	0.25	49.62	28.59	4.95	3.24

5-5 1985-2010年

年 份	合计	农林牧渔 业	采矿业	制造业	电力、燃气及水的生产和供应业	建筑业	交通运输仓储和邮政业	信息传输、计算机服务和软件业	批发和零售业
1985	92.41	30.13	35.00			8.13	4.05		7.19
1986	95.38	30.00	35.64			9.14	4.68		7.27
1987	96.28	30.55	35.39			9.02	4.67		7.65
1988	99.01	30.47	37.09			9.00	4.77		8.12
1989	101.09	31.24	37.88			8.41	5.10		8.37
1990	102.39	31.82	38.36			8.34	5.09		8.64
1991	106.92	33.46	39.71			8.71	5.18		9.30
1992	109.34	32.82	40.87			9.56	5.26		9.54
1993	108.20	31.51	2.73	35.47	1.15	10.76	5.20		11.09
1994	113.63	31.40	2.73	38.59	0.96	9.89	5.83		11.87
1995	112.77	32.64	2.27	37.46	0.97	10.25	5.67		11.94
1996	111.41	32.57	2.40	36.06	1.07	9.52	5.53		12.38
1997	113.34	31.98	2.25	34.53	1.09	8.72	5.94		14.85
1998	105.66	32.57	1.81	29.14	1.16	7.01	5.42		13.91
1999	101.84	32.39	1.40	27.57	1.19	7.50	4.77		12.31
2000	110.50	25.59	1.34	26.61	1.25	5.46	4.51		21.41
2001	109.99	31.58	1.38	26.19	1.36	4.88	4.73		23.10
2002	111.07	32.60	1.49	25.45	1.23	4.73	4.51		24.87
2003	112.53	31.09	1.47	25.67	1.19	5.02	4.53	0.85	6.27
2004	114.24	30.89	1.58	24.48	1.23	5.27	5.68	0.98	8.21
2005	118.38	29.55	1.70	25.50	1.35	5.85	8.01	0.96	11.56
2006	121.68	27.17	3.61	27.96	1.33	6.27	8.39	0.97	11.64
2007	127.76	25.16	3.79	28.23	1.37	6.57	10.11	1.23	12.89
2008	133.18	22.40	3.66	27.81	1.29	7.46	11.75	1.68	14.40
2009	137.67	21.27	3.59	28.05	1.35	9.14	12.54	1.78	15.81
2010	141.68	20.01	3.60	28.08	1.49	9.17	12.79	1.78	19.02

注：本表中行业按《国民经济行业标准》（GB/T4754-2002）进行分类，1993-2002年使用《国民经济行业分类标准》（GB/T4754-1994）行业分类数据；1993年前采矿业数据为全部工业数据（包含采矿业、制造业、电力煤气及水的生产供应业）（后同）。

分行业从业人员

单位：万人

住宿和餐饮业	金融业	房地产业	租赁和商务服务业	科学研究、技术服务和地质勘查业	水利、环境和公共设施管理业	居民服务和其他服务业	教育	卫生、社会保障和社会福利业	文化、体育和娱乐业	公共管理和社会组织
	0.34	1.68		0.34	0.24		2.77	0.92		1.61
	0.41	1.82		0.35	0.25		2.38	0.91		2.53
	0.44	2.01		0.36	0.19		2.52	0.93		2.54
	0.50	2.18		0.36	0.20		2.45	0.96		2.91
	0.53	2.20		0.38	0.29		2.99	1.06		2.66
	0.57	2.24		0.39	0.36		2.70	0.98		2.90
	0.61	2.35		0.44	0.35		2.74	0.99		3.06
	0.64	2.44		0.32	0.34		2.76	1.00		3.49
	0.71	0.10		0.35	0.64	1.34	2.52	0.90		4.14
	0.76	0.19		0.51	0.44	2.37	2.73	0.89		4.40
	0.80	0.17		0.48	0.42	2.36	2.71	0.81		4.33
	0.87	0.12		0.46	0.43	2.43	2.74	0.94		4.33
	0.88	0.30		0.45	0.43	3.03	2.77	0.95		5.18
	0.92	0.30		0.49	0.34	3.42	2.75	0.94		5.43
	0.88	0.27		0.48	0.32	3.92	2.70	0.97		5.17
	0.93	0.28		0.44	0.32	8.99	2.70	0.99		2.51
	1.01	0.27		0.43	0.32	8.29	2.71	0.98		2.76
	0.89	0.19		0.40	0.31	8.17	2.68	1.08		2.47
20.94	0.86	0.17	0.78	0.59	0.62	6.31	2.34	1.00	0.53	2.30
20.08	0.83	0.18	0.76	0.58	0.65	6.59	2.41	1.01	0.58	2.25
17.73	0.85	0.20	0.77	0.55	0.66	6.40	2.66	1.10	0.61	2.37
17.86	0.91	0.22	0.79	0.56	0.71	6.44	2.77	1.14	0.61	2.33
19.17	1.08	0.82	1.04	0.58	0.72	7.15	3.08	1.61	0.78	2.38
18.68	1.34	1.20	2.23	0.93	0.78	8.77	3.49	1.83	1.06	2.42
19.36	1.73	1.23	2.18	0.87	1.26	7.60	4.43	1.84	0.86	2.78
20.03	1.88	1.48	2.57	1.12	0.97	7.57	4.53	1.87	0.99	2.73

5-6 1985-2010年

年 份	合计	农林牧渔业	采矿业	制造业	电力、燃气及水的生产和供应业	建筑业	交通运输仓储和邮政业	信息传输、计算机服务和软件业	批发和零售业
1985	61.09	1.39	33.50			7.89	3.95		7.04
1986	61.68	1.47	34.05			7.82	3.34		7.08
1987	61.78	1.45	32.93			8.44	3.52		7.37
1988	64.41	1.46	34.33			8.55	3.30		7.82
1989	65.89	1.45	35.47			7.93	3.77		8.02
1990	67.94	1.54	36.90			7.95	4.11		8.27
1991	71.14	1.52	38.66			8.39	4.40		8.77
1992	73.01	1.48	39.51			8.96	4.24		9.42
1993	71.28	1.19	2.33	33.42	1.15	9.91	4.86		9.67
1994	76.61	1.31	2.72	37.23	0.96	8.96	4.41		11.05
1995	74.16	1.39	2.15	35.79	0.97	9.14	4.37		10.43
1996	70.86	1.43	2.21	33.07	1.02	7.60	3.96		11.39
1997	73.33	1.44	2.15	32.10	1.04	7.13	4.42		13.89
1998	65.40	1.39	1.72	27.15	1.13	5.45	3.94		12.95
1999	60.69	1.41	1.32	25.38	1.18	4.85	3.36		11.20
2000	66.85	1.00	1.18	24.54	1.20	2.97	3.01		20.09
2001	68.10	1.26	1.19	23.53	1.32	3.48	3.47		20.55
2002	67.54	1.31	1.38	22.67	1.23	3.28	3.25		20.41
2003	68.70	1.30	1.43	22.84	1.19	3.20	3.39	0.83	2.65
2004	69.45	1.37	1.44	22.03	1.23	3.45	3.82	0.94	4.03
2005	72.35	0.74	1.53	22.71	1.35	3.75	5.83	0.90	6.98
2006	76.36	0.61	2.50	24.13	1.33	3.90	6.48	0.88	7.37
2007	87.97	0.62	3.41	25.40	1.35	4.79	8.30	1.11	8.60
2008	98.60	0.51	3.33	26.28	1.26	5.83	9.44	1.38	12.52
2009	106.87	0.54	3.33	25.51	1.33	7.45	10.62	1.69	14.72
2010	114.29	0.59	3.54	25.66	1.48	7.92	11.69	1.75	18.00

分行业城镇从业人员

单位：万人

住宿和餐饮业	金融业	房地产业	租赁和商务服务业	科学研究、技术服务和地质勘查业	水利、环境和公共设施管理业	居民服务和其他服务业	教育	卫生、社会保障和社会福利业	文化、体育和娱乐业	公共管理和社会组织
	0.34	1.67		0.34	0.24		2.39	0.86		1.48
	0.40	1.83		0.35	0.25		2.38	0.91		1.80
	0.47	2.00		0.36	0.19		2.30	0.87		1.88
	0.50	2.18		0.36	0.20		2.44	0.94		2.33
	0.52	2.20		0.38	0.29		2.78	0.99		2.09
	0.57	2.24		0.39	0.36		2.49	0.91		2.11
	0.60	2.35		0.44	0.35		2.54	0.92		2.20
	0.64	2.44		0.31	0.34		2.57	0.94		2.16
	0.70	0.10		0.35	0.64	1.34	2.51	0.88		2.23
	0.76	0.19		0.51	0.44	2.04	2.73	0.88		2.42
	0.79	0.17		0.48	0.42	2.15	2.70	0.82		2.39
	0.87	0.12		0.45	0.43	2.40	2.63	0.93		2.35
	0.85	0.29		0.46	0.43	3.01	2.71	0.95		2.46
	0.91	0.30		0.49	0.34	3.41	2.71	0.93		2.58
	0.88	0.27		0.48	0.31	3.91	2.68	0.96		2.50
	0.93	0.28		0.44	0.31	4.73	2.69	0.98		2.50
	0.85	0.27		0.43	0.32	5.02	2.69	0.96		2.76
	0.89	0.19		0.40	0.31	6.00	2.68	1.08		2.46
18.51	0.86	0.17	0.39	0.58	0.62	4.71	2.31	1.00	0.43	2.29
17.61	0.83	0.17	0.39	0.55	0.64	4.84	2.40	1.01	0.45	2.25
15.07	0.85	0.18	0.39	0.55	0.64	4.37	2.62	1.07	0.47	2.35
15.41	0.91	0.19	0.40	0.54	0.68	4.41	2.73	1.13	0.46	2.30
17.36	1.08	0.51	0.67	0.59	0.68	5.92	3.04	1.61	0.56	2.37
17.50	1.31	1.08	1.49	0.74	0.75	6.71	3.49	1.83	0.75	2.42
18.44	1.70	1.20	1.91	0.87	1.26	6.72	4.40	1.84	0.58	2.76
18.93	1.87	1.48	2.25	1.12	0.95	7.23	4.53	1.87	0.71	2.72

5-7 2011-2017年

项 目	从业人员					
	2011	2012	2013	2014	2015	2016
合 计	**146.75**	**150.62**	**153.43**	**155.78**	**157.96**	**159.53**
农、林、牧、渔业	20.21	21.20	20.41	22.04	21.25	21.46
采矿业	3.93	3.55	3.18	3.16	2.95	3.08
制造业	28.40	29.62	30.52	29.14	29.89	29.62
电力、燃气及水的生产和供应业	1.65	1.70	1.71	1.82	1.83	2.28
建筑业	9.23	8.40	7.52	7.08	6.89	6.98
批发和零售业	19.85	20.52	21.15	29.68	28.89	27.81
交通运输、仓储和邮政业	13.83	14.30	14.75	14.16	13.78	13.98
住宿和餐饮业	21.03	21.75	22.47	14.70	13.71	14.65
信息传输、软件和信息技术服务业	2.13	2.20	2.66	2.12	2.41	2.85
金融业	1.90	1.96	2.12	2.07	2.35	2.46
房地产业	1.65	1.70	1.74	2.02	2.43	2.20
租赁和商务服务业	2.87	2.97	3.15	4.56	6.63	7.88
科学研究和技术服务业	1.16	1.20	1.26	2.28	2.41	2.66
水利、环境和公共设施管理业	1.01	1.05	1.21	1.36	1.54	1.47
居民服务、修理和其他服务业	7.61	7.87	8.24	8.87	9.66	8.67
教育	4.60	4.75	5.00	4.25	4.53	4.22
卫生和社会工作	1.89	1.95	2.11	1.95	2.11	2.38
文化、体育和娱乐业	0.99	1.02	1.32	1.16	1.21	1.27
公共管理、社会保障和社会组织	2.81	2.91	2.91	3.36	3.49	3.61

注：本表中行业按《国民经济行业分类》（GB/T4754-2017）进行划分。

分行业从业人员

单位：万人

	#城镇						
2017	2011	2012	2013	2014	2015	2016	2017
160.73	**118.97**	**123.01**	**126.78**	**128.06**	**129.83**	**130.57**	**132.14**
21.20	0.65	0.68	0.65	0.74	0.71	0.72	0.79
2.98	3.87	3.49	3.12	3.11	2.90	3.02	2.88
29.92	27.08	28.25	28.88	27.66	28.37	27.97	28.48
2.36	1.63	1.68	1.69	1.80	1.81	2.26	2.06
6.78	7.98	7.26	6.56	6.19	5.83	5.60	6.28
26.57	18.55	19.51	20.07	28.18	27.02	25.87	24.71
14.95	12.38	13.13	14.30	13.78	13.41	13.60	14.54
13.69	19.57	20.56	21.33	13.78	12.66	13.53	12.65
3.11	1.91	1.98	2.53	2.01	2.28	2.71	2.95
2.26	1.84	1.90	1.94	1.99	2.26	2.37	2.18
2.38	1.64	1.70	1.72	1.99	2.40	2.17	2.35
9.29	2.44	2.63	3.03	4.38	6.38	7.57	8.73
2.87	1.16	1.20	1.13	2.22	2.34	2.59	2.79
1.19	0.99	1.03	1.04	1.17	1.32	1.26	1.02
9.48	7.28	7.62	7.88	8.58	9.05	8.12	8.67
4.41	4.59	4.75	5.00	4.25	4.53	4.22	4.21
2.44	1.89	1.95	2.11	1.95	2.11	2.38	2.24
1.14	0.72	0.79	0.89	0.92	0.96	1.00	0.90
3.71	2.80	2.90	2.91	3.36	3.49	3.61	3.71

5-8 城镇单位在岗职工年末人数（2017年）

单位：人

项　目	合　计	国有单位	集体单位	其他单位
总　计	**336323**	**123037**	**5402**	**207884**
按企业、事业、机关分组				
企业	242377	30398	4169	207810
事业	62081	60848	1233	
机关	31755	31755		
其它	110	36		74
按国民经济行业分组				
农、林、牧、渔业	2634	2634		
农业	68	68		
林业	277	277		
畜牧业	1182	1182		
农、林、牧、渔服务业	1107	1107		
采矿业	7094	3655	338	3101
制造业	111471	3811	1193	106467
电力、燃气及水的生产和供应业	16136	5746	79	10311
建筑业	27310	186	65	27059
房屋建筑业	18074	38		18036
土木工程建筑业	7440		45	7395
建筑安装业	1514	148	20	1346
建筑装饰业和其他建筑业	282			282
批发和零售业	10240	1161	190	8889
批发业	1851	822	90	939
零售业	8389	339	100	7950
交通运输、仓储和邮政业	14329	3228	159	10942
铁路运输业	317			317
航空运输业	10356	1259		9097
道路运输业	374			374
装卸搬运和运输代理业	410		159	251
仓储业	1114	211		903
邮政业	1758	1758		
住宿和餐饮业	6656	415		6241
住宿业	3067	90		2977
餐饮业	3589	325		3264
信息传输、软件和信息技术服务业	4205	373		3832
电信、广播电视和卫星传输服务	3842	364		3478
互联网和相关服务				
软件和信息技术服务业	363	9		354

5-8 续 表

单位：人

项　目	合　计	国有单位	集体单位	其他单位
金融业	10404	3892	1560	4952
货币金融服务	7903	2766	1560	3577
资本市场服务	247	247		
保险业	2229	879		1350
其他金融业	25			25
房地产业	10553	1167		9386
租赁和商务服务业	11797	3577	65	8155
租赁业	21			21
商务服务业	11776	3577	65	8134
科学研究和技术服务业	6494	3391	60	3043
研究与试验发展	406	141		265
专业技术服务业	5574	2881	60	2633
科技交流和推广服务业	514	369		145
水利、环境和公共设施管理业	6499	4554	653	1292
水利管理业	672	625	47	
生态保护和环境治理业	91	5		86
公共设施管理业	5736	3924	606	1206
居民服务、修理和其他服务业	988	30	250	708
居民服务业	602	30	226	346
机动车、电子产品和日用产品修理业	66		13	53
其他服务业	320		11	309
教育	30471	29758	172	541
卫生和社会工作	19863	16636	618	2609
卫生	19388	16401	618	2369
社会工作	475	235		240
文化、体育和娱乐业	2980	2624		356
新闻出版社	472	448		24
广播、电视、电影和音像业	967	725		242
文化艺术业	1422	1420		2
体育	32	31		1
娱乐业	87			87
公共管理、社会保障和社会组织	36199	36199		
中国共产党机关	1148	1148		
国家机构	32663	32663		
人民政协、民主党派	883	883		
社会保障	469	469		
群众团体、社会团体和其他成员组织	1036	1036		

5-9　职工工资总额和平均工资

年 份	职工工资总额（万元）				职工平均工资（元）			
	合计	国有单位	城镇集体单位	其他单位	合计	国有单位	城镇集体单位	其他单位
1949	65	65			271	271		
1950	115	115			230	230		
1952	387	387			362	362		
1957	9347	9347			782	782		
1962	14067	13658	409		663	693	269	
1965	15175	14144	1031		741	769	496	
1970	17262	15591	1671		674	694	527	
1975	22961	18880	4081		674	694	598	
1978	27427	21818	5609		655	727	423	
1980	37311	28176	9134		788	868	614	
1985	58947	43377	15570		1074	1193	841	
1990	114096	85748	28146	202	1893	2085	1476	2244
1991	131511	98329	32501	681	2104	2288	1693	2003
1992	159536	117302	40969	1265	2473	2659	2068	2144
1993	222975	168186	52337	2452	3328	3647	2633	2452
1994	298468	225802	62971	9695	4496	5027	3363	3564
1995	313407	227407	69820	16179	4938	5398	4050	3946
1996	330304	246197	69234	14873	5312	5809	4292	4053
1997	342181	261676	62080	18424	5813	6612	4159	4221
1998	298452	133791	46357	118304	6178	6080	4655	7240
1999	299566	122355	37818	139393	6736	6861	4927	7350
2000	311025	125137	33840	152047	7517	7945	5262	7921
2001	327986	136178	33831	157977	8384	9366	6490	8156
2002	369801	155009	28060	186732	10212	11360	7368	9989
2003	471324	201602	33426	236296	13417	15165	8974	13048
2004	565169	250429	39029	275711	16173	19166	11301	14964
2005	676236	304463	41536	330237	19805	23492	13100	18333
2006	757428	337708	43664	376056	22815	26584	14931	21402
2007	883220	375231	45152	462837	26867	30483	16989	25847
2008	1044468	441416	51533	551519	31780	35805	20249	30653
2009	1186242	516559	65521	604162	36723	41291	25952	34988
2010	1323917	584560	71517	667841	41403	46112	29496	39576
2011	1714634	666253	77650	970731	47059	52403	35734	45047
2012	1881466	733400	72032	1076034	51646	59643	38292	48355
2013	2203988	816660	59796	1327532	53100	64871	39830	48421
2014	2198848	760363	50347	1388138	56246	64802	39560	53212
2015	2280522	877560	47757	1355205	59573	71940	42274	54310
2016	2373214	951729	51019	1370466	63987	79008	46483	57233
2017	2369047	994742	37284	1337021	69706	80989	68892	63178

注：1998年及以后年度职工工资总额、平均工资为城镇单位在岗职工的工资总额和平均工资（后同）。

5-10　城镇单位在岗职工平均工资（2017年）

单位：元

项　目	合　计	国有单位	集体单位	其他单位
总　计	**69706**	**80989**	**68892**	**63178**
按企业、事业、机关分组				
企业	65056	76815	74265	63189
事业	85192	85892	50626	
机关	75521	75415		
其他	73018	61825	31558	
按国民经济行业分组				
农、林、牧、渔业	51842	51842		
采矿业	87421	110010	66172	62143
制造业	68091	96639	42376	67369
电力、燃气及水的生产和供应业	89973	77208	31949	97543
建筑业	50531	48103	42000	50564
批发和零售业	50855	59925	40663	49881
交通运输、仓储和邮政业	58049	57268	26309	58798
住宿和餐饮业	41383	33470		41901
信息传输、软件和信息技术服务业	76412	47566		79199
金融业	103710	93006	126521	104821
房地产业	42569	56779		40810
租赁和商务服务业	41420	43499	43044	40433
科学研究和技术服务业	75094	73661	42000	77329
水利、环境和公共设施管理业	47124	49290	37552	44279
居民服务、修理和其他服务业	33219	78933	26620	33556
教育	93910	95075	56878	31485
卫生和社会工作	87075	90645	63028	70206
文化、体育和娱乐业	67166	71588		39139
公共管理、社会保障和社会组织	75432	75432		

5-11 1978-2010年

年份	合计	农林牧渔业	采矿业	制造业	电力、燃气及水的生产和供应业	建筑业	交通运输仓储和邮政业	信息传输、计算机服务和软件业	批发和零售业
1978	655	532	671	745		836	739		640
1979	667	500	738	648		817	760		682
1980	788	639	835	910		954	889		754
1985	1074	726	971	1086		1236	1075		843
1986	1223	761	1008	1244		1341	1309		990
1987	1338	827	1114	1358		1532	1367		1037
1988	1545	934	1349	1573		1788	1590		1182
1989	1695	953	1458	1761		1882	1764		1282
1990	1893	1144	1387	1996		2128	1842		1367
1991	2104	1236	1678	2210		2528	1945		1514
1992	2473	1555	1712	2519		3225	2366		1663
1993	3328	2758	3326	3460	4380	4352	3013		1896
1994	4496	2087	4667	4597	6655	5655	3698		2369
1995	4938	2077	5197	5003	7552	6216	4221		2386
1996	5312	2342	5500	5579	5770	6242	4769		2634
1997	5813	4334	5343	6086	9390	6423	4777		2581
1998	6178	3845	5834	6127	10905	6120	5993		3618
1999	6736	4151	4982	6768	12107	6188	6536		3832
2000	7517	4126	6835	7536	13949	6206	7120		4280
2001	8384	4616	7535	8061	14807	6568	6888		4500
2002	10212	6952	8461	10192	15121	7575	7884		5067
2003	13417	9565	9202	13183	21172	9590	9763	15167	8110
2004	16173	10561	11726	15055	30575	13015	11423	17964	9649
2005	19805	13482	13310	17960	35763	14470	19874	25806	15071
2006	22815	14780	15374	20987	40866	16861	18952	23787	16011
2007	26867	16727	17617	25370	45661	20853	21473	28822	17729
2008	31780	18536	19402	30324	48492	23679	26403	38739	22483
2009	36723	22237	26605	34418	49911	28235	27046	32669	26172
2010	41403	25846	36216	39478	56948	32132	29389	38553	28790

分行业职工平均工资

单位：元

住宿和餐饮业	金融业	房地产业	租赁和商务服务业	科学研究、技术服务和地质勘查业	水利、环境和公共设施管理业	居民服务和其他服务业	教育	卫生、社会保障和社会福利业	文化、体育和娱乐业	公共管理和社会组织
	662			694		686	599			735
	687			848		695	628			617
	763			863		783	694			844
	1158			1261	1439	888	1223	1116		1169
	1302			1460	1553	1017	1317	1282		1345
	1299			1606	1573	1216	1437	1309		1448
	1494			1814	1786	1276	1699	1594		1641
	1634			2023	1996	1528	1216	1726		1686
	1804	1279		2205	2283	1516	1890	1839		1839
	1917	1546		2319	2389	1712	1958	1938		1974
	2557	1618		2639	2723	2169	2422	2393		2511
	4320	2300		3772	3824	2437	3492	3520		3600
	7727	4617		5727	4313	3397	4643	4911		5020
	6549	5216		5941	3969	3819	5098	5588		5440
	6641	4882		6351	4448	3610	5810	5925		5884
	9396	5963		6890	4883	4501	6509	6825		6867
	9093	7281		7217	6015	5210	6896	7567		7296
	9156	7196		7709	6910	5863	7852	7972		7899
	9803	7832		9062	7145	5968	8867	9071		8944
	10764	8633		10629	8851	6783	11278	10472		11428
	11625	8805		12761	10627	7649	13545	12840		13628
8307	12882	11004	13735	17122	14110	9664	17961	16228	14342	19029
9850	16498	14884	16286	18113	14845	11406	22232	19606	20470	23920
11069	23691	22282	20888	23700	22224	12929	25747	22568	26528	27905
12163	30435	25530	19196	27657	24191	15259	29551	27146	26768	30017
13876	38310	28209	21678	28975	25524	18308	32530	30216	30578	34881
19147	48389	30368	29921	30607	25511	26089	39770	34424	35378	41237
22471	59341	36060	34213	36015	28341	30738	46779	42019	38421	47666
23760	61178	38286	37431	36918	31704	33002	51787	44999	42570	51820

5-12　2011-2017年

项　目	2011	2012	2013
合　计	**47059**	**51646**	**53100**
农、林、牧、渔业	32704	38399	40861
采矿业	46745	50949	61636
制造业	45977	50481	52557
电力、燃气及水的生产和供应业	59859	70634	73717
建筑业	37552	35420	35956
批发和零售业	34090	42026	44738
交通运输、仓储和邮政业	37968	43928	44547
住宿和餐饮业	30378	32042	32064
信息传输、软件和信息技术服务业	41787	50866	50883
金融业	80024	60603	95177
房地产业	43425	46191	39209
租赁和商务服务业	42909	48144	39219
科学研究和技术服务业	42651	48769	68760
水利、环境和公共设施管理业	36674	40259	42125
居民服务、修理和其他服务业	36734	37777	37782
教育	56921	64782	69124
卫生和社会工作	50518	54743	63492
文化、体育和娱乐业	50472	55974	54726
公共管理、社会保障和社会组织	57512	60477	64290

注：本表中行业按《国民经济行业分类》（GB/T4754-2017）进行划分。

分行业职工平均工资

单位：元

2014	2015	2016	2017
56246	**59573**	**63987**	**69706**
39784	45849	50385	51842
62085	62075	65270	87421
56407	57072	59766	68091
77376	81333	82740	89973
43026	42073	44518	50531
41921	43553	47656	50855
43403	51562	53884	58049
33741	34330	36326	41383
58134	65707	67926	76412
98722	98718	102346	103710
38959	38517	41355	42569
38559	41004	39908	41420
69760	74039	72147	75094
46170	52725	55269	47124
41010	39291	33892	33219
68383	81096	90198	93910
65407	70308	83218	87075
59545	63036	69527	67166
60180	66256	73137	75432

5-13 城镇单位从业人员和劳动报酬（2017年）

单位：人

项　目	单位从业人员年末人数	#女性	在岗职工	其他从业人员
总　计	**359713**	**134729**	**336323**	**23390**
按企业、事业、机关分组				
企业	261894	86400	242377	19517
事业	64967	36640	62081	2886
机关	32737	11642	31755	982
其他	115	47	110	5
按国民经济行业分组				
农、林、牧、渔业	2634	1440	2634	
采矿业	7213	1746	7094	119
制造业	114472	29428	111471	3001
电力、燃气及水的生产和供应业	16246	5826	16136	290
建筑业	33503	5121	27310	6193
批发和零售业	10291	5352	10240	51
交通运输、仓储和邮政业	14599	4514	14329	270
住宿和餐饮业	7261	4543	6656	605
信息传输、软件和信息技术服务业	4248	2150	4205	43
金融业	17317	10884	10404	6913
房地产业	11260	5102	10553	707
租赁和商务服务业	12045	3331	11797	248
科学研究和技术服务业	6776	2364	6494	282
水利、环境和公共设施管理业	8908	3247	6499	2409
居民服务、修理和其他服务业	1015	544	988	27
教育	31448	20524	30471	977
卫生和社会工作	20058	13537	19863	195
文化、体育和娱乐业	3134	1696	2980	154
公共管理、社会保障和社会组织	37105	13380	36199	906

5-13 续 表

单位：万元

项　目	单位从业人员劳动报酬	在岗职工工资总额	其他从业人员劳动报酬
总　计	**2463181**	**2369047**	**94134**
按企业、事业、机关分组			
企业	1684814	1600570	84244
事业	534754	527353	7401
机关	242783	240299	2484
其他	830	825	5
按国民经济行业分组			
农、林、牧、渔业	13655	13655	
采矿业	62161	61772	389
制造业	778633	766111	12522
电力、燃气及水的生产和供应业	146646	145954	692
建筑业	187956	157420	30536
批发和零售业	52310	51770	540
交通运输、仓储和邮政业	80733	79708	1025
住宿和餐饮业	29501	27950	1551
信息传输、软件和信息技术服务业	32492	32345	147
金融业	137568	108522	29046
房地产业	48189	45524	2665
租赁和商务服务业	45844	45363	481
科学研究和技术服务业	50136	48871	1265
水利、环境和公共设施管理业	36787	30159	6628
居民服务、修理和其他服务业	3432	3332	100
教育	286958	284624	2334
卫生和社会工作	173127	172200	927
文化、体育和娱乐业	20538	20257	281
公共管理、社会保障和社会组织	276515	273510	3005

5-14 城镇单位女性从业人员（2017年）

单位：人

项 目	合 计	国有单位	集体单位	其他单位
总 计	**134729**	**61433**	**2534**	**70762**
按企业、事业、机关分组				
企业	86400	13680	2001	70719
事业	36640	36107	533	
机关	11642	11642		
其他	47	4		43
按国民经济行业分组				
农、林、牧、渔业	1440	1440		
采矿业	1746	989	128	629
制造业	29428	955	508	27965
电力、燃气及水的生产和供应业	5826	2114	32	3680
建筑业	5121	61	21	5039
批发和零售业	5352	488	91	4773
交通运输、仓储和邮政业	4514	1490	46	2978
住宿和餐饮业	4543	248		4295
信息传输、软件和信息技术服务业	2150	139		2011
金融业	10884	2425	809	7650
房地产业	5102	681		4421
租赁和商务服务业	3331	840	21	2470
科学研究和技术服务业	2364	1178	29	1157
水利、环境和公共设施管理业	3247	2445	221	581
居民服务、修理和其他服务业	544	11	208	325
教育	20524	19918	103	503
卫生和社会工作	13537	11153	317	2067
文化、体育和娱乐业	1696	1478		218
公共管理、社会保障和社会组织	13380	13380		

5-15 国有单位从业人员和劳动报酬（2017年）

单位：人

项　目	单位从业人员年末人数	#女性	在岗职工	其他从业人员
总　计	127688	61433	123037	4651
按企业、事业、机关分组				
企业	31181	13680	30398	783
事业	63729	36107	60848	2881
机关	32737	11642	31755	982
其他	41	4	36	5
按国民经济行业分组				
农、林、牧、渔业	2634	1440	2634	
采矿业	3655	989	3655	
制造业	3829	955	3811	18
电力、燃气及水的生产和供应业	5751	2114	5746	5
建筑业	186	61	186	
批发和零售业	1185	488	1161	24
交通运输、仓储和邮政业	3228	1490	3228	
住宿和餐饮业	415	248	415	
信息传输、软件和信息技术服务业	373	139	373	
金融业	4160	2425	3892	268
房地产业	1607	681	1167	440
租赁和商务服务业	3591	840	3577	14
科学研究和技术服务业	3534	1178	3391	143
水利、环境和公共设施管理业	6292	2445	4554	1738
居民服务、修理和其他服务业	30	11	30	
教育	30704	19918	29758	946
卫生和社会工作	16743	11153	16636	107
文化、体育和娱乐业	2666	1478	2624	42
公共管理、社会保障和社会组织	37105	13380	36199	906

5-15 续 表

单位：万元

项 目	单位从业人员劳动报酬	在岗职工工资总额	其他从业人员劳动报酬
总 计	**1007173**	**994742**	**12431**
按企业、事业、机关分组			
企业	235358	232735	2623
事业	528445	521126	7319
机关	242783	240299	2484
其他	587	582	5
按国民经济行业分组			
农、林、牧、渔业	13655	13655	
采矿业	40737	40737	
制造业	36964	36829	135
电力、燃气及水的生产和供应业	44662	44657	5
建筑业	885	885	
批发和零售业	7032	6957	75
交通运输、仓储和邮政业	18808	18784	24
住宿和餐饮业	1389	1389	
信息传输、软件和信息技术服务业	1774	1774	
金融业	36449	35752	697
房地产业	8286	6689	1597
租赁和商务服务业	15127	15086	41
科学研究和技术服务业	25391	24816	575
水利、环境和公共设施管理业	25786	22205	3581
居民服务、修理和其他服务业	237	237	
教育	284484	282222	2262
卫生和社会工作	150212	149909	303
文化、体育和娱乐业	18780	18649	131
公共管理、社会保障和社会组织	276515	273510	3005

5-16 集体单位从业人员和劳动报酬（2017年）

单位：人

项　目	单位从业人员年末人数	#女性	在岗职工	其他从业人员
总　计	**5867**	**2534**	**5402**	**465**
按企业、事业、机关分组				
企业	4629	2001	4169	460
事业	1238	533	1233	5
机关				
其他				
按国民经济行业分组				
农、林、牧、渔业				
采矿业	341	128	338	3
制造业	1571	508	1193	378
电力、燃气及水的生产和供应业	79	32	79	
建筑业	65	21	65	
批发和零售业	194	91	190	4
交通运输、仓储和邮政业	159	46	159	
住宿和餐饮业				
信息传输、软件和信息技术服务业				
金融业	1617	809	1560	57
房地产业				
租赁和商务服务业	65	21	65	
科学研究和技术服务业	60	29	60	
水利、环境和公共设施管理业	653	221	653	
居民服务、修理和其他服务业	268	208	250	18
教育	172	103	172	
卫生和社会工作	623	317	618	5
文化、体育和娱乐业				
公共管理、社会保障和社会组织				

5-16 续 表

单位：万元

项目	单位从业人员劳动报酬	在岗职工工资总额	其他从业人员劳动报酬
总 计	**38688**	**37285**	**1403**
按企业、事业、机关分组			
企业	32379	31058	1321
事业	6309	6227	82
机关			
其他			
按国民经济行业分组			
农、林、牧、渔业			
采矿业	2246	2237	9
制造业	6273	5128	1145
电力、燃气及水的生产和供应业	253	253	
建筑业	273	273	
批发和零售业	781	773	8
交通运输、仓储和邮政业	426	426	
住宿和餐饮业			
信息传输、软件和信息技术服务业			
金融业	19787	19699	88
房地产业			
租赁和商务服务业	293	293	
科学研究和技术服务业	260	260	
水利、环境和公共设施管理业	2437	2437	
居民服务、修理和其他服务业	723	652	71
教育	978	978	
卫生和社会工作	3958	3876	82
文化、体育和娱乐业			
公共管理、社会保障和社会组织			

5-17　其他单位从业人员和劳动报酬（2017年）

单位：人

项　目	单位从业人员年末人数	#女性	在岗职工	其他从业人员
总　计	**226158**	**70762**	**207884**	**18274**
按企业、事业、机关分组				
企业	226084	70719	207810	18274
事业				
机关				
其他	74	43	74	
按国民经济行业分组				
农、林、牧、渔业				
采矿业	3217	629	3101	116
制造业	109072	27965	106467	2605
电力、燃气及水的生产和供应业	10596	3680	10311	285
建筑业	33252	5039	27059	6193
批发和零售业	8912	4773	8889	23
交通运输、仓储和邮政业	11212	2978	10942	270
住宿和餐饮业	6846	4295	6241	605
信息传输、软件和信息技术服务业	3875	2011	3832	43
金融业	11540	7650	4952	6588
房地产业	9653	4421	9386	267
租赁和商务服务业	8389	2470	8155	234
科学研究和技术服务业	3182	1157	3043	139
水利、环境和公共设施管理业	1963	581	1292	671
居民服务、修理和其他服务业	717	325	708	9
教育	572	503	541	31
卫生和社会工作	2692	2067	2609	83
文化、体育和娱乐业	468	218	356	112
公共管理、社会保障和社会组织				

5-17 续表

单位：万元

项　目	单位从业人员劳动报酬	在岗职工工资总额	其他从业人员劳动报酬
总　计	**1417320**	**1337020**	**80300**
按企业、事业、机关分组			
企业	1417077	1336777	80300
事业			
机关			
其他	243	243	
按国民经济行业分组			
农、林、牧、渔业			
采矿业	19178	18798	380
制造业	735396	724154	11242
电力、燃气及水的生产和供应业	101731	101044	687
建筑业	186798	156262	30536
批发和零售业	44497	44040	457
交通运输、仓储和邮政业	61499	60498	1001
住宿和餐饮业	28112	26561	1551
信息传输、软件和信息技术服务业	30718	30571	147
金融业	81332	53071	28261
房地产业	39903	38835	1068
租赁和商务服务业	30424	29984	440
科学研究和技术服务业	24485	23795	690
水利、环境和公共设施管理业	8564	5517	3047
居民服务、修理和其他服务业	2472	2443	29
教育	1496	1424	72
卫生和社会工作	18957	18415	542
文化、体育和娱乐业	1758	1608	150
公共管理、社会保障和社会组织			

主要统计指标解释

经济活动人口 指在16岁以上，有劳动能力，参加或要求参加社会经济活动的人口。包括就业人员和失业人员。

从业人员 指从事一定社会劳动并取得劳动报酬或经营收入的人员，包括在岗职工、再就业的离退休人员、私营业主、个体户主、私营和个体就业人员、乡镇企业就业人员、农村就业人员、其他就业人员(包括民办教师、宗教职业者、现役军人等)。这一指标反映了一定时期内全部劳动力资源的实际利用情况，是研究我国基本国情国力的重要指标。

各单位的从业人员 指在各级国家机关、政党机关、社会团体及企业、事业单位中工作，取得工资或其他形式的劳动报酬的全部人员。包括在岗职工、再就业的离退休人员、民办教师以及在各单位中工作的外方人员和港澳台方人员、兼职人员、借用的外单位人员和第二职业者。不包括离开本单位仍保留劳动关系的职工。各单位的从业人员反映了各单位实际参加生产或工作的全部劳动力。

城镇私营和个体从业人员 城镇私营从业人员指在工商管理部门注册登记，其经营地址设在县城关镇(含城关镇)以上的私营企业从业人员，包括私营企业投资者和雇工。城镇个体就业人员指在工商管理部门注册登记，并持有城镇户口或在城镇长期居住，经批准从事个体工商经营的从业人员，包括个体经营者和在个体工商户劳动的家庭帮工和雇工。

城镇登记失业人员 指有非农业户口，在一定的劳动年龄内（16岁以上及男50岁以下、女45岁以下），有劳动能力，无业而要求就业，并在当地就业服务机构进行求职登记的人员。

城镇登记失业率 指城镇登记失业人员与城镇单位就业人员（扣除使用的农村劳动力、聘用的离退休人员、港澳台及外商人员）、城镇单位中的不在岗职工、城镇私营业主、个体户主、城镇私营企业和个体就业人员、城镇登记失业人员之和的比。计算公式为：

城镇登记失业率=城镇登记失业人数/((城镇单位就业人员-使用的农村劳动力-聘用的离退休人员-港澳台及外商人员）+不在岗职工+城镇私营业主+个体户主+城镇私营企业和个体就业人员+城镇登记失业人数）×100%

职工 指在国有经济、城镇集体经济、联营经济、股份制经济、外商和港、澳、台投资经济、其他经济单位及其附属机构工作，并由其支付工资的各类人员，不包括下列人员：（1）乡镇企业就业人员；（2）私营企业就业人员；（3）城镇个体劳动者；（4）离休、退休、退职人员；（5）再就业的离、退休人员；（6）民办教师；（7）在城镇单位中工作的外方人员和港、澳、台人员；（8）其他按有关规定不列入职工统计范围的人员。(1998年以后的数据均为在岗职工数据，其他相关指标如职工工资总额，职工平均工资等指标也从1998年按此口径进行了相应调整)。

在岗职工 指在本单位工作并由单位支付工资的人员，以及有工作岗位，但由于学习、病伤产假等原因暂未工作，仍由单位支付工资的人员。

工资总额 指各单位在一定时期内直接支付给本单位全部职工的劳动报酬总额。

工资总额的计算原则应以直接支付给职工的全部劳动报酬为根据。各单位支付给职工的劳动报酬以及其他根据有关规定支付的工资，不论是计入成本的还是不计入成本的，不论是按国家规定列入计征奖金税项目的，还是未列入计征奖金税项目的，不论是以货币形式支付的还是以实物形式支付的，均包括在工资总额内。

平均工资 指企业、事业、机关单位的职工在一定时期内平均每人所得的货币工资额。它表明一定时期职工工资收入的高低程度，是反映职工工资水平的主要指标。计算公式为：

平均工资=报告期实际支付的全部职工工资总额/报告期全部职工平均人数

6

REAL ESTATE INVESTMENT

房地产开发

6-1 房地产开发主要指标

项　目	2012	2013	2014	2015	2016	2017
企业个数（个）	**324**	**331**	**328**	**333**	**345**	**319**
内资	320	327	324	330	342	317
#国有	12	13	4	4	10	12
集体						
港、澳、台投资	3	3	3	2	2	1
外商投资	1	1	1	1	1	1
期末从业人员（人）	**9962**	**9963**	**9808**	**8386**	**8446**	**8915**
内资	9845	9858	9699	8279	8350	8850
#国有	322	327	116	110	248	304
集体						
港、澳、台投资	21	9	10	9	9	4
外商投资	96	96	99	98	87	61
土地开发及购置						
本年土地购置面积（万平方米）	143.96	186.97	130.48	112.35	42.50	45
本年土地成交价款（万元）	251819	265835	306075	224398	66267	99249
本年完成投资额（万元）	**1585583**	**2064694**	**1978681**	**1973219**	**1845728**	**1553863**
#住宅	1086398	1423593	1327232	1397706	1235309	1166520
资金来源小计（万元）	**1679640**	**2364356**	**2294768**	**2286498**	**2216852**	**2077022**
#国内贷款	56185	242255	219702	254102	118850	101148
自筹资金	1086651	1345221	1103787	1329796	1306465	1080925
房屋建筑面积（万平方米）						
施工面积	1633.77	2028.12	2162.32	2210.20	2019.11	2505.70
竣工面积	253.29	263.16	205.46	334.66	290.27	421.07
本年新开工面积	598.52	721.27	531.84	455.20	342.27	437.39
#住宅	423.01	535.24	331.70	320.28	241.69	336.75
竣工房屋价值（万元）	722208	819242	591129	1020832	718503	1081173
竣工房屋造价（元/平方米）	2851.3	3113.1	2877.1	3050.4	2475.3	2567.7
商品房屋销售面积（万平方米）	**354.30**	**408.28**	**377.43**	**399.71**	**459.65**	**449.46**
#住宅	314.15	352.30	317.16	332.81	404.70	386.40
商品房屋销售价格（元/平方米）	**4566.8**	**5245.2**	**5144.6**	**4898.0**	**4764.6**	**5103.8**
#住宅	4292.6	4707.6	4810.9	4359.6	4563.4	4851.4

注：2017年资金来源小计指标取消，用本年实际到位资金数代替。

6-2 房地产开发企业（单位）的土地购置及成交价款

年 份	待开发的土地面积（万平方米）	本年购置土地面积（万平方米）	本年土地成交价款（万元）
2010	214.93	423.91	424489
2011	100.91	251.62	238720
2012	53.00	143.96	251819
2013	24.80	186.97	265835
2014	27.17	130.48	306075
2015	15.29	112.35	224398
2016	41.52	42.50	66267
2017	9.72	45.38	99249

6-3 房地产开发建设投资情况

单位：万元

年 份	实际需要总投资	自开始建设至本年底累计完成投资	#本年完成投资	全部建成尚需投资
2010	5869558	3892267	2028264	1977291
2011	7846489	5479813	2341741	2366676
2012	8418309	5091113	1585583	3327196
2013	9580831	6264967	2064694	3315864
2014	11322323	7702763	1978681	3619560
2015	12529732	9049387	1973219	3480345
2016	15379937	10276036	1845728	5103901
2017	16711705	11394886	1553863	5316819

6-4 按用途分的房地产开发投资完成额

单位：万元

年 份	本年完成投资额	住宅	#别墅、高档公寓	办公楼	商业营业用房	其 他
2010	2028264	1411621	29717	126665	362730	127248
2011	2341741	1682473	33037	98851	410815	149602
2012	1585583	1086398	13851	97337	240015	161833
2013	2064694	1423593	68444	101279	355236	184586
2014	1978681	1327232	64894	93506	399833	158110
2015	1973219	1397706	74077	61120	324118	190275
2016	1845728	1235309	55856	36837	403240	170342
2017	1553863	1166520	26438	33027	228902	125414

6-5　商品房屋销售情况

年 份	房屋销售面积（万平方米）	#住宅	商品房屋销售额（万元）	#住宅
1994	13.27	12.04	12730	11769
1995	15.21	14.16	16454	14440
1996	16.85	15.52	16348	14258
1997	24.68	22.02	23429	17854
1998	36.39	31.59	30748	23581
1999	55.49	45.06	48567	36633
2000	64.08	56.04	61546	49041
2001	67.95	64.81	68892	63328
2002	75.21	68.94	76286	61997
2003	114.04	99.05	127351	101913
2004	137.52	125.22	184962	156725
2005	217.49	182.54	376736	281228
2006	262.03	229.25	508412	387547
2007	306.86	265.63	940240	699922
2008	418.73	337.65	1353379	1008590
2009	570.05	517.66	1927244	1665846
2010	597.72	473.96	2665691	1624098
2011	730.65	591.97	3230772	2366622
2012	354.30	314.15	1618014	1348541
2013	408.28	352.30	2141525	1658466
2014	377.43	317.16	1941711	1525817
2015	399.71	332.81	1957793	1450910
2016	459.65	404.70	2190042	1846792
2017	449.46	386.40	2293913	1874595

主要统计指标解释

全社会固定资产投资 是以货币形式表现的在一定时期内全社会建造和购置固定资产的工作量以及与此有关的费用的总称。该指标是反映固定资产投资规模、结构和发展速度的综合性指标,又是观察工程进度和考核投资效果的重要依据。全社会固定资产投资按登记注册类型可分为国有、集体、联营、股份制、私营和个体、港澳台商、外商、其他等。

固定资产投资(不含农户) 指城镇和农村各种登记注册类型的企业、事业、行政单位及城镇个体户进行的计划总投资500万元及500万元以上的建设项目投资和房地产开发投资，包含原口径的城镇固定资产投资加上农村企事业组织项目投资，该口径自2011年起开始使用。

房地产开发投资 指房地产开发公司、商品房建设公司及其他房地产开发法人单位和附属于其他法人单位实际从事房地产开发或经营的活动单位统一开发的包括统代建、拆迁还建的住宅、厂房、仓库、饭店、宾馆、度假村、写字楼、办公楼等房屋建筑物和配套的服务设施，土地开发工程(如道路、给水、排水、供电、供热、通讯、平整场地等基础设施工程)的投资；不包括单纯的土地交易活动。

建设总规模 是指在报告期内所有施工项目的计划总投资。这个指标和施工项目相对应。

在建总规模 是指在报告期末所有在建项目的计划总投资。

在建净规模 是指报告期末所有在建项目建成投产尚需的投资总量。

在建净规模＝在建总规模－累计完成投资。

固定资产投资的资金来源 根据固定资产投资的资金来源不同，分为国家预算内资金、国内贷款、利用外资、自筹资金和其他资金来源。

（1）国家预算内资金：指中央财政和地方财政中由国家统筹安排的基本建设拨款和更新改造拨款，以及中央财政安排的专项拨款中用于基本建设的资金和基本建设拨款改贷款的资金等。

（2）国内贷款：指报告期内企、事业单位向银行及非银行金融机构借入的用于固定资产投资的各种国内借款。包括银行利用自有资金及吸收的存款发放的贷款、上级主管部门拨入的国内贷款、国家专项贷款(包括煤代油贷款、劳改煤矿专项贷款等)、地方财政专项资金安排的贷款、国内储备贷款、周转贷款等。

（3）利用外资：指报告期内收到的用于固定资产投资的国外资金，包括统借统还、自借自还的国外贷款，中外合资项目中的外资，以及对外发行债券和股票等。国家统借统还的外资指由我国政府出面同外国政府、团体或金融组织签订贷款协议、并负责偿还本息的国外贷款。

（4）自筹资金：指建设单位报告期内收到的，用于进行固定资产投资的上级主管部门、地方和企、事业单位自筹资金。

（5）其他资金来源：指报告期内收到的除以上各种拨款、借款、自筹资金之外，其他用于固定资产投资的资金。

固定资产投资按国民经济行业分 建设项目归哪个行业，按其建成投产后的主要产品或主要用途及社会经济活动性质来确定。基本建设按建设项目划分国民经济行业，更新改造、国有单位其他固定资产投资及城镇集体投资根据整个企业、事业单位所属的行业来划分。一般情况下，一个建设项目或一个企业、事业单位只属于一种国民经济行业。为了更准确地反映国民经济各行业之间的比例关系，联合企业(总厂)所属分厂属于不同行业的，原则上按分厂划分行业。

固定资产投资按建设性质分 建设项目的性质一般分为新建、扩建、改建、迁建、恢复。基本建设按建设项目划分建设性质，更新改造、国有单位其他固定资产投资及城镇集体投资等按整个企业、事业单位的建设情况确定建设性质，房地产开发单位、农村投资、城镇工矿区私人建房等投资不划分建设性质。

（1）新建：一般是指从无到有、“平地起家”新开始建设的单位。有的单位原有的基础很小，经过建设后其新增加的固定资产价值超过原有固定资产价值(原值)三倍以上的也算新建。

（2）扩建：一般是指为扩大原有产品的生产能力，在厂内或其他地点增建主要生产车间(或主要工程)、独立的生产线或分厂的企业；事业单位和行政单位在原单位增建业务用房(如学校增建教学用房、医院增建门诊部或病床用房、行政机关增建办公楼等)也作为扩建。

（3）改建：一般是指现有企业、事业单位为了技术进步，提高产品质量，增加花色品种，促进产品升级换代，降低消耗和成本，加强资源综合利用和三废治理、劳保安全等，采用新技术、新工艺、新设备、新材料等对现有设施、工艺条件进行技术改造或更新(包括相应配套的辅助性生产、生活福利设施)。有的企业为充分发挥现有生产能力，进行填平补齐而增建不增加本单位主要产品生产能力的车间等，也属于改建。

固定资产投资按构成分 固定资产投资活动按其工作内容和实现方式分为建筑安装工程，设备、工具、器具购置，其他费用三个部分。

（1）建筑安装工程(建筑安装工作量)：指各种房屋、建筑物的建造工程和各种设备、装置的安装工程。包括各种房屋建造工程，各种用途设备基础和各种工业窑炉的砌筑工程；为施工而进行的各种准备工作和临时工程以及完工后的清理工作等；铁路、道路的铺设，矿井的开凿及石油管道的架设等；水利工程；防空地下建筑等特殊工程；以及各机械设备的安装工程；为测定安装工程质量，对设备进行的试运工作。在安装工程中，不包括被安装设备本身的价值；

（2）设备、工具、器具购置：指购置或自制达到固定资产标准的设备、工具、器具的价值，固定资产的标准按财务部门规定。新建单位、扩建单位的新建车间按照设计和计划要求购置或自制的全部设备、工具、器具，不论是否达到固定资产标准均计入“设备、工具、器具购置”中。

（3）其他费用：指在固定资产建造和购置过程中发生的，除建筑安装工程和设备、工具、器具购置以外的各种应摊入固定资产的费用。

施工项目 指报告期内曾进行建筑或安装工程施工活动的建设项目，包括报告期内新开工项目、报告期以前开工跨人报告期继续施工的项目以及报告期施过工并在报告期内全部建成投产或停缓建的项目。

全部建成投产项目 工业项目是指设计文件规定形成生产能力的主体工业及其相应配套的辅助设施全部建成，经负荷试运转，证明具备生产设计规定合格产品的条件，并经过验收鉴定合格或达到竣工验收标准，与生产性工程配套的生活福利设施可以满足近期正常生产的需要，正式移交生产的建设项目。非工业项目是指设计文件规定的主体工程和相应的配套工程全部建成，能够发挥设计规定的全部效益，经验收鉴定合格或达到竣工验收标准，正式移交作用的建设项目。

新增生产能力 指通过固定资产投资活动而增加的设计能力或工程效益，它是用实物形态表示的固定资产投资的成果，也是考核投资经济效果的重要依据。新增生产能力的计算，是以能独立发挥生产能力或工程效益的单项工程(或项目)为对象。当单项工程(或项目)建成，经有关部门鉴定合格，正式移交投入生产，即可算新增生产能力。

新增生产能力或工程效益有以下几种表现形式：

（1）用产品数量表示，以工程在单位时间内（一般是一年）所能生产的产品数量（即年产量）表示。如原煤开采用万吨/年表示。

（2）用单位时间内所能处理的原料数量表示，以工程每天（或小时）所能处理原料的数量表示。

（3）以新增的主要设备数量或容量表示，如棉纺锭数、发电机组容量等。

（4）以节约的原材料、燃料、动力实物量表示，适用于反映更新改造节约项目的效益。

（5）以建筑物容积、容量、面积或长度表示，是非工业项目或工程新增效益的一种表现形式。如水库容量、铁路公路里程等。

根据工程的特点，有时需要用两种或两种以上的复合计量单位表示新增生产能力（或工程效益），如新增内燃机生产能力同时用年产台数、千瓦数表示等。

房屋建筑面积 指从房屋外墙线算起的各层平面面积的总和，包括可供使用的有效面积和房屋结构(如柱、墙)占用的面积。多层建筑按各层(包括地下室)面积总和计算。

住宅建筑面积 指施工和竣工房屋建筑面积中供居住用的施工和竣工房屋建筑面积。

施工面积 指报告期内施工的全部房屋建筑面积。包括本期新开工的面积、上期跨入本期继续施工的房屋面积、上期停缓建在本期恢复施工的房屋面积、本期竣工的房屋面积及本期施工后又停缓建的房屋面积。

竣工面积 指在报告期内房屋建筑按照设计要求已全部完工，达到住人和使用条件，经验收鉴定合格，正式移交使用单位的建筑面积。

房屋建筑面积竣工率 指一定时期内房屋竣工面积占同期房屋施工面积的比率。它是从房屋建筑施工速度的角度反映投资效果和建筑业经济效益的指标。

新增固定资产 指通过投资活动所形成的新的固定资产价值，包括已经建成投入生产或交付使用的工程价值和达到固定资产标准的设备、工具、器具的价值及有关应摊入的费用。它是以价值形式表示的固定资产投资成果的综合性指标，可以综合反映不同时期、不同部门、不同地区的固定资产投资成果。

建设项目投产率 指一定时期内全部建成投入生产项目个数与同期正式施工项目个数的比率。它是从项目建设速度的角度反映投资效果的指标。

商品房销售面积 指报告期内出售商品房屋的合同总面积(即双方签署的正式买卖合同中所确定的建筑面积)。由现房销售建筑面积和期房销售建筑面积两部分组成。

商品房销售额 指报告期内出售商品房屋的合同总价款(即双方签署的正式买卖合同中所确定的合同总价)。该指标与商品房销售面积同口径，由现房销售额和期房销售额两部分组成。

固定资产交付使用率 指一定时期新增固定资产与同期完成投资额的比率。它是反映各个时期固定资产动用速度，衡量建设过程中投资效果的一个综合性指标。

7

能 源

ENERGY

7-1 能源消费总量及构成

年 份	能源消费总量（万吨标准煤）	占能源消费总量的比重（%）	
		煤炭	天然气
2010	3135.24	80.00	4.05
2011	3525.31	83.90	4.56
2012	3664.40	84.01	2.67
2013	3800.14	84.46	2.26
2014	3937.05	87.56	2.21
2015	4059.28	84.92	4.66
2016	4154.07	88.15	4.57
2017	4197.70	84.00	2.92

注：根据第三次经济普查结果，对2010-2016年能源数据进行调整（后同）。

7-2 主要能源消费指标

年 份	单位地区生产总值能耗变化率（±%）	单位工业增加值能耗变化率（±%）	单位地区生产总值电耗变化率（±%）
2010	-4.74	-6.74	2.29
2011	-2.60	-4.55	4.34
2012	-7.60	-15.38	-8.98
2013	-5.08	-9.82	-7.84
2014	-4.55	-8.73	-2.62
2015	-4.65	-9.61	-8.42
2016	-4.92	-7.23	-5.04
2017	-4.24	-2.59	12.01

7-3 综合能源平衡表

单位：万吨标煤

项　　目	2016	2017
可供本地区消费的能源量	**4154.07**	**4197.57**
一次能源生产量	1353.42	238.32
外市调入量	4544.67	4724.65
本市调出量（-）	-1732.57	-790.42
年初年末库存差额	-11.45	25.01
能源消费总量	**4154.07**	**4197.57**
在消费总量中：		
1. 农、林、牧、渔业	11.63	11.91
2. 工业	3540.60	3535.17
3. 建筑业	29.06	29.36
4. 交通运输、仓储和邮政业	112.53	121.48
5. 批发、零售业和住宿、餐饮业	171.40	177.35
6. 其他	130.13	135.13
7. 生活消费	158.72	187.17
在消费总量中：		
（一）终端消费量	4220.29	4423.46
#工业	3606.81	3761.07
（二）加工转换损失量	-66.22	-225.90
平衡差额	**0.000**	**0.000**

7-4 电力平衡表

单位：亿千瓦时

项 目	2016	2017
可供量	**438.21**	**517.93**
生产量	454.18	529.57
火电	398.73	453.58
风电	55.45	75.99
市外净调入（+）/调出（-）量	-15.97	-11.64
消费量	**438.21**	**517.93**
在消费总量中：		
1. 农、林、牧、渔业	2.60	2.86
2. 工业	395.86	471.99
3. 建筑业	0.29	0.36
4. 交通运输、仓储和邮政业	2.93	3.17
5. 批发、零售业和住宿、餐饮业	4.91	4.87
6. 其他	5.11	5.53
7. 生活消费	26.51	29.15
在消费总量中：		
终端消费	438.21	517.93
#工业	395.86	471.99

7-5 规模以上工业企业能源

能源名称	单位	年初库存量	购进量	#购自省外
原煤	吨	1157087	37662726	563567
洗精煤	吨	207827	8258279	5785078
其他洗煤	吨	1978	142417	
焦炭	吨	648440	2805113	51479
其他焦化产品	吨		843	
焦炉煤气	万立方米		5516	
高炉煤气	万立方米			
转炉煤气	万立方米			
天然气（气态）	万立方米	140	50312	
液化天然气（液态）	吨			
汽油	吨	183	3037	811
煤油	吨	48	1543	122
柴油	吨	27696	134775	54320
燃料油	吨	119	745	
润滑油	吨		45	
石油焦	吨	8148	187029	170683
石油沥青	吨	1255	40706	
其他石油制品	吨	241	6706	6706
热力	百万千焦		1284733	
电力	万千瓦时		2298332	
煤矸石用于燃料	吨		702182	
余热余压	百万千焦			
其他燃料	吨标准煤			
能源合计	**吨标准煤**			

购进、消费与库存（2017年）

消费量				年末库存
合计	工业生产消费	#用于原材料	非工业生产消费	
33889050	33842471	3148580	46579	1319840
8279568	8279568			186538
123213	123213	9320		21182
7659301	7659301	78556		642314
843	843	422		
204006	204006			
2352840	2352840			
153555	153555			
49356	49268			138
3151	2891	270	259	162
1588	1588	852		3
94271	93630	2103	641	67851
721	721			143
45	45			
187530	187530	25		7647
41545	41545	37		417
6704	6704			243
4819361	3839354		980007	
4270510	4215825		54685	
699096	699096			3086
3035733	3035733			
46379632	**46247218**		**132414**	

7-6 规模以上工业企业主要能源

行业名称	原煤（吨）	洗精煤（吨）	焦炭（吨）	焦炉煤气（万立方米）
煤炭开采和洗选业	2678446			
黑色金属矿采选业	400828			
有色金属矿采选业				
非金属矿采选业	135			
农副食品加工业	1921			
食品制造业	274			
酒、饮料和精制茶制造业	3170			
纺织业				
纺织服装、服饰业				
皮革、毛皮、羽毛及其制品和制鞋业				
木材加工和木、竹、藤、棕、草制品业				
造纸和纸制品业	3122			
印刷和记录媒介复制业				
文教、工美、体育和娱乐用品制造业				
石油加工、炼焦和核燃料加工业		1233361		
化学原料和化学制品制造业	4677048		1641	7
医药制造业	1599			
橡胶和塑料制品业	3			
非金属矿物制品业	104121			
黑色金属冶炼和压延加工业	1671235	7037347	7564702	198490
有色金属冶炼和压延加工业	8572407	8860	92579	5246
金属制品业	436		368	
通用设备制造业			10	263
专用设备制造业				
汽车制造业				
铁路、船舶、航空航天和其他运输设备制造业				
电气机械和器材制造业				
计算机、通信和其他电子设备制造业				
仪器仪表制造业				
其他制造业	1021			
废弃资源综合利用业				
金属制品、机械和设备修理业				
电力、热力生产和供应业	15773033			
燃气生产和供应业				
水的生产和供应业	251			

按行业分组消费量（2017年）

高炉煤气（万立方米）	转炉煤气（万立方米）	天然气（万立方米）	汽油（吨）	柴油（吨）	燃料油（吨）	石油焦（吨）	石油沥青（吨）
				1321			
			284	25611			
		341	143	41			
		563					
		948	65	61			
		7	13				
		200	18	18			
		137					
			70	100			
		1462	294	2184			
		30					
		12	56	6			
		3506	31	1429		187505	41508
2352840	153555	8422	950	54454			
		13486	392	5108	721	25	37
		181	4	23			
		409	80	15			
		18	5	234			
		699	14	619			
		1823	319	1514			
		40					
		8					
			29				
				9			
		17	94	1506			
		16964	141	16			
		85	150	3			

7-6 续 表

行业名称	热力（百万千焦）	电力（万千瓦时）	煤矸石用于燃料（吨）	余热余压（百万千焦）
煤炭开采和洗选业		1495		
黑色金属矿采选业		89041		
有色金属矿采选业				
非金属矿采选业		582		
农副食品加工业	3564	3095		
食品制造业		8807		
酒、饮料和精制茶制造业		4925		
纺织业		68		
纺织服装、服饰业		857		
皮革、毛皮、羽毛及其制品和制鞋业		2		
木材加工和木、竹、藤、棕、草制品业				
造纸和纸制品业	7300	526		
印刷和记录媒介复制业		194		
文教、工美、体育和娱乐用品制造业				
石油加工、炼焦和核燃料加工业		5776		
化学原料和化学制品制造业		131496	690248	
医药制造业		89		
橡胶和塑料制品业		1853		
非金属矿物制品业	824	123959		
黑色金属冶炼和压延加工业	3548402	1192990		3035733
有色金属冶炼和压延加工业	316269	2385775		
金属制品业	1416	4288		
通用设备制造业	64191	20979		
专用设备制造业	45859	4112		
汽车制造业	136064	9005		
铁路、船舶、航空航天和其他运输设备制造业	653836	16661		
电气机械和器材制造业		13038		
计算机、通信和其他电子设备制造业		418		
仪器仪表制造业		33		
其他制造业		251		
废弃资源综合利用业		100		
金属制品、机械和设备修理业	40361	160		
电力、热力生产和供应业	1275	216613	8848	
燃气生产和供应业		18065		
水的生产和供应业		15256		

7-7 规模以上工业企业能源加工转换与回收利用（2017年）

能源名称	单位	加工转换投入合计						能源加工转换产出	回收利用
			火力发电	供热	原煤入洗	炼焦	天然气液化		
原煤	万吨	2865.36	2185.68	399.45	280.22				
洗精煤	万吨	827.96				827.96		28.92	
其他洗煤	万吨							119.70	
焦炭	万吨							565.87	
其他焦化产品	万吨							28.23	
焦炉煤气	亿立方米	5.71	4.71	1.01				25.50	
高炉煤气	亿立方米	90.94	75.39	15.56					240.00
转炉煤气	亿立方米	6.42	4.42	2.00					17.42
天然气（气态）	亿立方米	1.70		0.00			1.70		
液化天然气（液态）	万吨							11.57	
汽油	吨	5.90	5.90						
柴油	吨	1000.10	841.15	158.95					
热力	万百万千焦							6388.56	
电力	亿千瓦时							453.58	
煤矸石用于燃料	万吨	69.91	69.91						
城市垃圾用于燃料	万吨	26.68	26.68						
余热余压	万百万千焦								303.57
能源合计	**万吨标准煤**	**2570.53**	**1400.27**	**269.61**	**130.15**	**749.52**	**20.98**	**1620.07**	**335.18**

主要统计指标解释

能源消费总量　指一定时期内全国物质生产部门、非物质生产部门和生活消费的各种能源的总和。该指标是观察能源消费水平、构成和增长速度的总量指标。能源消费总量包括原煤和原油及其制品、天然气、电力，不包括低热值燃料、生物质能和太阳能等的利用。能源消费总量分为终端能源消费量、能源加工转换损失量和能源损失量三部分。

（1）终端能源消费量：　指一定时期内全国生产和生活消费的各种能源在扣除了用于加工转换二次能源消费量和损失量以后的数量。

（2）能源加工转换损失量：指一定时期内全国投入加工转换的各种能源数量之和与产出各种能源产品之和的差额。该指标是观察能源在加工转换过程中损失量变化的指标。

（3）能源损失量：指一定时期内能源在输送、分配、储存过程中发生的损失和由客观原因造成的各种损失量，不包括各种气体能源放空、放散量。

能源加工转换效率　指一定时期内能源经过加工、转换后，产出的各种能源产品的数量与同期内投入加工转换的各种能源数量的比率。它是观察能源加工转换装置和生产工艺先进与落后、管理水平高低等的重要指标。计算公式为：

能源加工转换效率=能源加工、转换产出量/能源加工、转换投入量×100%

8

财政

GOVERMENT FINANCE

8-1　财政收支情况（2017年）

单位：万元

指　　标	2017	指　　标	2017
一般公共预算收入	**1376126**	**一般公共预算支出**	**3303194**
税收收入	992043	一般公共服务支出	264269
增值税	322427	外交支出	
企业所得税	101612	国防支出	6284
个人所得税	46392	公共安全支出	167675
资源税	14951	教育支出	505189
城市维护建设税	66889	科学技术支出	39163
房产税	62228	文化体育与传媒支出	70127
印花税	25463	社会保障和就业支出	763336
城镇土地使用税	154634	医疗卫生与计划生育支出	220935
土地增值税	32913	节能环保支出	165890
车船税	25131	城乡社区支出	240033
耕地占用税	86743	农林水支出	243772
契税	52660	交通运输支出	151420
其他各项税收收入		资源勘探信息等支出	59350
非税收入	384083	商业服务业等支出	36927
专项收入	44073	金融支出	1601
行政事业性收费收入	176382	援助其他地区支出	
罚没收入	49640	国土海洋气象等支出	36462
国有资本经营收入	29475	住房保障支出	167946
国有资源(资产)有偿使用收入	71070	粮油物资储备支出	5687
其他收入	13443	其他支出	11921
		债务付息支出	144117
		债务发行费用支出	1090
政府性基金收入	**465438**	**政府性基金支出**	**434359**

注：从2014年起，根据自治区财政厅要求，不再公布地方财政总收支数据（后同）。

8-2　财政收入

单位：万元

年份	财政总收入	地方财政收入	一般预算收入	#工商税收	#增值税	#农牧业税和耕地占用税	#企业所得税
1950	147	147		14			
1951	283	283		43			
1952	374	374		48			
1953	275	275		30			
1954	599	599		222			
1955	1033	1033		285			
1956	3496	3496		2310			
1957	3378	3378		1788			
1958	5622	5622		3244			
1959	7676	7676		4457			
1960	10110	10110		6243			
1961	5014	5014		4102			
1962	4651	4651		4128			
1963	5587	5587		4828			
1964	6605	6605		5063			
1965	6850	6850		4474			
1966	7319	7319		4969			
1967	6392	6392		4899			
1968	6318	6318		4778			
1969	6331	6331		4157			
1970	9598	9598		6132			
1971	17552	17552		8486			
1972	11659	11659		8434			
1973	12700	12700		9788			
1974	8710	8710		8533			
1975	8510	8510		9238			
1976	8454	8454		9487			
1977	10558	10558		10772			

注：本表中数据含达茂旗。

8-2 续 表 1

单位：万元

年 份	财 政总收入	地方财政收入	一般预算收入	#营业税	#增值税	#农牧业税和耕地占用税	#企 业所得税
1978	16091	16091		13373			
1979	15646	15646		12446			
1980	14681	14681		12536			
1981	14116	14116		12512			
1982	15245	15245		14921			
1983	13447	13447		16557			
1984	16792	16792		19020			
1985	24228	24228		29044			
1986	35527	35527		35534			
1987	43217	43217		43215			
1988	53122	53122		52618			
1989	62205	62205		63073			
1990	75927	75927		72897			
1991	85721	85721		78513			
1992	92097	92097		88816			
1993	169862	169862		166586			
1994	188676	82401		72045			
1995	193645	92978		77170			
1996	221228	116866		17746	33205	4672	6673
1997	243174	138771	124922	18724	33384	5014	7333
1998	265538	153814	144454	21564	35570	4618	8278
1999	272394	165042	156698	22438	34244	4850	11227
2000	273236	161794	156178	25931	35873	5393	15556
2001	283980	167707	160457	22157	37479	5789	21766
2002	353386	200015	187683	32506	44407	8065	10890
2003	502386	297638	259216	51358	59547	12777	8977
2004	732737	452387	416175	85723	80180	23168	12937
2005	1021695	612049	584198	146427	115813	30993	22429
2006	1301171	784019	675343	130725	97141	32847	25794

注：1995年以前营业税为工商税收（后同）。

8-2 续 表 2

单位：万元

指 标	2007	2008	2009	2010	2011	2012	2013
地方财政总收入	**1437712**	**1818057**	**2172366**	**2433151**	**2954983**	**3267779**	**3450009**
公共财政预算收入	767476	964808	1303120	1391830	1618571	1857557	2151179
税收收入	534824	692399	825995	942677	1136263	1251286	1321226
#增值税	115245	144399	143787	157257	176955	157986	163771
营业税	148355	159304	184587	256484	267000	342875	388265
企业所得税	50902	69973	60854	83006	142028	180818	135503
个人所得税	18490	21243	24005	30996	42077	41997	34187
城市维护建设税	47745	55454	62988	73789	81164	81142	89595
印花税	13222	16906	15191	18873	24294	23529	23933
非税收入	232652	272409	477125	449153	482308	606271	829953
上划中央税收	576111	735347	739096	866047	1101110	1150058	1041739
#增值税	437637	555376	560205	620741	707820	677087	676153
企业所得税	96651	132190	118545	163994	285628	363733	272345
个人所得税	35108	40851	46764	61176	84155	83993	68374
上划自治区税收	94125	117902	130150	175274	235302	260164	257091
#增值税	30635	40728	42950	49659	58985	67709	68278
营业税	39436	44933	55138	80995	89000	38098	43142
政府性基金收入	**192366**	**233951**	**269636**	**534637**	**604775**	**508046**	**866645**
财政总收入（原口径）	**1630078**	**2052008**	**2442002**	**2967788**	**3559758**	**3775825**	**4316654**

注：1.从2007年起，全市各级财政统一按剔除基金收入和基金支出后统计地方财政总收入和地方财政支出（后同）；
2.2012年以前公共财政预算收入称为一般预算收入。

8-2 续 表 3

单位：万元

指 标	2014	2015	2016	2017
一般公共预算收入	**2343186**	**2523021**	**2712122**	**1376126**
税收收入	1499648	1733413	1730819	992043
增值税	145321	131915	237925	322427
其中:改征增值税	31251	36249		
营业税	371113	350918	235872	
企业所得税	115672	76520	100287	101612
企业所得税退税				
个人所得税	34107	40186	40213	46392
资源税	48987	27012	38261	14951
城市维护建设税	75622	71372	71541	66889
房产税	64014	61193	87078	62228
印花税	23783	20027	25371	25463
城镇土地使用税	156687	283968	219800	154634
土地增值税	54915	36910	55236	32913
车船税	19579	21917	23288	25131
耕地占用税	318709	559803	527747	86743
契税	71139	51672	68200	52660
烟叶税				
其他各项税收收入				
非税收入	843538	789608	981303	384083
专项收入	60836	67678	71269	44073
行政事业性收费收入	168473	165847	215935	176382
罚没收入	54070	42317	42706	49640
国有资本经营收入	374438	323056	404419	29475
国有资源(资产)有偿使用收入	155431	181349	227519	71070
其他收入	30290	9361	19455	13443
政府性基金收入	**575212**	**691550**	**1090449**	**465438**

注：1.从2014年起，根据自治区财政厅要求，不再公布地方财政总收支数据（后同）；
2.2014、2015年一般公共预算收入称为公共财政预算收入。

8-3　地方财政支出及主要支出项目

单位：万元

年份	地方财政支出	基本建设支出	技术改造	支援农业	工交商事业	教科文卫	#教育事业	城市维护	社会保障补助支出	抚恤社救	行政管理	公检法司	政策补贴
1950	95					31	18				47		
1951	220					47	27				105		
1952	338			3		94	55				131		
1953	594			4		209	118				187		
1954	1400	124		12		266	149				510		
1955	1367	885		49		262	149				364		
1956	4261	891		88		681	384				544		
1957	3387	798		91		855	484				659		
1958	8598	5446		602		791	448				744		
1959	10707	5740		475		940	533				836		
1960	13061	8950		991		1374	778				914		
1961	4798	2472		675		907	517				739		
1962	2608	289		462		853	488				626		
1963	2629	139		281		807	457				607		
1964	2895	555		235		928	528				683		
1965	2866	64		197		1068	607				630		
1966	3849	421		387		1243	710				656		
1967	2981	214		187		1237	708				586		
1968	2393	262		99		971	554				648		
1969	3256	327		117		1058	596				843		
1970	4636	1109		196		1104	624				879		
1971	7669	2872		306		1301	740				1023		
1972	7427	2596		351		1736	996				1060		
1973	6563	90		814		1908	1156				1084		
1974	6073	121		791		1970	1129				1079		
1975	6825	127		921		2071	1204				1152		
1976	6832	164		873		2308	1252				1243		
1977	8092	400		1043		2337	1308				1281		

8-3　续　表 1

单位：万元

年 份	地方财政支出	基本建设支出	技术改造	支援农业	工交商事业	教科文卫	#教育事业	城市维护	社会保障补助支出	抚恤社救	行政管理	公检法司	政策补贴
1978	10332	1452		1266		2803	1605				1361		
1979	10928	1290		1398		3132	1749				1515		
1980	11202	627		1465		3505	2051				1820		
1981	10572	341		1126		3663	2088				1758		
1982	12681	312		1318		4282	2321				1950		
1983	13989	1229		666		5091	2683				2541		
1984	18742	2354		783		5581	2916				3599		
1985	22338	3274		632		6855	3744				2904		
1986	35161	7430		1311		8287	4266				3694		
1987	36428	4791		1302		8779	5043				3638		
1988	39672	5953		1296		10698	5980				3377		
1989	49665	8701		2041		11634	6577				3595		
1990	62151	10312		2424		13756	7472				5267		
1991	70092	10739		2909		14493	7613				6494		
1992	70181	12113		3542		16643	8924				8543		
1993	140335	65597		3460		20919	11791				11339		
1994	104576	18025		3462		26991	15260				14124		
1995	109770	18629		3517		28395	16147				16115		
1996	145990	10055	12525	4300	1547	32136	19306	14242		5871	19363	7967	1005
1997	165297	13900	12617	3925	1881	27060	21291	11870		3478	23381	9579	1016
1998	177821	25172	10585	3471	1649	34097	19726	11795		3783	18085	9814	504
1999	202951	21736	10150	4187	1414	40060	23047	12741	11813	3507	19480	11521	511
2000	216546	25597	9969	2143	1810	42016	24142	12079	23048	4190	20490	12157	527
2001	245235	36861	7005	3345	1776	48054	29196	13392	18417	4196	23172	13013	4309
2002	312753	46931	16431	2405	2089	54233	33640	16502	28089	7685	28241	16066	5477
2003	497066	64678	39130	13107	3553	71842	44462	19844	37093	13348	47879	25794	4671
2004	643749	73143	73729	32895	5136	86445	56233	28041	38177	13103	77743	32506	2356
2005	778564	87929	64551	43410	4681	107004	72366	49825	44614	17405	107591	34037	1335
2006	1057327	129145	72643	62871	3926	139395	96894	95095	80572	21885	110806	34964	5981

注：2003-2006年支援农业支出为农、林、水利、气象支出。

8-3 续 表 2

单位：万元

指　标	2007	2008	2009	2010	2011	2012	2013
公共财政预算支出	**1143996**	**1531681**	**1955634**	**2049617**	**2512724**	**2911038**	**3552582**
#一般公共服务	201266	221665	251449	242146	281211	326460	298080
公共安全	54797	72699	88236	101063	118322	130861	132082
教育	149685	184248	239935	281619	365274	403763	431563
科学技术	16705	20895	27231	29227	36556	38200	44914
文化体育与传媒	11860	16504	23594	25628	37401	45498	47073
社会保障和就业	207235	265359	357417	306442	337339	389005	453880
医疗卫生	37281	55737	75922	78962	103896	120209	149311
节能环保	25536	53466	50586	76050	63336	111849	78273
城乡社区事务	172279	253441	443583	451018	521101	565971	825031
农林水事务	83388	99458	129151	153203	214191	302194	300424
交通运输	18981	22010	44180	38752	57673	94474	90199
资源勘探电力信息等事务			114259	87786	94459	89222	160181
粮油物资储备管理事务			31699	4237	2790	5006	3894
住房保障支出				44711	135195	127765	398303
政府性基金支出	**201369**	**239393**	**314340**	**497045**	**622342**	**463693**	**872030**
财政总支出（原口径）	**1345365**	**1771074**	**2269974**	**2546662**	**3135066**	**3374731**	**4424612**

注：2012年以前公共财政预算支出为一般预算支出。

8-3　续　表 3

单位：万元

指　标	2014	2015	2016	2017
一般公共预算支出	**3546074**	**3932680**	**4143569**	**3303194**
一般公共服务支出	263855	263047	295908	264269
外交支出				
国防支出	3840	5155	4692	6284
公共安全支出	144959	155933	193252	167675
教育支出	425716	500593	534160	505189
科学技术支出	52740	53969	58364	39163
文化体育与传媒支出	64225	56241	60219	70127
社会保障和就业支出	583987	723089	732734	763336
医疗卫生与计划生育支出	165608	204241	237067	220935
节能环保支出	113497	168333	186051	165890
城乡社区支出	934972	865980	867225	240033
农林水支出	321671	294377	296016	243772
交通运输支出	94432	91700	132271	151420
资源勘探信息等支出	144832	154373	129012	59350
商业服务业等支出	53434	57185	59579	36927
金融支出	1061	1630	956	1601
援助其他地区支出				
国土海洋气象等支出	13518	75336	57802	36462
住房保障支出	89465	140286	184893	167946
粮油物资储备支出	5612	7468	6591	5687
预备费				
国债还本付息支出	19788			
其他支出	48862	75653	19960	11921
债务付息支出		37009	84140	144117
债务发行费用支出		1082	2677	1090
政府性基金支出	**662017**	**691550**	**1090449**	**434359**

注：2014、2015年一般公共预算支出称为公共财政预算支出。

8-4 1950-2013年财政收支总额及增长速度

年 份	财政总收入（万元）	财政总支出（万元）	增长速度（%）	
			财政总收入	财政总支出
1950	147	95		
1951	283	220	92.5	131.6
1952	374	338	32.2	53.6
1953	275	594	-26.5	75.7
1954	599	1400	117.8	135.7
1955	1033	1367	72.5	-2.4
1956	3496	4261	238.4	211.7
1957	3378	3387	-3.4	-20.5
1958	5622	8598	66.4	153.9
1959	7676	10707	36.5	24.5
1960	10110	13061	31.7	22.0
1961	5014	4798	-50.4	-63.3
1962	4651	2608	-7.2	-45.6
1963	5587	2629	20.1	0.8
1964	6605	2895	18.2	10.2
1965	6850	2866	3.7	-1.0
1966	7319	3849	6.8	34.3
1967	6392	2981	-12.7	-22.6
1968	6318	2393	-1.2	-19.7
1969	6331	3256	0.2	36.1
1970	9598	4636	51.6	42.4
1971	17552	7669	82.9	65.4
1972	11659	7427	-33.6	-3.2
1973	12700	6563	8.9	-11.6
1974	8710	6073	-31.4	-7.5
1975	8510	6825	-2.3	12.4
1976	8454	6832	-0.7	0.1
1977	10558	8092	24.9	18.4
1978	16091	10332	52.0	27.7
1979	15646	10928	-2.7	5.8
1980	14681	11202	-6.2	2.5
1981	14116	10572	-3.8	-5.6

8-4 续 表

年 份	财政总收入（万元）	财政总支出（万元）	增长速度（%）	
			财政总收入	财政总支出
1982	15145	12681	7.3	19.9
1983	13447	13989	-11.2	10.3
1984	16792	18742	24.9	34.0
1985	24228	22338	44.3	19.2
1986	35527	35161	46.6	57.4
1987	43271	36428	21.6	3.6
1988	53112	39672	22.9	8.9
1989	62205	49665	17.1	25.2
1990	75927	62151	22.1	25.1
1991	85721	70092	12.9	12.8
1992	92097	70181	7.4	0.1
1993	169862	140335	84.4	99.9
1994	188676	104576	11.1	-25.5
1995	199145	109770	5.5	5.0
1996	221228	145990	11.1	33.0
1997	243174	165297	9.9	13.2
1998	265538	177821	9.2	7.6
1999	272394	202951	2.6	14.1
2000	273236	216546	0.3	6.7
2001	283980	245235	3.9	13.2
2002	353386	312753	24.4	27.5
2003	502386	497066	42.2	58.9
2004	732737	643749	45.9	30.4
2005	1021695	778564	39.4	20.9
2006	1301171	1057327	27.4	35.8
2007	1630078	1345365	25.3	27.2
2008	2052008	1771074	25.9	31.6
2009	2442002	2269974	19.0	28.2
2010	2967788	2546662	21.5	12.2
2011	3559758	3135066	19.9	23.2
2012	3775825	3374731	6.1	7.6
2013	4316654	4424612	14.3	31.1

8-5　1951-2006年各项税收收入

单位：万元

年 份	税收总额	#地方税收	#工商税收	#增值税	#农业各税	#企 业所得税	税收总额占财政总收入比重（%）
1951	207	207	43				73.1
1952	254	254	48				67.9
1953	228	228	30				82.9
1954	457	457	222				76.3
1955	843	843	285				81.6
1956	2918	2918	2310				83.5
1957	2666	2666	1788				78.9
1958	3829	3829	3244				68.1
1959	5053	5053	4457				65.8
1960	6716	6716	6243				66.4
1961	4317	4317	4102				86.1
1962	4483	4483	4128				96.4
1963	5057	5057	4828				90.5
1964	5700	5700	5063				86.3
1965	5692	5692	4474				83.1
1966	6167	6167	4969				84.3
1967	6182	6182	4899				96.7
1968	5900	5900	4778				94.8
1969	5536	5536	4157				87.4
1970	7793	7793	6132				81.2
1971	9420	9420	8486				53.7
1972	9122	9122	8434				78.2
1973	10221	10221	9788				80.5
1974	9083	9083	8533				104.3
1975	9690	9690	9238				113.9
1976	10188	10188	9487				120.5
1977	13840	13840	10772				131.1

注：农业各税包括农业税、牧业税、耕地占用税、农业特产税和契税。2006年，农业各税不包括农业税、牧业税和农业特产税。

8-5 续 表

单位：万元

年 份	税收总额						税收总额占财政总收入比重（%）
		#地方税收	#营业税	#增值税	#农业各税	#企业所得税	
1978	13718	13718	13373				85.3
1979	12796	12796	12446				81.8
1980	12786	12786	12536				87.1
1981	12833	12833	12512				90.9
1982	15202	15202	14921				100.4
1983	16861	16861	16557				125.4
1984	15960	15960	19020				95.0
1985	31397	31397	29044				129.6
1986	38929	38929	35534				109.6
1987	49033	49033	43215				113.5
1988	58561	58561	52618				110.2
1989	69750	69750	63703				112.1
1990	79250	79250	72897				104.4
1991	83035	83035	78513				96.9
1992	92430	92430	88816				100.4
1993	170065	170065	166586				100.1
1994	184563	76917	72045	33499	1646	3382	97.8
1995	191065	82752	77170	32181	2207	3654	95.9
1996	206418	101610	17746	33205	4672	6164	93.3
1997	223171	118478	18724	33384	5014	7333	91.8
1998	249895	127209	21564	35570	4618	8278	94.1
1999	244856	137504	22438	34244	4850	11227	89.9
2000	253219	141777	25931	35873	5393	15556	92.7
2001	262515	146242	22157	37479	5789	21766	92.4
2002	306214	152897	32506	44407	8065	10890	86.7
2003	408552	203804	51358	59547	12777	8977	81.3
2004	584945	304595	85723	80180	23168	12937	79.8
2005	850592	440946	146427	115813	40095	22429	83.3
2006	974138	456986	130725	97141	47136	25794	74.9

注：1995年以前营业税为工商税收。

主要统计指标解释

公共财政预算收入　是指政府凭借国家政治权力，以社会管理者身份筹集以税收为主体的财政收入，主要用于保障和改善民生、维持国家行政职能正常运转、保障国家安全等方面。从2012年起各级政府一般预算收入改称为公共财政预算收入，在口径上与2011年以前的"一般预算收入"相同。公共财政预算收入包括税收收入和非税收收入，其中税收收入包括增值税、营业税、消费税、土地增值税、城市维护建设税、资源税、城市土地使用税、企业所得税、个人所得税、关税、证券交易印花税、车辆购置税、农牧业税和耕地占用税等。

非税收入　是指由各级人民政府及其所属部门和单位依法利用行政权力、政府信誉、国家资源、国有资产或提供特定公共服务征收、收取、提取、募集的除税收和政府债务收入以外的财政收入，包括行政事业性收费、政府性基金、国有资源有偿使用收入、国有资产有偿使用收入、国有资本经营收入、彩票公益金、罚没收入、以政府名义接受的捐赠收入、主管部门集中收入、政府财政资金产生的利息收入等十类。

财政收入统计口径　按照财政部、自治区财政厅要求，从2007年起，全市各级财政统一按剔除基金收入和基金支出后统计地方财政总收入和地方财政支出。

新统计口径：

地方财政总收入=公共财政预算收入+上划中央税收+上划自治区税收

地方财政支出=公共财政预算支出

原统计口径：

财政总收入=地方财政收入+上划中央收入+上划自治区收入

地方财政收入=公共财政预算收入+基金收入

财政总支出=公共财政预算支出+基金支出

财政支出　国家财政将筹集起来的资金进行分配使用，以满足经济建设和各项事业的需要，主要包括：

（1）基本建设支出：指按国家有关规定，属于基本建设范围内的基本建设有偿使用、拨款、资本金支出以及经国家批准对专项和政策性基建投资贷款，在部门的基建投资额中统筹支付的贴息支出。

（2）企业挖潜改造资金：指国家预算内拨给的用于企业挖潜、革新和改造方面的资金。包括各部门企业挖潜改造资金和企业挖潜改造贷款资金，为农业服务的县办"五小"企业技术改造补助，挖潜改造贷款贴息资金。

（3）地质勘探费用：指国家预算用于地质勘探单位的勘探工作费用，包括地质勘探管理机构及其事业单位经费、地质勘探经费。

（4）科技三项费用：指国家预算用于科技支出的费用，包括新产品试制费、中间试验费、重要科学研究补助费。

（5）支援农村生产支出：指国家财政支援农村集体(户)各项生产的支出。包括对农村举办的小型农田水利和打井、喷灌等的补助费，对农村水土保持措施的补助费，对农村举办的小水电站的补助费，特大抗旱的补助费，农村开荒补助费，扶持乡镇企业资金，支援农村合作生产组织资金、农村农技推广和植保补助费，农村草场和畜禽保护补助费，农村造林和林木保护补助费，农村水产补助费，发展粮食生产专项资金。

（6）农林水利气象等部门的事业费用：指国家财政用于农垦、农场、农业、畜牧、农机、林业、森工、水利、水产、气象、乡镇企业的技术推广、良种推广(示范)、动植物(畜禽、森 林)保护、水质监测、勘探设计、资源调查、干部训练等项费用，园艺特产场补助费，中等专业学校经费，飞播牧草试验补助费，营林机构、气象机构经费，渔政费以及农业管理事业费等。

（7）工业交通商业等部门的事业费：指国家预算支付给工交商各部门用于事业发展的经费， 包括勘探设计费、中等专业学校经费、技术学校经费、干部训练费。

（8）文教科学卫生事业费：指国家预算用于文化、出版、文物、教育、卫生、中医、公费医疗、体育、档案、地震、海洋、通讯、电影电视、计划生育、党政群干部训练、自然科学、社会科学、科协等项事业的人员和公用经费支出以及高技术研究专项经费。主要包括工资、补助工资、福利费、离退休费、助学金、公务费、设备购置费、修缮费、业务费、差额补助费。

（9）抚恤和社会福利救济费：指国家预算用于抚恤和社会福利救济事业的经费。包括由民政部门开支的烈士家属和牺牲病残人员家属的一次性、定期抚恤金，革命伤残人员的抚恤金，各种伤残 补助费，烈军属、复员退伍军人生活补助费，退伍军人安置费，优抚事业单位经费，烈士纪念建筑物管理、维修费，自然灾害救济事业费和特大自然灾害灾后重建补助费等。

（10）行政事业单位离退休支出：指实行归口管理的行政事业单位离退休经费。

（11）社会保障补助支出：指国家预算用于社会保障的补助支出，包括对社会保障基金的补助、促进就业补助、国有企业下岗职工补助、补充全国社会保障基金等。

（12）国防支出：指国家预算用于国防建设和保卫国家安全的支出，包括国防费、国防科研事业费、民兵建设以及专项工程支出等。

（13）行政管理费：包括行政管理支出，党派团体补助支出，外交支出、公安安全支出，司法 支出、法院支出，检察院支出和公检法办案费用补助。

（14）政策性补贴支出：指经国家批准，由国家财政拨给用于粮棉油等产品的价格补贴支出。主要包括粮、棉、油差价补贴，平抑物价和储备糖补贴，农业生产资料价差补贴，粮食风险基金，副食品风险基金，地方煤炭风险基金等。

（15）债务利息支出：指国家预算用于偿还国内外债务利息的支出。

中央财政收入和地方财政收入　指按现行分税制财政体制划分的中央本级收入和地方本级收入。1994年分税制财政体制以后，属于中央财政的收入包括关税、海关代征消费税和增值税，消费税，中央企业所得税，地方银行和外资银行及非银行金融企业所得税，铁道、银行总行、保险总公司等集中缴纳的营业税、所得税、利润和城市维护建设税，增值税的75%部分，证券交易税（印花税）50%部分和海洋石油资源税。属于地方财政的收入包括营业税，地方企业所得税，个人所得税，城镇土地使用税，固定资产投资方向调节税，城镇维护建设税，房产税，车船使用税，印花税、屠宰税，农牧业税，农业特产税，耕地占用税，契税，增值税25%部分，证券交易税（印花税）6%部分和除海洋石油资源税以外的其他资源税。

中央财政支出和地方财政支出　指根据政府在经济和社会活动中的不同职责，划分中央和地方政府的责权，按照政府的责权划分确定的支出。中央财政支出包括国防支出，武装警察部队支出，中央级行政管理费和各项事业费，重点建设支出以及中央政府调整国民经济结构、协调地区发展、实施宏观调控的支出。

地方财政支出主要包括地方行政管理和各项事业费，地方统筹的基本建设、技术改造支出，支援农村生产支出，城市维护和建设经费，价格补贴支出等。

9

PRICE INDICES

价格指数

9-1 历年各种价格总指数

上年=100

年　份	居民消费价格指数	商品零售价格指数
1953	105.5	105.1
1954	103.9	103.6
1955	101.9	101.9
1956	97.2	98.4
1957	103.3	103.8
1958	98.1	98.2
1959	100.2	100.5
1960	108.1	109.0
1961	105.5	106.2
1962	99.7	99.9
1963	100.9	101.4
1964	96.9	96.6
1965	98.2	98.1
1966	99.4	99.4
1967	100.9	101.1
1968	100.0	100.1
1969	100.0	100.0
1970	99.4	99.4
1971	99.7	99.7
1972	99.9	99.8
1973	100.4	100.4
1974	100.3	100.4
1975	100.0	100.0
1976	100.1	100.1
1977	99.7	99.6
1978	100.2	100.2
1979	101.8	101.8
1980	104.1	104.4
1981	101.7	101.2
1982	101.0	101.0
1983	100.8	100.7

9-1 续 表

上年=100

年 份	居民消费价格指数	商品零售价格指数
1984	102.1	102.0
1985	109.6	109.3
1986	105.1	104.7
1987	108.9	109.2
1988	117.7	117.4
1989	113.4	113.9
1990	102.8	102.8
1991	105.5	106.5
1992	108.8	108.9
1993	116.7	115.4
1994	125.1	118.2
1995	115.7	114.3
1996	108.0	106.4
1997	105.1	102.6
1998	99.6	98.1
1999	101.6	97.6
2000	102.6	99.0
2001	100.0	100.2
2002	99.5	99.3
2003	101.4	98.9
2004	103.0	102.3
2005	101.7	101.8
2006	101.5	101.4
2007	103.7	102.6
2008	104.9	105.0
2009	99.8	98.9
2010	102.8	102.2
2011	105.2	104.5
2012	103.1	102.1
2013	102.8	101.8
2014	101.8	100.2
2015	100.9	100.7
2016	100.7	100.1
2017	101.6	101.6

9-2　1978-2017年各种价格总指数

1978年=100

年　份	居民消费价格指数	商品零售价格指数
1978	100.0	100.0
1979	101.8	101.8
1980	106.0	106.2
1981	107.7	107.4
1982	108.8	108.5
1983	109.7	109.3
1984	112.0	111.4
1985	122.7	121.8
1986	129.0	127.5
1987	140.5	138.3
1988	165.3	163.5
1989	187.5	186.2
1990	192.7	191.4
1991	203.3	203.9
1992	221.2	222.0
1993	258.2	256.2
1994	323.0	302.8
1995	373.7	346.1
1996	403.5	368.3
1997	424.1	377.8
1998	422.4	370.6
1999	429.2	361.7
2000	440.3	358.1
2001	440.3	358.8
2002	438.1	356.3
2003	444.3	352.4
2004	457.6	360.5
2005	465.4	367.0
2006	472.4	372.2
2007	489.8	381.8
2008	513.8	400.9
2009	512.8	396.5
2010	527.2	405.2
2011	554.6	423.5
2012	571.8	432.6
2013	587.8	440.4
2014	598.4	441.3
2015	603.8	444.1
2016	608.0	444.5
2017	617.7	451.6

9-3　2016-2017年居民消费价格分类指数

上年=100

指　标	2016	2017	指　标	2016	2017
居民消费价格总指数	**100.7**	**101.6**	酒类	94.9	101.7
非食品价格指数	100.4	102.3	在外餐饮	100.7	100.6
服务价格指数	100.0	102.0	**衣着**	**101.1**	**100.3**
扣除鲜菜鲜果价格指数	100.5	101.6	服装	101.3	100.6
消费品价格指数	101.2	101.4	男式服装	100.5	100.5
食品烟酒	**101.6**	**100.0**	女式服装	102.2	100.8
食品	102.2	99.8	儿童服装	100.1	99.8
粮食	100.8	101.6	服装材料	100.8	100.5
薯类	116.4	94.0	其他衣着及配件	99.4	102.9
豆类	100.6	98.2	袜子	100.0	105.3
食用油	105.3	98.9	帽子	98.9	100.9
菜	116.3	93.5	其他衣着配件	99.4	101.4
#鲜菜	117.3	93.0	衣着加工服务费	101.3	98.7
畜肉类	104.9	96.4	衣着洗涤保养	105.3	102.2
#猪肉	118.5	85.5	衣着加工	100.3	97.8
牛肉	96.8	104.3	鞋类	101.0	98.8
羊肉	94.9	106.0	鞋	99.7	98.3
禽肉类	99.7	98.7	男鞋	99.7	96.5
鸡	98.1	97.6	女鞋	99.5	99.9
鸭	108.2	103.8	童鞋	100.4	99.7
其他禽肉及制品	100.1	99.2	鞋类加工服务	107.3	101.2
水产品	102.0	103.4	**居住**	**100.8**	**100.6**
淡水鱼	100.8	103.7	租赁房房租	97.9	104.0
海水鱼	105.3	101.9	公房房租	100.0	100.0
虾蟹类	100.9	104.4	私房房租	97.8	104.2
其他水产品及制品	101.3	103.6	住房保养维修及管理	100.0	100.5
蛋类	93.5	96.8	住房装潢材料	99.9	100.8
奶类	100.2	100.3	物业管理费	100.0	100.0
干鲜瓜果类	95.4	109.6	住房装潢维修	100.0	100.0
#鲜瓜果	93.7	112.7	水电燃料	103.9	100.1
糖果糕点类	99.8	102.4	水	109.1	100.0
调味品	100.6	101.3	电	100.0	100.0
其他食品类	93.8	100.2	燃气	100.0	99.9
茶及饮料	99.0	100.6	管道燃气	100.0	100.0
#茶叶	100.0	100.1	液化石油气	100.0	99.9
果汁饮料	98.7	98.8	取暖费	100.0	100.0
烟酒	99.2	100.2	其他燃料	105.8	101.1
烟草	103.1	99.0	自有住房	100.0	100.6

9-3 续 表

上年=100

指 标	2016	2017	指 标	2016	2017
生活用品及服务	**99.2**	**99.8**	通信工具	97.5	101.5
家具及室内装饰品	99.8	100.2	通信服务	100.0	100.1
家具	99.7	100.3	邮递服务	100.0	100.0
室内装饰品	100.5	99.2	**教育文化和娱乐**	**99.2**	**102.2**
家用器具	97.5	97.7	教育	100.4	101.8
大型家用器具	97.5	97.5	教育用品	100.3	100.0
小家电	97.1	98.7	教育服务	100.4	101.8
家用纺织品	97.5	99.9	文化娱乐	97.5	102.7
床上用品	97.2	99.9	文娱耐用消费品	98.8	98.6
窗帘门帘	100.0	100.0	其他文娱用品	100.0	100.5
其他家用纺织品	98.2	100.0	文化娱乐服务	100.1	100.0
家庭日用杂品	99.8	100.1	旅游	95.1	106.6
洗涤卫生用品	99.8	100.1	旅行社收费	107.1	109.8
厨具餐具茶具	101.2	100.5	其他旅游	76.9	100.0
家用手工工具	100.7	101.7	**医疗保健**	**103.0**	**110.3**
其他家庭日用杂品	98.9	99.5	药品及医疗器具	105.7	114.6
个人护理用品	99.5	100.1	中药	106.1	115.1
化妆品	99.8	100.1	西药	109.4	121.4
其他护理用品类	99.1	100.1	滋补保健品	102.9	106.6
家庭服务	105.8	105.9	医疗卫生器具	99.1	110.9
家政服务	105.2	96.9	保健器具	99.3	96.5
家庭维修服务	106.1	109.7	医疗服务	100.6	106.2
交通和通信	**98.6**	**101.4**	综合医疗类	101.5	116.7
交通	98.3	101.8	诊断类	100.0	100.5
交通工具	97.7	98.7	治疗类	100.5	105.5
交通工具用燃料	96.1	110.2	康复类	100.0	100.0
汽油	95.4	110.9	中医医疗服务类	100.0	100.0
柴油	95.1	113.8	其他医疗服务	100.0	100.0
其他车用能源	106.2	100.0	**其他用品和服务**	**101.3**	**101.5**
交通工具使用和维修	102.3	100.1	其他用品类	102.5	101.7
交通费	100.2	101.1	首饰手表	103.4	102.3
市内公共交通	100.0	100.0	其他杂项用品	99.7	100.0
出租汽车	102.7	100.0	其他服务类	100.5	101.4
飞机票	99.1	104.6	旅馆住宿	98.3	95.8
火车票	100.0	100.0	美容美发洗浴	103.3	108.6
长途汽车	100.0	100.0	养老服务	100.0	100.0
其他交通费	100.0	100.0	金融保险	100.0	100.0
通信	99.3	100.5	其他服务类	100.0	100.0

9-4 2016-2017年商品零售价格分类指数

上年=100

指 标	2016	2017	指 标	2016	2017
商品零售价格总指数	**100.1**	**101.6**	其他衣着配件	99.4	101.4
食品	**102.7**	**99.5**	**纺织品**	**97.6**	**100.0**
粮食	100.8	101.6	服装材料	100.8	100.5
薯类	116.4	94.0	床上用品	97.2	99.9
豆类	100.6	98.2	**家用电器及音像器材**	**97.0**	**98.0**
食用油	105.3	98.9	家庭设备	97.6	97.7
菜	116.3	93.5	文娱用耐用消费品	97.9	98.1
#鲜菜	117.3	93.0	专业音像器材	91.4	99.2
畜肉类	104.9	96.4	**文化办公用品**	**100.3**	**100.8**
#猪肉	118.5	85.5	**日用品**	**99.9**	**99.7**
牛肉	96.8	104.3	日用百货	98.8	99.6
羊肉	94.9	106.0	厨具餐具茶具	101.2	100.5
禽肉类	99.7	98.7	清洗用品	101.0	100.2
#鸡	98.1	97.6	其他日用品	99.8	99.3
鸭	108.2	103.8	**体育娱乐用品**	**99.5**	**99.4**
水产品	102.0	103.4	体育户外用品	97.7	95.3
#淡水鱼	100.8	103.7	娱乐用品	99.7	99.9
海水鱼	105.3	101.9	**交通、通信用品**	**97.8**	**99.3**
蛋类	93.5	96.8	交通运输机械	97.9	98.8
奶类	100.2	100.3	通信器材	97.5	101.4
干鲜瓜果类	95.4	109.6	**家具**	**99.7**	**99.8**
#鲜瓜果	93.7	112.7	**化妆品**	**100.2**	**100.4**
糖果糕点类	99.7	102.3	**金银饰品**	**104.4**	**102.9**
调味品	101.2	101.1	**中西药品及医疗保健用品**	**106.3**	**115.1**
其他食品类	96.8	100.8	医疗卫生器具	99.1	110.9
在外餐饮	100.7	100.6	中药	106.1	115.1
饮料、烟酒	**100.0**	**100.0**	西药	109.4	121.4
茶及饮料	98.7	100.5	保健器具及用品	102.1	104.2
烟草	103.1	99.0	**书报杂志及电子出版物**	**99.6**	**100.6**
酒类	94.9	101.7	教材及参考书	100.3	100.0
服装、鞋帽	**100.8**	**100.2**	书报杂志	100.2	101.8
服装	101.3	100.6	计算机办公软件	97.5	100.0
男士服装	100.6	100.5	**燃料**	**96.7**	**110.3**
女士服装	102.2	100.8	煤炭及制品	98.5	111.7
儿童服装	100.1	99.8	石油及制品	96.0	109.8
鞋帽袜	99.6	99.2	**建筑材料及五金电料**	**99.7**	**100.7**
鞋	99.7	98.3	建筑装璜材料	99.9	100.8
袜子	100.0	105.3	五金水暖	99.2	100.5
帽子	98.9	100.9	五金水暖	99.2	100.5

9-5 2012-2015年居民消费价格分类指数

上年=100

指 标	2012	2013	2014	2015
居民消费价格总指数	**103.1**	**102.8**	**101.8**	**100.9**
非食品价格指数	102.7	101.5	100.9	101.2
服务项目价格指数	104.5	103.7	102.8	100.5
扣除鲜菜鲜果总指数	103.0	102.5	101.6	100.9
消费品价格指数	102.7	102.5	101.4	101.0
食品	**104.0**	**105.8**	**103.8**	**100.1**
粮食	103.1	106.2	107.1	101.7
淀粉及制品	87.5	93.2	98.0	98.9
干豆类及豆制品	101.2	107.2	103.0	105.7
油脂	104.8	103.1	99.8	99.1
肉禽及其制品	105.4	108.0	98.9	100.4
食用畜肉及副产品	104.8	110.2	98.4	99.4
禽	100.4	98.4	99.4	102.1
加工肉禽	111.5	103.3	100.8	104.4
蛋	97.3	101.9	110.1	87.1
水产品	110.7	106.8	104.7	100.1
鱼	106.9	102.1	98.7	97.9
其他水产品	115.2	112.1	110.8	102.2
菜	108.9	109.6	98.2	101.8
#鲜菜	110.7	109.9	97.5	102.0
调味品	102.1	106.8	99.8	101.3
糖	103.0	98.9	100.7	97.8
茶及饮料	101.4	103.0	99.3	98.0
茶叶	100.0	100.0	100.0	100.0
饮料	102.2	104.6	99.0	96.9
干鲜瓜果	104.5	108.1	113.7	100.4
#鲜果	101.1	109.6	116.4	99.7
糕点饼干面包	105.5	100.9	100.5	99.6
液体乳及乳制品	101.9	110.7	122.6	101.0
在外用膳食品	103.1	103.0	100.8	100.5

9-5 续 表 1

上年=100

指 标	2012	2013	2014	2015
其他食品	102.8	102.8	98.4	99.5
烟酒及用品	**104.8**	**102.2**	**101.1**	**102.5**
烟草	100.9	101.8	101.8	105.0
酒	110.0	102.8	101.1	99.4
衣着	**101.4**	**101.8**	**101.2**	**104.9**
服装	101.0	102.1	99.2	104.5
男式服装	100.0	102.5	96.7	107.8
女式服装	102.8	102.5	100.9	102.8
儿童服装	98.6	99.9	99.9	102.0
衣着材料	110.2	109.8	104.3	101.4
鞋袜帽	101.7	100.2	106.9	106.7
鞋	102.1	100.1	108.5	107.9
袜子	99.8	99.9	100.0	100.0
帽子	100.0	101.6	98.6	102.3
衣着加工服务费	104.8	103.6	108.6	99.6
家庭设备用品及维修服务	**103.8**	**100.5**	**100.2**	**101.5**
耐用消费品	104.4	99.8	99.7	101.8
家具	102.9	102.8	101.5	104.6
家庭设备	105.7	97.2	98.2	99.3
室内装饰品	102.2	100.7	100.0	100.0
床上用品	100.4	100.2	97.7	98.2
家庭日用杂品	101.7	100.6	100.9	101.1
家庭服务及加工维修服务	117.4	109.0	107.4	106.5
医疗保健和个人用品	**103.8**	**102.9**	**102.9**	**100.7**
医疗保健	103.7	103.1	101.2	100.7
医疗器具及用品	97.1	103.3	100.6	100.0
中药材及中成药	108.6	104.0	102.0	101.9
西药	103.8	105.1	101.8	100.4
保健器具及用品	101.0	100.8	100.2	99.9
医疗保健服务	100.1	100.1	100.0	100.0

9-5 续 表2

上年=100

指　　标	2012	2013	2014	2015
个人用品及服务	103.9	102.4	100.9	100.8
化妆美容用品	101.2	100.3	99.5	100.1
清洁化妆用品	102.6	101.3	99.1	100.4
个人饰品	99.4	96.5	95.5	99.1
个人服务	114.6	112.7	109.0	103.2
交通和通信	**100.6**	**97.3**	**98.6**	**99.2**
交通	101.0	96.8	99.4	98.1
交通工具	99.6	94.2	98.9	100.8
车用燃料及零配件	103.7	98.6	97.6	83.7
车辆使用及维修费	101.1	101.5	102.4	100.9
市区公共交通费	109.0	100.9	100.7	100.9
城市间交通费	100.1	100.1	100.0	100.0
通信	99.2	99.0	96.3	102.6
通信工具	99.4	96.5	84.0	110.9
通信服务	99.1	99.8	100.0	100.5
娱乐教育文化用品及服务	**101.8**	**100.9**	**100.8**	**100.2**
文娱用耐用消费品及服务	95.9	95.2	96.7	100.2
教育	100.4	101.2	100.5	100.4
教材及参考书	100.0	100.0	99.9	99.6
教育服务	100.4	101.3	100.5	100.4
文化娱乐类	103.0	101.8	100.0	100.5
文化娱乐用品	102.6	96.9	98.9	99.7
书报杂志	101.6	100.1	100.0	100.0
文娱费	103.7	105.2	100.6	101.1
旅游	109.3	103.0	105.5	99.2
居住	**104.4**	**103.7**	**102.1**	**100.3**
建房及装修材料	101.1	100.2	99.0	100.2
住房租金	101.2	101.4	101.7	98.6
自有住房	107.9	106.7	104.8	100.5
水、电、燃料	100.7	100.5	98.9	99.9

9-6 2012-2015年商品零售价格分类指数

上年=100

指　标	2012	2013	2014	2015
商品零售价格总指数	**102.1**	**101.8**	**100.2**	**100.7**
食品	**103.9**	**105.8**	**103.8**	**100.1**
粮食	103.1	106.2	107.1	101.7
淀粉及制品	87.5	93.2	98.0	98.9
干豆类及豆制品	101.2	107.2	103.0	105.7
油脂	104.8	103.1	99.8	99.1
肉禽及其制品	105.4	108.0	98.9	100.4
食用畜肉及副产品	104.8	110.2	98.4	99.4
禽	100.4	98.4	99.4	102.1
肉禽加工制品	111.5	103.3	100.8	104.4
蛋	97.3	101.9	110.1	87.1
水产品	110.7	106.8	104.7	100.1
鱼	106.9	102.1	98.7	97.9
其他水产品	115.2	112.1	110.8	102.2
菜	108.9	109.6	98.2	101.8
鲜菜	110.7	109.9	97.5	102.0
调味品	102.1	106.8	99.8	101.3
糖	103.0	98.9	100.7	97.8
干鲜瓜果	104.5	108.1	113.7	100.4
糕点饼干面包	105.5	100.9	100.5	99.6
液体乳及乳制品	101.9	110.7	122.6	101.0
在外用膳食品	103.1	103.0	100.8	100.5
其他食品	102.8	102.8	98.4	99.5
饮料、烟酒	**104.2**	**102.4**	**100.6**	**101.7**
茶及饮料	101.4	103.0	99.3	98.0
茶叶	100.0	100.0	100.0	100.0
饮料	102.2	104.6	99.0	96.9
烟草	100.9	101.8	101.0	105.0
酒	112.6	103.0	101.0	99.2
服装、鞋帽	**101.1**	**101.6**	**101.0**	**104.9**
服装	101.0	102.1	99.2	104.5
男式服装	100.0	102.5	96.7	107.8
女式服装	102.8	102.5	100.9	102.8
儿童服装	98.6	99.9	99.9	102.0
鞋袜帽	101.7	100.2	106.9	106.7
鞋	102.1	100.1	108.5	107.9
袜子	99.8	99.9	100.0	100.0
帽子	100.0	101.6	98.6	102.3

9-6 续 表

上年=100

指 标	2012	2013	2014	2015
其他	96.7	99.5	100.0	100.0
纺织品	**102.4**	**102.5**	**97.6**	**98.5**
衣着材料	110.8	111.5	105.5	101.9
床上用品	100.3	99.9	95.2	97.3
家用电器及音像器材	**100.1**	**96.6**	**97.2**	**99.4**
家庭设备	102.4	97.2	98.4	100.1
文娱用耐用消费品	96.4	95.3	94.8	98.1
音像器材	100.0	100.0	100.0	100.0
文化办公用品	**97.8**	**97.8**	**99.6**	**101.2**
日用品	**102.2**	**101.3**	**99.8**	**102.8**
日用百货	102.7	100.5	99.6	109.6
日用杂品	96.5	100.1	100.8	101.1
洗涤用品	104.6	102.7	99.8	99.9
其他日用品	100.6	100.2	99.5	99.9
体育娱乐用品	**99.4**	**100.0**	**100.0**	**100.0**
体育用品	96.6	99.4	99.9	100.0
娱乐用品	102.1	100.5	100.0	100.0
交通、通信用品	**99.7**	**97.6**	**94.6**	**102.5**
交通运输机械	99.8	97.6	98.1	100.1
通信器材	99.6	97.5	88.3	107.3
家具	**104.2**	**103.1**	**102.1**	**104.5**
化妆品	**102.1**	**100.5**	**98.5**	**100.3**
金银珠宝	**97.4**	**90.3**	**88.4**	**98.3**
中西药品及医疗保健用品	**104.0**	**103.7**	**101.4**	**100.5**
医疗器具及用品	97.1	103.3	100.6	100.0
中药材及中成药	108.6	104.0	102.0	101.9
西药	103.2	105.1	101.7	99.9
保健品及器具	101.0	100.8	100.2	99.9
书报杂志及电子出版物	**100.8**	**100.1**	**99.9**	**99.4**
教材及参考书	100.0	100.0	99.7	99.1
书报杂志	101.6	100.1	100.0	100.0
电子音像制品	100.6	100.1	100.2	98.7
燃料	**103.7**	**100.5**	**95.9**	**94.1**
煤炭及制品	102.4	87.0	83.5	91.1
石油及制品	104.0	103.9	98.6	94.6
建筑材料及五金电料	**100.8**	**100.0**	**99.7**	**99.9**
建筑装璜材料	100.9	99.9	99.4	99.8
五金电料	100.5	100.3	101.0	100.0

9-7 工业生产者出厂价格指数

上年=100

指 标	2014	2015	2016	2017
总指数	**97.3**	**94.0**	**98.9**	**110.6**
核心指数	96.7	92.8	100.2	114.2
高技术	101.6	100.4	99.8	99.3
能源	96.1	93.7	97.3	110.6
按轻重工业分				
轻工业	101.6	98.4	100.1	100.8
以农产品为原料	101.6	98.3	100.0	100.8
以非农产品为原料	100.5	99.4	101.1	100.6
重工业	96.3	92.9	98.6	113.2
采掘	94.8	90.0	97.3	116.0
原料	97.1	95.0	98.8	110.4
加工	96.5	93.0	99.7	114.0
按生产生活资料分				
生产资料	96.3	93.0	98.6	112.9
采掘	94.8	90.0	97.3	116.0
原料	97.1	94.9	98.8	110.7
加工	96.7	93.3	99.5	112.8
生活资料	102.1	98.8	100.3	100.9
食品	102.6	98.8	98.6	99.6
衣着	100.1	97.5	111.0	110.5
一般日用品	100.5	100.0	100.9	100.2
耐用消费品	99.1	99.4	99.8	99.9
按初级中间最终产品分				
初级产品	94.8	90.0	97.3	116.3
矿产品	94.8	90.0	97.3	116.3
废料	98.9	100.0		
中间产品	97.8	94.9	99.5	109.5

9-7 续 表 1

上年=100

指 标	2014	2015	2016	2017
最终产品	100.2	98.4	98.2	101.1
最终投资品	98.2	97.1	98.4	103.3
最终消费品	101.0	99.0	98.2	100.2
按工业部门分				
冶金工业	95.6	88.4	98.9	121.4
电力工业	98.7	98.9	95.6	98.8
煤炭及炼焦工业	92.7	91.0	99.5	120.0
石油工业	102.7	87.8	93.2	108.9
化学工业	96.6	98.4	104.0	110.2
机械工业	100.1	99.1	97.1	99.7
建筑材料工业	97.0	96.4	100.1	102.9
森林工业	98.3	98.1	97.2	102.0
食品工业	102.2	98.7	98.5	99.5
纺织工业	99.3	95.7	97.8	97.9
缝纫工业	100.1	97.4	111.4	110.9
皮革工业	100.0	99.2	99.5	99.9
造纸工业	99.8	98.6	100.8	108.4
文教艺术用品工业	100.8	100.2	100.5	103.8
其它工业	98.5	98.6	99.6	115.4
按工业行业大类分				
煤炭开采和洗选业	93.5	91.9	99.1	119.0
石油和天然气开采业	94.1	56.2	88.2	107.9
黑色金属矿采选业	94.9	80.0	93.1	116.3
有色金属矿采选业	97.6	93.0	96.2	118.7
非金属矿采选业	101.2	100.4	98.3	100.3
农副食品加工业	100.1	97.6	97.5	98.6
食品制造业	105.0	99.7	99.2	100.6
酒、饮料和精制茶制造业	100.6	100.0	101.6	98.9
烟草制品业	99.5	100.0	100.0	100.0

9-7 续 表2

上年=100

指 标	2014	2015	2016	2017
纺织业	99.7	96.3	106.9	107.2
纺织服装、服饰业	100.2	99.9	100.3	96.1
皮革、毛皮、羽毛及其制品和制鞋业	100.5	96.6	99.5	99.9
木材加工和木、竹、藤、棕、草制品业	98.2	97.9	96.9	102.6
家具制造业	98.9	99.3	100.3	95.4
造纸和纸制品业	99.8	98.6	100.8	108.4
印刷和记录媒介复制业	100.8	100.2	100.5	103.8
文教、工美、体育和娱乐用品制造业	100.1	100.0		
石油加工、炼焦和核燃料加工业	88.9	77.5	98.9	123.0
化学原料和化学制品制造业	94.6	97.8	105.5	113.6
医药制造业	102.6	100.6	99.6	100.0
橡胶和塑料制品业	99.9	100.0	99.1	110.0
非金属矿物制品业	96.3	96.2	100.4	105.5
黑色金属冶炼和压延加工业	95.4	87.1	103.2	126.7
有色金属冶炼和压延加工业	95.3	90.8	95.4	117.0
金属制品业	98.9	99.0	99.7	94.7
通用设备制造业	97.3	98.6	97.9	100.1
专用设备制造业	100.2	100.0	98.0	101.3
汽车制造业	103.5	98.4	95.7	100.0
铁路、船舶、航空航天和其他运输设备制造业	99.7	98.4	100.3	100.3
电气机械和器材制造业	98.5	99.3	97.8	99.2
计算机、通信和其他电子设备制造业	100.0	100.0	98.9	96.6
仪器仪表制造业	100.0	100.0	100.0	
其他制造业	102.5	97.0		
废弃资源综合利用业	98.9	100.0		
金属制品、机械和设备修理业	100.7		100.0	99.8
电力、热力生产和供应业	98.7	98.9	95.6	98.8
燃气生产和供应业	107.8	101.5	95.5	104.9
水的生产和供应业	100.2	100.7	109.1	100.1

9-8　工业生产者购进价格指数

上年=100

指　标	2014	2015	2016	2017
总指数	**98.4**	**95.9**	**97.4**	**106.3**
按初级中间最终产品分				
初级产品	98.6	96.2	97.3	108.2
农产品	101.4	99.4	97.8	100.3
矿产品	96.7	94.1	96.8	113.8
废料	99.8	97.1	104.3	105.2
中间产品	98.3	95.8	97.5	105.3
九大类原材料购进价格指数				
燃料、动力类	97.4	95.8	99.6	111.1
黑色金属材料类	98.1	94.9	91.5	105.2
钢材	97.7	94.4	94.6	105.6
其它	98.6	95.4	86.7	104.5
有色金属材料及电线类	97.2	96.0	96.1	114.4
化工原料类	98.7	98.0	101.9	109.1
木材及纸浆类	100.3	100.0	100.1	101.6
建筑材料及非金属类	98.6	98.3	96.8	109.3
其它工业原材料及半成品类	98.1	93.5	98.1	100.5
农副产品类	101.4	99.3	97.1	100.1
纺织原料类	100.6	97.3	96.8	102.6
按行业大类分				
农业	101.2	99.9	96.4	99.6
林业	100.8	100.6	109.2	104.0
畜牧业	101.8	98.4	98.3	100.9
渔业				
农、林、牧、渔服务业	98.7	94.5	97.6	100.0
煤炭开采和洗选业	95.4	94.8	100.5	117.6
石油和天然气开采业	96.7	68.4	84.0	121.1
黑色金属矿采选业	97.7	89.2	86.2	102.9

9-8 续 表

上年=100

指 标	2014	2015	2016	2017
有色金属矿采选业	98.4	93.7	95.9	117.7
非金属矿采选业	100.0	100.5	99.3	103.8
农副食品加工业	98.4	94.7	98.0	101.0
食品制造业	95.1	84.5	95.1	98.7
饮料制造业	99.8	100.0	100.8	100.8
烟草制品业	100.0	100.0	100.2	100.0
纺织业	100.6	97.3	96.8	102.6
皮革、毛皮、羽毛(绒)及其制品业	100.0	100.0		
木材加工及木、竹、藤、棕、草制品业	100.1	99.6	95.3	100.0
造纸及纸制品业	99.9	99.6	99.1	101.3
印刷业和记录媒介的复制			102.0	117.6
石油加工、炼焦及核燃料加工业	98.3	91.0	98.8	122.4
化学原料及化学制品制造业	98.7	98.1	101.5	109.3
医药制造业	99.1	108.3	102.5	99.7
化学纤维制造业	100.0	100.0		
橡胶制品业	100.0	100.0	104.3	107.7
塑料制品业	99.0	97.5	104.3	107.7
非金属矿物制品业	97.2	96.0	93.9	115.7
黑色金属冶炼及压延加工业	98.2	95.9	93.7	106.1
有色金属冶炼及压延加工业	96.9	96.5	96.2	113.5
金属制品业	100.0	99.7	123.4	123.2
通用设备制造业	100.0	100.0		
交通运输设备制造业	99.9	100.0	100.2	103.9
电气机械及器材制造业	100.0	100.0	100.2	107.9
通信设备、计算机及其他电子设备制造业	100.0	102.6		
废弃资源和废旧材料回收加工业	99.8	97.1	104.3	105.2
电力、热力的生产和供应业	99.8	100.0	99.5	101.2
燃气生产和供应业	99.7	100.4	102.1	100.5
水的生产和供应业	99.9	99.7	100.6	101.9

9-9 房屋销售价格指数（2017年）

指　标	新建住宅	#新建商品住宅	二手住宅
环比价格指数（以上月价格为100）			
1月	100.2	100.2	100.4
2月	100.1	100.1	99.7
3月	100.3	100.3	101.0
4月	100.6	100.6	100.5
5月	100.5	100.5	100.2
6月	100.2	100.3	100.4
7月	100.4	100.4	100.1
8月	100.6	100.6	100.4
9月	100.3	100.4	100.3
10月	100.3	100.3	99.8
11月	100.9	100.9	100.5
12月	101.0	101.1	100.6
同比价格指数（以上年同月价格为100）			
1月	100.2	100.2	98.8
2月	100.6	100.6	99.1
3月	100.7	100.7	100.4
4月	101.0	101.0	101.2
5月	101.5	101.5	101.9
6月	102.0	102.0	102.3
7月	102.8	102.8	102.6
8月	103.3	103.4	103.3
9月	103.3	103.4	104.2
10月	103.8	103.9	103.7
11月	104.3	104.4	104.1
12月	105.5	105.7	104.0
定基价格指数（以2010年价格为100）			
1月	99.0	98.9	97.7
2月	99.1	99.0	97.4
3月	99.3	99.3	98.4
4月	99.9	99.9	98.9
5月	100.4	100.4	99.1
6月	100.7	100.7	99.5
7月	101.0	101.1	99.6
8月	101.6	101.7	100.0
9月	102.0	102.0	100.2
10月	102.3	102.4	100.1
11月	103.2	103.3	100.6
12月	104.3	104.4	101.2

主要统计指标解释

商品零售价格指数　是反映一定时期内城乡商品零售价格变动趋势和程度的相对数。零售物价的调整变动直接影响到城乡居民的生活支出和国家的财政收入，影响居民购买力和市场供需平衡，影响消费与积累的比例。因此，计算零售价格指数，可以从一个侧面对上述经济活动进行观察和分析。

居民消费价格指数（CPI）　是反映一定时期内城乡居民所购买的生活消费品价格和服务项目价格变动趋势和程度的相对数，是对城市居民消费价格指数和农村居民消费价格指数进行综合汇总计算的结果。利用居民消费价格指数，可以观察和分析消费品的零售价格和服务价格变动对城乡居民实际生活费支出的影响程度。

新的CPI采用链式拉氏公式计算，包括城市和农村指数，这些指数分别是在城市和农村基础数据的基础上进行汇总的，权数来源于城市和农村住户调查。目前，我国用于计算CPI的商品和服务项目共计八大类（包括食品、烟酒、衣着、家庭设备用品及维修服务、医疗保健和个人用品、交通和通信、娱乐教育文化用品及服务、居住）、262个基本分类，涵盖了城乡居民的全部消费内容，每个基本分类下又设置一定数量的代表规格品作为经常性调查项目。

生产者价格指数　是用当月国内市场的工业品价格与上年同月价格相比来衡量月度的价格变动。除了武器弹药生产、放射性矿石的采挖及为自己使用的产品外，生产者价格指数覆盖了所有生产部门。

工业生产是社会再生产的重要组成部分。在我国，工业部门是国民经济中所占比重较高的生产部门，其发展速度、规模、效益以及生产结构的调整直接影响着国民经济的发展。工业生产者价格包括工业企业产品第一次出售时的出厂价格和企业作为中间投入的原材料、燃料、动力购进价格（下简称工业生产者购进价格）。工业生产者价格调查的目的在于及时、准确、科学地反映各工业行业产品价格水平及其变动趋势和幅度，为国民经济核算、计算工业发展速度、宏观经济分析和调控、理顺价格体系等提供科学、准确的依据。工业生产者价格调查采用重点调查与典型调查相结合的调查方法。重点调查将全部年主营业务收入2000万元以上的企业列为调查对象，采用主观选样的方法选择调查企业；典型调查是把年主营业务收入2000万元以下的企业作为抽样对象，采用随机抽样的调查方法。

工业生产者出厂价格指数　是反映一定时期内全部工业产品出厂价格总水平的变动趋势和程度的相对数，包括工业企业售给本企业以外所有单位的各种产品和直接售给居民用于生活消费的产品。该指数可以观察出厂价格变动对工业总产值及增加值的影响。

工业生产者购进价格指数　是反映工业企业作为生产投入，而从物资交易市场和能源、原材料生产企业购买原材料、燃料和动力产品时，所支付的价格水平变动趋势和程度的统计指标，是扣除工业企业物质消耗成本中的价格变动影响的重要依据。

目前，我国编制的原材料、燃料和动力购进价格指数所调查的产品包括燃料动力、黑色金属、有色金属、化工、建材等九大类的近1800种产品。

10

PEOPLE'S LIVING CONDITIONS

人民生活

10-1　全体居民主要收支情况

单位：元/人

指　标	2016	2017	2017年比2016年增加	
			绝对额	%
可支配收入	**35759**	**38749**	**2990**	**8.4**
工资性收入	19489	20924	1435	7.4
经营净收入	4720	5176	456	9.7
第一产业净收入	729	776	47	6.4
#农业净收入	576	585	9	1.6
牧业净收入	145	191	46	31.7
第二产业净收入	824	831	7	0.8
第三产业净收入	3167	3569	402	12.7
财产净收入	3290	3525	235	7.1
转移净收入	8260	9124	864	10.5
消费性支出	**25485**	**26502**	**1017**	**4.0**
食品	7759	7788	29	0.4
衣着	3158	3221	63	2.0
居住	4057	4342	285	7.0
生活用品及服务	2296	2390	94	4.1
交通通讯	2299	2475	176	7.7
交通	1599	1703	104	6.5
通信	700	772	72	10.3
教育文化娱乐	2713	2995	282	10.4
教育	928	1000	72	7.8
文化娱乐	1785	1995	210	11.8
医疗保健	2405	2447	42	1.7
其它商品和服务	798	844	46	5.8
恩格尔系数（%）	**30.45**	**29.39**	**-1.06**	

注：本表数据为城乡住户一体化调查数据（新口径数据）。

10-2　城镇常住居民主要收支情况

单位：元/人

指　　标	2016	2017	2017年比2016年增加	
			绝对额	%
可支配收入	**40955**	**44231**	**3276**	**8.0**
工资性收入	25802	27733	1931	7.5
经营净收入	4505	4998	493	10.9
第一产业净收入	105	111	6	5.7
＃农业净收入	101	108	7	6.9
牧业净收入	2	3	1	50.0
第二产业净收入	987	1016	29	2.9
第三产业净收入	3413	3871	458	13.4
财产净收入	4054	4335	281	6.9
转移净收入	6594	7165	571	8.7
消费性支出	**28632**	**29806**	**1174**	**4.1**
食品	8106	8210	104	1.3
衣着	3244	3382	138	4.3
居住	4757	5107	350	7.4
生活用品及服务	2224	2311	87	3.9
交通通讯	3944	3990	46	1.2
交通	2787	2728	-59	-2.1
通信	1157	1262	105	9.1
教育文化娱乐	3365	3705	340	10.1
教育	1084	1108	24	2.2
文化娱乐	2281	2597	316	13.9
医疗保健	1999	2074	75	3.8
其它商品和服务	993	1027	34	3.4
恩格尔系数（%）	**28.31**	**27.54**	**-0.77**	

注：本表数据为城乡住户一体化调查数据（新口径数据）。

10-3　农村牧区常住居民主要收支情况

单位：元/人

指　标	2016	2017	2017年比2016年增加	
			绝对额	%
可支配收入	**14692**	**15901**	**1209**	**8.2**
工资性收入	4819	5200	381	7.9
经营净收入	8252	8889	637	7.7
第一产业净收入	4647	5138	491	10.6
#农业净收入	3572	3603	31	0.9
牧业净收入	1027	1535	508	49.5
第二产业净收入	297	300	3	1.0
第三产业净收入	3308	3451	143	4.3
财产净收入	622	683	62	9.8
转移净收入	999	1129	130	13.0
消费性支出	**11014**	**11435**	**421**	**3.8**
食品	3499	3551	52	1.5
衣着	961	966	5	0.5
居住	2477	2506	29	1.2
生活用品及服务	548	562	14	2.6
交通通讯	1462	1628	166	11.4
交通	852	973	121	14.2
通信	610	655	45	7.4
教育文化娱乐	989	995	6	0.6
教育	599	604	5	0.8
文化娱乐	390	391	1	0.3
医疗保健	888	1030	142	16.0
其它商品和服务	190	197	7	3.7
恩格尔系数（%）	**31.77**	**31.05**	**-0.72**	

注：本表数据为城乡住户一体化调查数据（新口径数据）。

10-4　1980-2013年城镇居民家庭人均收支情况

年 份	城镇居民人均可支配收入		城镇居民人均消费性支出（元）	恩格尔系数（%）
	绝对数（元）	指数（1980=100）		
1980	486	100.0	432	56.75
1981	491	99.3	436	55.20
1982	499	99.9	446	56.79
1983	514	102.1	455	58.17
1984	581	113.1	480	54.68
1985	766	136.0	656	49.09
1986	848	143.2	739	51.00
1987	954	148.0	786	52.89
1988	1025	135.1	916	49.67
1989	1169	135.9	980	51.99
1990	1305	147.6	1075	51.03
1991	1516	162.5	1242	37.36
1992	1742	171.6	1340	51.46
1993	2215	187.0	1731	50.47
1994	2922	197.2	2104	53.96
1995	3385	197.4	2615	54.90
1996	3916	211.4	2755	53.49
1997	4426	227.4	3165	48.74
1998	4654	240.1	3190	43.38
1999	5061	256.9	3592	41.01
2000	5436	269.0	4257	38.00
2001	5883	291.1	4537	37.20
2002	6980	347.2	5058	34.49
2003	9216	452.0	6817	31.55
2004	11508	548.0	8722	33.45
2005	13218	618.9	10056	32.64
2006	15122	697.6	11549	31.40
2007	17876	795.2	13613	33.26
2008	20861	884.6	16254	32.82
2009	23089	981.0	18950	31.58
2010	25862	1069.5	20994	31.62
2011	29628	1164.5	23570	30.40
2012	33485	1250.6	26009	30.80
2013	36576	1324.9	26035	31.20

注：本表中数据均为旧口径数据。

10-5 1980-2013年农村牧区居民家庭人均收支情况

单位：元

年 份	农牧民人均总 收 入	农牧民人均纯 收 入	农牧民人均可支配收入	农牧民人均生活消费支出	农牧民人均生产消费支出
1980	217	195	190	174	17
1981	269	237	232	196	45
1982	344	310	303	232	53
1983	484	361	361	272	127
1984	539	383	366	302	159
1985	604	419	414	330	178
1986	741	417	413	389	304
1987	698	454	444	400	241
1988	947	533	517	451	385
1989	891	523	505	555	344
1990	1074	640	621	597	359
1991	1099	669	637	608	404
1992	1259	803	772	644	404
1993	1388	910	882	781	514
1994	1721	1163	1097	975	629
1995	2102	1470	1393	1327	760
1996	2703	1785	1728	1295	668
1997	3204	2080	2033	1617	969
1998	3518	2301	2250	1558	1057
1999	3592	2426	2380	1632	994
2000	3874	2548	2511	1626	1168
2001	4047	2558	2520	1810	1227
2002	4477	2864	2833	2083	2067
2003	5485	3435	3342	2191	2066
2004	6667	4136	4066	2600	2135
2005	7759	4667	4562	2952	2670
2006	8899	5338	5269	3640	3098
2007	9940	6148	6046	4381	3327
2008	11262	7076	6865	4966	3753
2009	12465	7826	7472	5522	4190
2010	13391	8766	8296	6132	4145
2011	15099	10059		6943	4162
2012	16789	11421		7869	4489
2013	17371	12801		9069	3795

注：本表中数据均为旧口径数据。

10-6 城镇常住居民家庭基本情况

指　标	2000	2005	2010	2015	2017
调查户数（户）	**400**	**500**	**500**	**850**	**850**
平均每户家庭人口（人）	**3.03**	**2.69**	**2.64**	**2.48**	**2.63**
平均每户就业人口（人）	**1.59**	**1.46**	**1.43**	**1.42**	**1.55**
平均每户就业面（%）	**52.48**	**54.28**	**54.17**	**57.30**	**58.94**
平均每一就业者负担人数（包括就业者本人）（人）	**1.90**	**1.84**	**1.85**	**1.75**	**1.70**
居民家庭总收入（元）	**5458**	**13863**	**27774**	**39955**	**47296**
工资性收入	3248	10035	18989	24110	26306
经营性收入	952	718	2160	4158	8520
财产性收入	45	126	700	3745	3626
转移性收入	1213	2984	5925	6085	8844
平均每人消费性支出（元）	**4257**	**10056**	**20994**	**27269**	**29806**
食品	1619	3283	6639	7868	8210
衣着	559	1550	2876	3243	3382
居住	379	879	1871	3903	5107
生活用品及服务	257	717	1613	2150	2311
交通通讯	389	1029	2688	4535	3990
教育文化娱乐	489	1283	2734	2947	3705
医疗保健	303	838	1626	1444	2074
其他商品及服务	262	477	947	1179	1027

注：1.2013年及以后的数据均为城乡住户一体化调查数据（后同）。
　　2.2013年以前工资性收入为工薪收入数据，经营性收入为个体经营劳动者收入数据。

10-7　按收入等级分的城镇常住居民家庭基本情况（2017年）

指　标	全市	按收入等级分				
		低收入	中低收入	中等收入	中高收入	高收入
调查户数（户）	850	170	170	170	170	170
平均每户家庭人口（人）	2.63	2.94	2.84	2.49	2.41	2.47
平均每户就业人口（人）	1.55	1.71	1.62	1.53	1.46	1.52
平均每户就业面（%）	58.98	58.12	57.12	61.42	60.63	61.56
平均每一就业者负担人数（包括就业者本人）（人）	1.70	1.72	1.75	1.63	1.65	1.62
平均每人全部年收入（元）	47296	20568	32258	42781	54577	93462
平均每人可支配收入（元）	44231	18421	30046	40145	50962	87333
平均每人消费性支出（元）	29806	18080	22504	30354	33720	55326

10-8　按收入等级分的城镇常住居民家庭平均每人全年收入(2017年)

指　标	全市	按收入等级分				
		低收入	中低收入	中等收入	中高收入	高收入
可支配收入（元）	**44231**	**18421**	**30046**	**40145**	**50962**	**87333**
工资性收入	27733	13772	21733	24445	32338	42312
#工资	25977	12557	20939	22947	29967	39646
实物福利	10	2	9	6	16	18
经营净收入	4998	3086	2281	2831	3178	27248
财产净收入	4335	1633	2257	2895	4156	7618
#利息净收入	142	29	24	175	109	283
红利收入	120	1	27	4	27	469
转移净收入	7165	-70	3776	9973	11291	10156
#养老金或离退休金	8868	1049	5282	11074	13323	12449
赡养收入	373	12	61	519	738	518
借贷性所得（元）	**28**		**6**	**21**	**70**	**51**
提取储蓄存款	5					28
借入款						
收回借出款	19			21	59	23
住房贷款	3		6		11	
汽车贷款						

10-9 按收入等级分的城镇常住居民家庭平均每人全年消费性支出（2017年）

单位：元

项　　目	全市	按收入等级分				
		低收入	中低收入	中等收入	中高收入	高收入
消费性支出	**29806**	**18080**	**22504**	**30354**	**33720**	**55326**
食品	8210	5482	7101	9145	9739	12376
#食品	4632	3625	4620	5255	5339	5712
烟酒	966	630	777	977	1213	1575
衣着	3382	2069	2337	3307	4199	6277
#衣类	2582	1589	1733	2465	3174	4929
鞋类	800	480	603	841	1025	1348
居住	5107	3560	4348	5414	5977	7966
租赁房房租	54	131	31	37	42	33
住房维修及管理	691	375	600	771	537	1419
水电燃料及其他	1203	971	1106	1279	1452	1582
生活用品及服务	2311	1580	1733	1934	2981	4157
交通通讯	3990	1629	2283	3124	3946	10109
交通	2728	765	1199	1802	2448	8317
通信	1262	864	1084	1322	1498	1792
教育文化娱乐	3705	2181	2317	3647	3943	7879
教育	1108	784	527	983	1405	605
文化娱乐	2597	1397	1790	2664	2539	7274
医疗保健	2074	775	1760	2842	1721	3528
其他用品及服务	1027	803	625	942	1214	3035

10-10 按收入等级分的城镇常住居民家庭平均每人全年购买的主要商品数量（2017年）

指　标	全市	按收入等级分				
		低收入	中低收入	中等收入	中高收入	高收入
粮食（公斤）	157	146	152	161	174	153
蔬菜及菜制品（公斤）	113	103	125	123	107	105
#鲜菜	108	98	120	118	102	99
肉类（公斤）	40	31	42	42	42	45
#猪肉	19	16	19	22	19	20
牛肉	5	3	6	4	6	5
羊肉	9	7	9	9	10	12
禽类	7	6	7	7	6	7
蛋类及蛋制品（公斤）	13	11	13	14	13	13
奶和奶制品（公斤）	37	24	36	41	48	37
水产品（公斤）	10	7	11	9	12	11
油脂类（公斤）	13	11	13	14	14	11
#植物油	12	10	13	14	14	11
糖果糕点类（公斤）	13	10	12	14	14	14
干鲜瓜果（公斤）	91	71	86	99	98	106
#鲜瓜果	82	63	76	90	87	95
#坚果	7	6	8	7	8	8
茶叶（公斤）	1			1	1	1
烟叶（公斤）	30	30	24	32	29	34
酒（公斤）	10	8	10	12	11	10
#白酒	5	4	4	5	6	5
啤酒	5	4	6	7	5	5

10-11　按收入等级分的城镇常住居民家庭平均每百户耐用消费品年末拥有量（2017年）

指　标	全市	按收入等级分				
		低收入	中低收入	中等收入	中高收入	高收入
家用汽车（辆）	54	41	48	48	57	76
摩托车（辆）	12	18	17	10	10	8
助力车（台）	35	56	35	33	27	25
洗衣机（台）	98	97	95	98	99	98
电冰箱（柜）（台）	101	97	102	101	100	103
微波炉（台）	66	41	72	74	74	68
彩色电视机（台）	104	99	100	104	106	112
#接入有线电视	94	80	95	96	99	101
空调（台）	30	19	21	36	31	41
热水器（台）	74	51	76	84	82	79
#太阳能热水器	12	14	15	8	10	12
洗碗机（台）	1	2	1	0	1	2
排油烟机（台）	73	54	72	78	85	76
固定电话（线）	19	18	23	12	20	20
移动电话（部）	213	222	220	209	200	213
#接入互联网	91	90	95	95	74	100
计算机（台）	68	56	67	61	70	83
#接入互联网	57	52	56	54	58	65
照相机（台）	35	26	35	33	41	38
中高档乐器（架）	3	4	2	3	2	3
健身器材（台）	5	1	2	7	9	6

10-12　农村牧区常住居民家庭基本情况

指　标	2000	2005	2010	2015	2017
调查户数（户）	**400**	**305**	**305**	**320**	**320**
调查户常住人口（人）	**1590**	**1142**	**1106**	**887**	**858**
平均每户常住人口（人）	**3.98**	**3.74**	**3.63**	**2.77**	**2.68**
平均每户整半劳力（人）	**2.76**	**2.77**	**2.80**	**2.23**	**2.12**
平均每个劳动力负担人口（含本人）（人）	**1.44**	**1.35**	**1.30**	**1.31**	**1.26**
劳动力按文化程度分组比重（%）					
文盲或半文盲	11.60	8.16	6.67	6.66	4.42
小学	27.65	21.06	17.92	20.72	21.59
初中	48.78	49.59	46.72	51.05	52.78
高中	9.52	17.40	22.60	14.20	16.16
中专	2.18	1.78	1.87		
大专及以上	0.27	2.01	4.22	7.38	5.05
平均每人年收入（元）					
总收入	3874	7759	13391	20358	22729
纯收入	2548	4667	8766		
现金收入	2871	6832	11886	19707	21427
平均每人年支出（元）					
总支出	3205	5982	10973	15052	17783
#家庭经营费用支出	986	2670	4145	2326	3304
生活消费支出	1626	2953	6132	10099	11435
现金支出	2620	5398	10487	13496	16141
#生产费用	991	2709	4127	2275	3288
缴纳税金和上交集体承包费支出	171	11	19		
生活消费支出	1221	2558	5833	8367	10579

注：2013年及以后的数据均为城乡住户一体化调查数据（后同）。

10-13　按收入等级分的农村牧区常住居民家庭基本情况（2017年）

指　标	全市	按收入等级分				
		低收入	中低收入	中等收入	中高收入	高收入
调查户数（户）	320	64	64	64	64	64
平均每户家庭人口（人）	2.68	2.73	2.84	2.64	2.70	2.47
平均每户就业人口（人）	2.12	2.03	2.14	2.07	2.21	2.13
平均每户就业面（%）	79.18	74.45	75.54	78.42	81.91	86.17
平均每一就业者负担人数（包括就业者本人）（人）	1.26	1.34	1.32	1.28	1.22	1.16
平均每人全部年收入（元）	22729	7827	12324	19345	27992	48496
平均每人可支配收入（元）	15901	3565	10028	16744	23416	40370
平均每人消费性支出（元）	11435	9852	9572	9598	14218	18361

10-14　按收入等级分的农村牧区常住居民家庭平均每人全年收入(2017年)

指　标	全市	按收入等级分				
		低收入	中低收入	中等收入	中高收入	高收入
可支配收入（元）	**15901**	**3565**	**10028**	**16744**	**23416**	**40370**
工资性收入	5200	1084	4184	6198	7698	7066
#工资	3032	304	1442	2998	5632	5021
实物福利	2				11	
经营净收入	8889	1371	3976	6887	12649	25387
财产净收入	683	26	212	1121	935	4408
#利息收入	16	4	37	19	36	57
红利收入	532	12	36	893	501	3812
转移净收入	1128	1084	1657	2538	2135	3509
#养老金或离退休金	406	312	352	646	876	1587
赡养收入	23	45	34	25	6	
借贷性所得（元）	**602**	**1192**	**671**	**391**	**557**	**169**
提取储蓄存款	449	1102	642	296	17	169
借入款						
收回借出款	68	91	29	95	123	
住房贷款						
汽车贷款						
其它贷款	85				417	
其他借贷所得						

10-15　按收入等级分的农村牧区常住居民家庭平均每人全年消费性支出（2017年）

项　目	全市	按收入等级分				
		低收入	中低收入	中等收入	中高收入	高收入
消费性支出(元)	**11435**	**9852**	**9572**	**9598**	**14218**	**18361**
食品	3551	2905	2646	3093	3311	4731
#食品	2504	2083	1941	2418	2291	3000
烟酒	651	597	469	419	666	911
衣着	966	681	717	883	1000	1556
衣类	737	510	536	683	759	1203
鞋类	229	172	181	200	242	353
居住	2506	1964	1622	2174	2923	4444
#租赁房房租	73	0	51	56	27	259
住房维修及管理	396	242	111	293	317	1153
水电燃料及其他	637	574	498	701	644	897
生活用品及服务	562	395	444	430	533	1374
交通通讯	1628	902	2130	1256	3092	3599
交通	973	451	1619	701	2384	2767
通信	655	451	511	555	708	832
教育文化娱乐	995	1539	1112	758	841	836
教育	604	1050	885	582	398	195
文化娱乐	391	489	227	176	443	641
医疗保健	1030	1350	693	825	2190	1254
其他用品及服务	197	117	208	177	328	567

10-16　农村牧区常住居民家庭平均每人主要消费品消费量

指　标	2014	2015	2016	2017
粮　食（原粮）（公斤）	129.19	138.96	144.39	148.10
蔬菜及菜制品（公斤）	69.09	68.50	63.24	59.24
油脂类（公斤）	8.20	7.13	8.66	9.46
肉　类（公斤）	23.63	21.95	25.01	23.52
干鲜瓜果类（公斤）	38.99	39.18	44.24	45.53
蛋及制品（公斤）	5.38	5.00	5.56	5.28
水 产 品（公斤）	2.73	2.60	2.61	2.57
糖果糕点类 （公斤）	3.78	3.57	3.65	3.94
酒（公斤）	7.00	7.67	7.08	8.30

10-17　农村牧区常住居民家庭平均每百户耐用消费品年末拥有量

指　标	2014	2015	2016	2017
家用汽车（辆）	23	26	28	30
洗衣机（台）	94	90	92	92
家用电冰箱（台）	95	95	92	92
摩托车（辆）	78	69	63	62
计算机（台）	19	18	28	29
彩色电视机（台）	99	100	101	100
照相机（架）	9	7	6	6

10-18　农村牧区常住居民家庭住房基本情况

指　标	2014	2015	2016	2017
年末使用房屋				
居住面积（平方米/人）	26.19	29.44	29.93	30.75
砖木结构（%）	72.00	61.90	61.03	60.96
钢筋混凝土结构（%）	1.40	2.20	2.63	2.67
自建住房（%）	97.00	96.30	94.98	94.92
购买商品房（%）	1.00	1.60	1.84	1.87
房屋价值（万元/户）	11.65	14.46	15.56	15.83
本年新建房屋面积（平方米/户）	**0.69**	**0.94**	**0.81**	**0.40**
每平方米价值（元）	724.64	744.68	692.55	755.02

10-19　农牧民家庭平均每户年末固定资产原价

指　标	2014	2015	2016	2017
年末生产性固定资产原价（元）	**25868.54**	**20586.32**	**17705.11**	**18422.93**
农业生产性固定资产原价	14711.45	11464.06	10077.63	10506.68
生产用房	7119.97	4039.38	4360.43	4572.39
农业设施	1525.14	1218.75	253.59	239.87
农业机械	6096.11	5434.06	5321.83	5553.08
役畜	309.94	192.81	72.10	79.70
产品畜	8882.64	7704.44	5636.47	6013.84

10-20　农牧民家庭平均每百户年末拥有固定资产数量

指　标	2014	2015	2016	2017
生产性用房及建筑物（平方米）	2747	5954	2425	2532
大中型农用拖拉机（台）	4	4	4	4
小型农用拖拉机（台）	42	45	52	54
收割机（台）	9	9	5	5
脱粒机（台）	2	1	2	2
役畜（头）	2	6	5	5
产品畜（头）	304	477	493	492

主要统计指标解释

全体居民收入　自2012年开始，实施城乡住户一体化调查改革。按照国家统计局制订的统一调查方案、抽样方法、指标名称、分类标准和计算方法，将过去独立开展的城镇住户调查和农村住户调查合二为一，建立了科学统一的城乡一体化住户调查体系。通过实际调查，准确地获得了全体居民人均收入和支出、城镇居民人均收入和支出、农牧民人均收入和支出。

住户成员　指居住在一个住宅内，所有与本住户分享生活开支或收入的人员。还包括：①由本住户供养的在外学生（包括大中专学生和研究生）；②未分家的农村外出从业人员和随迁家属，无论其外出时间长短；③轮流居住的老人；④因探亲访友、旅游、住医院、培训或出差等原因临时外出的人员。

常住成员　指住户成员中，经常在家居住、或者调查期内居住时间超过一半的人员，以及本住户供养的学生。常住成员是住户收支的调查对象。

总收入　是调查期内全部收入的总和，其中未扣除为获得收入所发生的支出（生产费用）。包括工资性收入、经营性收入、财产性收入、转移性收入、非收入所得、借贷性所得。

可支配收入　指调查户在调查期内获得的、可用于最终消费支出和储蓄的总和，即调查户可以用来自由支配的收入。可支配收入既包括现金，也包括实物收入。按照收入的来源，可支配收入包含：工资性收入、经营净收入、财产净收入、转移净收入。

工资性收入　指就业人员通过各种途径得到的全部劳动报酬和各种福利，包括受雇于单位或个人、从事各种自由职业、兼职和零星劳动得到的全部劳动报酬和福利。

经营净收入　指住户或住户成员从事生产经营活动所获得的净收入，是全部经营收入中扣除经营费用、生产性固定资产折旧和生产税净额（生产税减去生产补贴）之后得到的净收入。计算公式具体为：经营净收入 = 经营收入 − 经营费用 − 生产性固定资产折旧− 生产税净额（生产税−生产补贴）

财产净收入　指住户或住户成员将其所拥有的金融资产和自然资源交由其他机构单位、住户或个人支配而获得的回报并扣除相关的费用之后得到的净收入。财产净收入包括利息净收入、红利收入、储蓄性保险净收益和转让承包土地经营权租金净收入等。

转移净收入　指国家、单位、社会团体对住户的各种经常性转移支付和住户之间的经常性收入转移，并扣除相关的支出和费用之后得到的净收入。包括政府、非行政事业单位、社会团体对居民转移的养老金或退休金、社会救济和补助、政策性生活补贴、救灾款、经常性捐赠和赔偿以及报销医疗费等；住户之间的赡养收入、经常性捐赠和赔偿以及农村地区（村委会）在外（含国外）工作的本住户非常住成员寄回带回的收入等。

总支出　指住户用于生产、生活和再分配的全部支出。包括消费支出、生产经营费用支出、财产性支出、转移性支出、购置资产及非经常性转移支出、借贷性支出。

消费支出　指住户用于满足家庭日常生活消费需要的全部支出，包括用于消费品的支出和用于服务性消费的支出。根据用途不同，消费支出可划分为食品烟酒、衣着、居住、生活用品及服务、交通通信、教育文化娱乐、医疗保健、其他用品及服务八大类。根据来源不同，消费支出可划分为现金消费支出、实物消费支出（含自产自用、来自单位、来自政府和其他社会组织）。

生产经营费用支出 指住户以家庭为基本生产经营单位从事生产经营活动而消费的商品和服务、自产自用产品。

生产性固定资产 在家庭或个人从事的生产经营活动中，所拥有的使用期限在两年以上、单位价值在1000元以上的房屋建筑物、机器设备、器具工具、役畜、产品畜等资产应作为固定资产统计。

固定资产原价 按照当初固定资产的购进价或建购价来记录。自繁自养的幼畜成龄转作役畜、产品畜、种畜，按市场同类牲畜的平均价格计价。

生产性固定资产折旧 指住户在家庭经营生产活动中，因使用固定资产，而转移到新产品中的那部分固定资产价值。在住户调查中，生产性固定资产的使用年限定为1 5年。

财产性支出 指家庭购买或维护财产所支付的利息等有关费用。

转移性支出 指调查户对国家、单位、住户或个人的经常性或义务性转移支付。包括缴纳的税款、各项社会保障支出、赡养支出、经常性捐赠和赔偿支出以及其他经常转移支出等。

11

城市概况

CENERAL SURVEY OF CITIES

11-1　城市建设用地（2017年）

指　　标	单　　位	全市	#市区
区划面积	平方公里	27768	2965
建成区面积	平方公里	245.54	210.02
城市现状建设用地面积	平方公里	229.73	195.79
居住用地	平方公里	69.22	58.60
公共管理与公共服务用地	平方公里	19.32	15.82
工业用地	平方公里	54.69	52.50
物流仓储用地	平方公里	8.54	7.50
交通设施用地	平方公里	30.84	24.40
商务服务业设施用地	平方公里	11.94	9.83
公用设施用地	平方公里	5.05	3.49
绿地	平方公里	30.13	23.65

注：市区数据不包括土默特右旗、固阳县和达尔罕茂明安联合旗。

11-2　城市自来水情况（2017年）

指　标	单　位	全市	#市区
年末自来水实际生产能力	万立方米/日	107.9	103.8
年末供水管道长度(不包括自备水源井)	公里	2342.9	1795.7
全年供水总量	万立方米	19487.7	18842.7
#生产用水	万立方米	8673.2	8639.7

注：表中年末自来水综合生产能力为城市公共供水系统口径。

11-3　城市煤气、液化石油气、天然气情况（2017年）

指　标	单　位	全市	#市区
人工煤气			
人工煤气储气能力	万立方米	15	15
供气管道长度	公里	502	502
全年供气总量	万立方米	4581	4581
#家庭用气	万立方米	2720	2720
用气户数	万户	4.69	4.69
#家庭用户	万户	4.68	4.68
用气人口	万人	11.24	11.20
液化石油气			
储气能力	吨	727	667
全年供气总量	吨	7929	7720
#家庭用气	万立方米	7908	7700
用气户数	万户	5.42	5.08
#家庭用户	万户	5.42	5.08
用气人口	万人	17.00	15.70
天然气			
供气管道长度	公里	2330.60	2129.49
供气总量	万立方米	76648	72464
#家庭用量	万立方米	38351	37000
用气户数	万户	59.42	55.29
用气人口	万人	181.52	163.92

11-4 城市集中供热情况（2017年）

指　标	单　位	全市	#市区
供热能力			
热水	兆瓦	9360	8014
全年供热总量			
热水	万吉焦	4545	4077
供热管道长度			
热水	公里	1366	996
供热面积	万平方米	9735	8924
#住宅	万平方米	6800	6227

11-5 城市市政工程情况（2017年）

指　标	单　位	全市	#市区
年末实有铺装道路长度	公里	1867.84	1629.04
年末实有铺装道路面积	万平方米	3651.94	3018.44
#人行道面积	万平方米	1136.90	936.20
桥梁数	座	61	46
路灯盏数	盏	132283	114543
排水管道长度	公里	2713.88	2386.82
建成区排水管道密度	公里 / 平方公里	11.05	11.36
污水年排放量	万立方米	12765	12229
污水处理厂座数	座	9	6
污水处理能力	万立方米 / 日	45.20	41.40
污水处理总量	万立方米	11863	11344
再生水利用量	万立方米	1413	1360

11-6 城市公共汽电车、出租汽车情况

指　标	单　位	2016	2017
年末实有公共汽电车运营车数	辆	1489	1471
年末实有标准运营车数	标台	1899	1869
运营线路长度	公里	1417	1147
客运总量	万人次	23162	25644
出租汽车数	辆	5877	6395

11-7 城市园林绿化面积（2017年）

指　标	单　位	全市	＃市区
园林绿化覆盖面积	公顷	12245	10463
＃建成区	公顷	10426	9304
园林绿地面积	公顷	11153	9592
＃建成区园林绿地面积	公顷	9434	8380
＃公园绿地面积	公顷	3165	2845
公园个数	个	58	44
公园面积	公顷	3284	3073

11-8 城市公共卫生情况（2017年）

指 标	单 位	全市	#市区
道路清扫保洁面积	万平方米	4249	3761
生活垃圾清运量	万吨	73.18	62.26
生活垃圾无害化处理厂（场）数	座	7	4
生活垃圾无害化处理能力	吨/日	3128	2820
生活垃圾无害化处理量	万吨	71.70	61.02
公共厕所数	座	1890	1653
#三级以上	座	427	308

11-9 城市设施水平（2017年）

指 标	单 位	全市	#市区
人均城市道路面积	平方米	16.91	15.81
建成区绿地率	%	38.42	39.90
建成区绿化覆盖率	%	42.46	44.30
污水处理率	%	92.93	92.76
生活垃圾处理率	%	97.98	98.01

年 份	自来水			煤气（天然气）	
	年底水管总长度（公里）	水厂综合生产能力（万吨/日）	供水总量（万立方米）	供气总量（万立方米）	用气人口（万人）
1949	17	1.4	29		
1950	24	0.4	30		
1952	42	0.4	36		
1957	220	1.4	321		
1962	261	12.2	2984		
1965	325	11.2	2725		
1970	417	11.7	4105		
1975	567	13.9	4736		
1978	578	18.0	5096		
1980	610	19.5	5148		
1985	872	63.5	5364	956	8.40
1990	931	59.4	21456	3040	21.90
1991	941	68.4	22465	3296	24.00
1992	958	68.5	22724	3609	25.90
1993	973	69.0	23033	3476	28.00
1994	985	70.7	23775	3720	29.50
1995	966	71.5	25453	3984	31.03
1996	981	71.5	25425	4213	33.16
1997	1055	71.5	24826	4592	35.25
1998	1253	71.5	23833	4580	38.56
1999	1303	71.5	24763	4547	39.80
2000	1323	101.5	24830	4161	43.73
2001	1384	97.6	22088	3080	43.96
2002	1547	105.8	22166	3167	48.87
2003	1740	108.0	22712	3418	51.14
2004	1740	108.0	34568	3849	66.41
2005	1740	104.5	34568	4006	70.93
2006	1370	51.0	7025	3084	56.00
2007	1548	102.7	12080	3084	56.70
2008	1406	108.0	13330	3084	51.94
2009	1409	51.0	10915	3084	52.41
2010	1480	51.0	11704	3069	51.94
2011	1722	56.6	13853	2806	49.00
2012	1745	53.2	12928	2786	46.16
2013	1746	53.2	15973	3500	40.20
2014	1861	93.3	16616	3500	41.20
2015	1934	93.4	17629	3090	39.40
2016	1992	97.1	17741	72448	166.99
2017	2342	107.9	19488	76648	181.52

注：1.2006年及2009年以后自来水数据为公共供水企业数据，不含自备水；
2.2016年以前供气总量及用气人口为人工煤气口径，2016年及以后为天然气口径。

公 用 事 业

园林绿化		铺装道路长度（公里）	排水管道长度（公里）	路灯盏数（盏）	公共汽（电）车营运车辆（辆）
城市绿化覆盖面积（公顷）	公园（个）				
		4		43	
		4	2	92	
		6	3	279	
29	2	161	41	2035	21
	3	199	81	2522	65
190	3	187	77	2616	67
51	3	256	80	3241	90
832	4	195	96	3447	169
1091	4	200	102	3463	215
1174	4	220	138	3398	251
1338	7	332	201	5993	265
3692	9	421	610	7800	486
3838	39	426	627	8930	448
3858	39	435	635	9267	465
3881	39	442	645	9565	538
3904	39	468	678	9635	585
4394	38	382	686	7797	1019
4272	39	445	713	8260	538
4487	39	468	724	9253	540
4620	9	506	731	9869	538
4736	13	525	733	11007	610
4870	13	544	766	12542	682
5265	11	583	810	13820	813
5361	12	733	960	18761	788
5626	12	784	1026	20892	772
5941	13	828	1038	23659	984
6755	15	873	1097	31540	1125
6971	15	1028	1279	30000	1094
7224	17	1142	1423	38000	1174
7364	17	1142	1423	38000	1174
7596	20	1280	1665	60773	1321
7845	21	1304	1750	66153	1342
7860	24	1479	2105	75296	1395
8527	24	1529	2212	80281	1342
8730	26	1617	2241	83754	1194
9563	33	1674	2335	90898	1304
9953	33	1741	2480	113639	1387
11430	35	1821	2590	124073	1489
12245	58	1868	2714	132283	1471

主要统计指标解释

年末自来水生产能力　指年底城建部门管理的自来水厂和自备水源的社会单位取水、净化、送水、出厂输水干管等环节的实际生产能力。

年末供水管道长度　指从送水泵到用户水表之间所有管道的长度。

全年供水总量　指公用自来水厂和自备水源的社会单位全年的供水总量，包括有效供水量及损失水量。

生活用水量　包括公共服务用水和居民家庭用水。公共服务用水指为城市社会公共生活的用水。包括行政事业、部队营区、公共设施服务、社会服务业、批发零售贸易业、旅游饮食业以及其他公共服务业等单位的用水。居名家庭用水指城市范围内所有居民家庭生活的日常用水。包括城市居民、农民家庭、公共供水站用水。

用水普及率　指城市用水人口数与城市人口总数之比。计算公式为：

用水普及率=城市用水人口数/城市人口总数×100%

人工煤气生产能力　指报告期末人工煤气生产厂制气、净化、输送等环节的综合生产能力，不包括备用设备能力。一般按设计能力计算，如果实际生产能力大于设计能力时，应按实际测定的生产能力计算。测定时应以制气、净化、输送三个环节中最薄弱的环节为主。

输气管道长度　指由压缩机、鼓风机、储气罐的出口到用户煤气表之间的全部管道长度。

全年供气总量　指全年售给各类用户的全部煤气量，包括销售量和损失量。

用气普及率　指报告期末使用煤气(包括人工煤气、液化石油气、天然气)的城市人口数与城市人口总数之比。计算公式为：

城市煤气普及率=城市用气人口数/城市人口总数×100%

城市供热能力　指供热企业（单位）向城市输送的供热源的设计能力。

城市供热总量　指在报告期末热电厂、热力公司和达到标准的集中采暖锅炉房向城市输送的全部蒸汽、热水量。

城市供热管道长度　指从各类热源到用户接入口之间的全部供气、供热水的管道长度。不包括各类热源厂内部的管道长度。

年底实有铺装道路长度　指年末除土路外，路面经过铺装宽度在3.5米以上的道路，包括高级、次高级道路和普通道路。

城市桥梁　指城市范围内，修建在河道上的桥梁和道路与道路立交、道路跨越铁路的立交桥及人行天桥。包括永久性桥和半永久性桥，不包括临时性桥、铁路桥、涵洞。

城市排水管道长度　指所有排水总管、干管、支管及暗渠、检查井、连接井进出水口等长度之和。

城市污水日处理能力　指污水处理厂每昼夜处理污水量的设计能力。

城镇生活污水排放量　指城镇居民每年排放的生活污水。用人均系数法测算。测算公式为：

城镇生活污水排放量=城镇生活污水排放系数×市镇非农业人口×365

生活垃圾清运量　指报告期内收集和运送到垃圾处理厂(场)的生活垃圾数量。生活垃圾指城市日常生活或为城市日常生活提供服务的活动中产生的固体废物以及法律行政规定的视为城市生活垃圾的固体废物。包括：居民生活垃圾、商业垃圾、集市贸易市场垃圾、街道清扫垃圾、公共场所垃圾和机关、学校、厂矿等单位的生活垃圾。

生活垃圾无害化处理率　指报告期生活垃圾无害化处理量与生活垃圾产生量比率。在统计上，由于生活垃圾产生量不易取得，可用清运量代替。计算公式为：

生活垃圾无害化处理率=生活垃圾无害化处理量/生活垃圾产生量×100%

年末实有公共汽车　指年底可参加营运的全部车辆数，包括营运车辆数和库存查封未参加营运的车辆。不包括非营运车辆，如架线车、油罐车、工程车、货车及其他专用车辆和借入的客运车辆。

城市园林绿地面积　指报告期末用作园林和绿化的各种绿地面积。包括公共绿地、专用绿地、生产绿地、防护绿地、郊区风景林地的面积。

公共绿地　指向公众开放的市级、区级、居住区级各类公园、街旁游园，包括其范围内的水域。其中、居住区级公园应不小于1万平方米，街旁游园的宽度不小于8米，面积不小于400平方米。

12

农业

AGRICULTURE

12-1 农村牧区基层组织和农牧业基本情况（2017年）

指　标	总　计	农　村	牧　区
农村牧区基层组织情况			
乡镇（苏木）个数（个）	39	30	9
#镇个数	29	24	5
村委会（嘎查）个数（个）	520	478	42
农村牧区社会基础设施			
自来水受益村数（个）	511	473	38
通有线电视村数（个）	515	473	42
通宽带村数（个）	480	441	39
农牧业生产条件			
年末实有耕地面积（千公顷）	423.84		
农作物总播种面积（千公顷）	313.09		
年末草场面积（千公顷）	1991.23		
有效灌溉面积（千公顷）	129.77		
农牧业机械总动力（万千瓦）	122.44		
化肥施用量（折纯）（万吨）	7.20		
农村牧区用电量（万千瓦小时）	36363.82		
主要农牧业生产情况			
粮食总产量（万吨）	109.98		
油料总产量（万吨）	6.94		
蔬菜总产量（万吨）	86.82		
水果总产量（万吨）	7.83		

12-2　历年农林牧渔业总产值

单位：万元

年 份	农林牧渔业总产值	农 业	#种植业	林 业	牧 业	渔 业	农林牧渔服务业
1984	29438	23027	19415	811	5568	32	
1985	30139	21364	19733	695	7993	87	
1986	28856	18628	16539	834	9223	171	
1987	30268	18434	15983	599	10922	313	
1988	49693	27856	25514	914	20669	254	
1989	48515	29884	27717	646	17614	371	
1990	68643	49518	47029	1503	17070	552	
1991	65085	43235	40166	1438	19690	722	
1992	81801	55461	52031	1402	23609	1329	
1993	108378	71198	65723	2405	33105	1670	
1994	152304	93772	85051	2682	53889	1961	
1995	198825	132292	123861	3430	60380	2723	
1996	244235	164195	150943	4656	72973	2411	
1997	267164	175844	159847	4672	83518	3130	
1998	260602	158517	144068	6895	91182	4008	
1999	273356	172166	157948	6709	91034	3447	
2000	287128	185527	170142	6937	91279	3385	
2001	284176	170545	155898	9345	100987	3299	
2002	345441	200086	185963	12021	129872	3462	
2003	367968	192999	192263	8557	155818	3648	6946
2004	497986	219725	219725	7942	254159	5481	10679
2005	550274	227965	227965	4985	296891	5401	15032
2006	614098	253953	253953	4565	334117	5694	15769
2007	747625	293454	293454	4152	437553	2607	9859
2008	915330	358776	358776	6984	516623	8447	24500
2009	967302	362964	362964	8400	563466	8000	24472
2010	1181436	421199	421199	10080	709967	9600	30590
2011	1430113	413289	413289	7516	984821	7630	16857
2012	1596220	475268	475268	7351	1086537	8606	18458
2013	1768698	584615	584615	8297	1144924	10761	20101
2014	1796369	632897	632897	9232	1121147	11686	21407
2015	1801553	617058	617058	9536	1140156	12325	22478
2016	1693605	616394	616394	9464	1031364	12654	23729
2017	1566592	581414	581414	9457	938128	12553	25040

注：本表数据按现行价格计算。

12-3　历年农林牧渔业总产值指数

上年=100

年 份	农林牧渔业总产值	农 业	#种植业	林 业	牧 业	渔 业	农林牧渔服务业
1949	100.00	100.00	100.00	100.00	100.00	100.00	
1950	105.02	102.27	101.99	112.50	112.42	100.00	
1951	112.43	111.18	111.14	111.11	115.59	100.00	
1952	141.39	163.06	146.91	125.00	129.77	320.00	
1953	90.00	80.92	80.62	108.00	114.20	100.00	
1954	143.38	155.49	156.27	126.85	120.57	100.00	
1955	90.26	84.81	84.52	108.03	103.26	102.50	
1956	128.54	142.36	142.29	133.11	100.42	119.23	
1957	71.25	60.60	59.76	145.18	99.68	141.94	
1958	126.96	122.14	120.74	144.41	134.88	100.00	
1959	143.33	162.15	165.02	101.21	115.07	184.09	
1960	93.68	78.15	78.33	151.91	126.53	54.32	
1961	77.02	68.81	68.44	38.43	90.14	36.36	
1962	105.98	120.70	121.32	83.20	90.83	162.50	
1963	92.44	89.10	88.23	119.21	96.68	88.46	
1964	113.24	130.11	130.94	233.47	88.99	108.70	
1965	85.78	78.93	78.14	121.95	97.46	100.00	
1966	91.75	112.92	113.68	156.17	55.25	68.00	
1967	122.95	116.86	116.77	49.91	156.33	64.71	
1968	86.16	78.45	77.80	70.58	104.95	154.55	
1969	113.64	122.63	123.50	69.13	99.91	100.00	
1970	112.60	116.26	116.52	159.92	103.46	105.88	
1971	101.83	100.67	100.22	92.60	105.09	66.67	
1972	99.36	95.09	98.59	83.25	109.76	108.33	
1973	107.77	107.16	106.98	191.95	106.58	30.77	
1974	112.48	126.51	129.25	68.87	86.77	150.00	
1975	95.24	89.30	88.99	145.90	110.31	200.00	
1976	98.08	107.17	107.38	101.28	20.64	191.67	
1977	101.90	96.80	96.78	171.63	113.60	100.00	
1978	85.75	76.28	75.52	118.74	108.75	69.57	
1979	126.19	134.26	135.43	87.87	114.94	137.50	
1980	79.44	72.81	72.91	83.01	94.39	81.82	
1981	117.20	127.90	128.04	73.56	101.71	144.44	

注：本表指数按可比价格计算。

12-3 续 表

上年=100

年份	农林牧渔业总产值	农业	#种植业	林业	牧业	渔业	农林牧渔服务业
1982	102.39	100.76	100.70	119.57	105.03	103.85	
1983	102.15	108.25	108.88	133.82	86.82	133.33	
1984	134.28	148.19	143.08	99.37	100.71	125.00	
1985	105.87	100.55	100.59	94.90	127.42	242.22	
1986	91.78	81.05	78.30	93.76	124.61	133.94	
1987	89.26	82.19	78.30	64.96	104.11	186.30	
1988	119.67	127.98	135.44	137.38	106.48	72.79	
1989	105.96	106.81	109.02	78.76	105.00	161.62	
1990	122.24	130.93	131.83	199.71	102.14	150.00	
1991	95.51	88.79	87.47	68.25	113.34	131.46	
1992	119.53	128.84	130.13	104.71	101.70	126.47	
1993	111.80	108.51	105.60	149.34	117.09	149.37	
1994	103.55	96.61	95.73	120.45	118.63	102.77	
1995	112.56	117.22	117.59	132.48	103.42	94.53	
1996	111.04	107.48	102.78	100.77	118.74	127.40	
1997	100.76	103.32	100.44	82.56	106.84	105.49	
1998	97.30	91.97	88.52	120.76	105.32	119.22	
1999	105.37	108.67	111.97	78.54	101.11	112.88	
2000	108.01	112.89	114.78	133.32	98.49	107.33	
2001	97.00	89.93	86.12	119.46	109.74	100.23	
2002	118.10	114.82	118.74	124.37	123.89	101.09	
2003	121.75	116.36	116.92	82.72	131.44	104.81	142.99
2004	120.84	98.77	99.45	88.77	148.59	124.34	153.27
2005	114.67	101.16	101.16	65.18	124.21	99.69	187.51
2006	113.95	102.90	102.90	85.00	120.03	118.28	139.87
2007	121.16	120.97	120.97	121.08	121.16	121.28	125.47
2008	114.00	106.00	106.00	120.00	118.00	116.00	122.00
2009	105.84	102.37	102.37	119.40	107.73	97.19	101.02
2010	107.42	103.56	103.56	120.00	114.79	119.75	121.05
2011	105.91	91.53	91.53	65.29	118.00	60.67	52.23
2012	105.73	109.67	109.67	104.15	104.09	105.36	106.10
2013	104.53	123.02	123.02	108.58	96.70	113.19	105.42
2014	102.96	104.97	104.97	99.81	101.92	103.50	105.03
2015	103.20	92.88	92.88	102.75	109.01	104.59	103.75
2016	103.40	102.91	102.91	100.68	103.70	102.98	103.09
2017	103.50	99.98	99.98	101.03	105.60	103.63	104.27

12－4　主要农牧业机械拥有量

指　标	2012	2013	2014	2015	2016	2017
农牧业机械总值（万元）	173355	178574	178574	200045	211778	224792
农牧业机械净值（万元）	132001	134556	134556	153983	189460	198885
农牧业机械总动力（千瓦）	1553210	1573312	1573312	1647975	1644638	1224378
大中型农用拖拉机（混合台）	4884	5650	5650	7401	8415	9101
大中型农用拖拉机（千瓦）	184629	207198	207198	267081	308872	360084
小型拖拉机（台）	30037	29250	29250	29159	29159	29254
小型拖拉机（千瓦）	354432	343892	343892	325691	325691	325941
联合收割机（台）	1110	1308	1308	1633	1752	1817
联合收割机（千瓦）	64258	75676	75676	123670	131330	136625
排灌用电动机（台）	11097	11082	11082	7343	7358	7914
排灌用电动机（千瓦）	137035	136298	136298	105531	110651	116171
排灌用柴油机（台）	536	536	536	536	536	536
排灌用柴油机（千瓦）	5330	5330	5330	5330	5330	5330
大中型拖拉机配套农具（台）	3283	3474	3474	12680	13593	15956
小拖拉机配套农具（台）	44596	36572	36572	43738	43964	41704
机动脱粒机（台）	2107	2114	2114	1070	1090	1106
机引牧草收割机（台）	34	33	33	46	47	47
饲料粉碎机（台）	2626	3077	3077	7829	7880	8065
农用水泵（台）	10158	10158	10158	6290	6290	6305

12-5　农村牧区灌溉、化肥施用量、用电、水库和水土治理情况

指　标	2012	2013	2014	2015	2016	2017
有效灌溉面积（千公顷）	**144.27**	**127.34**	**127.97**	**127.64**	**128.48**	**129.77**
节水灌溉面积（千公顷）	**107.99**	**97.71**	**98.17**	**103.24**	**109.29**	**117.46**
#喷灌和微灌	22.01	23.15	23.61	25.58	31.03	39.03
化肥施用量（吨）	**69648**	**75953**	**77268**	**77262**	**77189**	**71971**
#氮　肥	37478	40959	41889	41931	42113	39326
磷　肥	6044	6501	6776	6725	6492	5361
钾　肥	3147	2974	2741	2713	2578	2635
复合肥	22667	25519	25862	25893	26006	24649
农村用电量（万千瓦小时）	**31983**	**35628**	**35680**	**36595**	**35861**	**36364**
水库个数（座）	**14**	**16**	**16**	**16**	**16**	**16**
#中型水库	4	5	5	5	5	5
小型水库	10	11	11	11	11	11
水库容量（万立方米）	**21075**	**24324**	**24325**	**24324**	**24320**	**24320**
#中型水库	17834	20735	20821	20735	20821	20821
小型水库	3241	3589	3504	3589	3499	3499

12-6 农业机械化、电气化情况

指　　标	2012	2013	2014	2015	2016	2017
农业机械化程度						
机耕地面积（千公顷）	286.67	280.00	282.67	282.60	306.29	304.33
占耕地面积的比重（%）	67.91	66.33	66.38	66.48	72.18	71.71
机械播种面积（千公顷）	270.00	273.33	275.33	275.73	297.67	301.73
占农作物总播种面积的比重（%）	86.46	86.85	81.97	85.98	90.04	97.06
机械收割面积（千公顷）	204.67	214.67	188.80	231.53	273.33	273.27
占农作物总播种面积的比重（%）	65.54	68.21	56.21	72.20	82.68	87.90
农业电气化情况						
农村用电量（万千瓦小时）	31983	35628	35680	36595	35861	36364
平均每公顷耕地用电量（千瓦小时）	757.69	844.05	837.85	860.88	845.04	856.89

12-7 自然灾害面积

单位:千公顷

指　　标	2012	2013	2014	2015	2016	2017
农作物受灾面积	**165.66**	**176.40**	**116.94**	**195.90**	**50.75**	**128.31**
旱　　灾	71.91	124.03	55.43	195.90	33.63	119.17
洪 涝 灾	56.03	18.27	0.25		2.16	5.92
风 雹 灾	8.42	31.41	61.14		14.96	3.19
低温冷冻灾	5.23		0.12			
雪　　灾	0.01					0.03
生 物灾 害	24.06	2.69				
农作物绝收面积	**5.59**	**72.48**	**9.74**	**85.20**	**1.45**	**2.70**
旱　　灾		53.38		85.20		1.88
洪 涝 灾	0.96	11.92	0.03		0.09	0.25
风 雹 灾	2.00	7.18	9.70		1.36	0.57
低温冷冻灾	2.62		0.01			
雪　　灾	0.01					
生 物 灾 害						

注:数据来源于民政报表，2012年开始增加雪灾，将原病虫害改名为生物灾害。

12-8　历年耕地面积、造林面积和播种面积

单位：千公顷

年 份	年末实有耕地面积	旱 地	#水浇地	当年造林面 积	总播种面 积	#粮食作物播种面积	#经济作物播种面积
1949	275.00	275.00			197.30	173.50	23.70
1950	304.80	304.80			222.60	196.10	26.40
1951	337.50	337.50			267.20	233.60	33.50
1952	345.90	345.90			268.70	235.60	33.00
1953	357.20	357.20			277.30	242.70	34.50
1954	353.90	353.90			275.90	242.70	32.80
1955	359.50	359.50			282.00	245.30	35.80
1956	364.10	364.10		1.35	295.90	254.10	40.60
1957	372.30	372.30		2.29	300.60	250.70	49.00
1958	372.20	372.20	24.40	7.38	305.80	259.70	40.90
1959	368.00	368.00	25.30	5.27	273.30	212.30	57.80
1960	398.40	398.40	27.20	9.11	353.50	276.30	54.40
1961	383.50	383.50	25.50	1.04	343.80	288.30	47.30
1962	366.70	366.70	18.70	0.77	312.00	269.00	39.00
1963	357.40	357.40	26.20	0.77	302.20	260.60	37.80
1964	364.20	364.20	33.10	4.00	309.60	262.60	43.00
1965	366.00	366.00	49.40	3.08	312.30	267.20	42.30
1966	364.00	364.00	78.80	4.64	306.10	262.60	38.30
1967	357.90	357.90	75.40	2.97	296.30	247.80	44.20
1968	359.90	359.90	68.50	2.06	282.70	243.40	38.00
1969	343.10	343.10	69.00	1.53	280.20	238.50	39.10
1970	352.30	352.30	72.90	2.18	294.60	250.50	40.80
1971	352.10	352.10	73.80	1.82	291.30	252.30	30.90
1972	351.60	351.60	75.70	1.35	290.40	249.10	33.30
1973	350.40	350.40	81.10	2.10	285.10	241.40	35.00
1974	350.40	350.40	82.20	2.08	285.20	242.00	35.80
1975	351.00	351.00	90.70	2.80	281.60	237.90	36.30
1976	346.60	346.60	88.70	2.65	281.40	233.00	38.70
1977	340.00	340.00	91.10	5.13	274.50	230.10	38.90
1978	347.40	347.40	91.10	4.25	269.30	225.10	39.30
1979	342.10	342.10	92.60	4.92	275.20	224.40	43.90
1980	336.00	336.00	74.80	4.59	262.50	210.30	43.60
1981	327.80	327.80	81.10	4.16	242.70	196.70	38.90

12-8 续 表

单位：千公顷

年 份	年末实有耕地面积	旱 地	水浇地	当年造林面 积	总播种面 积	#粮食作物播种面积	#经济作物播种面积
1982	326.00	326.00	71.00	4.65	244.60	197.20	41.60
1983	316.70	316.70	70.40	6.24	255.70	195.90	53.30
1984	310.50	310.50	71.20	9.43	257.20	187.60	60.50
1985	307.40	307.40	71.20	10.18	248.70	175.30	61.40
1986	297.00	297.00	69.70	6.47	241.60	172.90	46.10
1987	296.00	296.00	73.80	5.75	224.60	148.80	59.50
1988	293.60	293.60	72.40	6.86	254.20	177.60	60.60
1989	291.10	291.10	75.90	4.79	234.80	174.20	50.40
1990	292.40	292.40	81.50	8.40	268.90	199.80	54.00
1991	293.10	293.10	85.10	9.67	271.50	196.60	68.00
1992	293.00	293.00	91.00	10.72	278.00	200.00	72.50
1993	290.50	290.50	90.60	10.74	258.00	191.80	60.60
1994	293.80	293.80	95.10	11.76	274.30	196.50	66.60
1995	293.80	293.80	97.90	16.23	278.80	198.80	73.60
1996	303.20	303.20	99.60	8.37	279.20	206.90	59.40
1997	470.28	301.50	107.60	8.67	279.80	209.80	57.90
1998	468.87	302.20	111.60	8.49	284.70	213.20	61.20
1999	464.30	464.30	149.80	7.57	278.70	213.00	56.80
2000	447.40	447.40	148.80	17.47	276.30	189.70	75.70
2001	405.80	405.80	149.70	26.15	204.80	128.90	65.10
2002	396.03	396.03	128.50	26.37	261.69	160.62	75.20
2003	429.62	429.62	134.67	18.47	267.10	156.80	67.06
2004	428.73	428.73	146.16	17.14	285.09	178.20	63.61
2005	423.96	423.96	145.60	7.21	294.71	190.87	67.28
2006	423.14	423.14	153.95	2.73	317.15	199.20	70.62
2007	421.29	421.29	153.85	5.23	291.20	208.26	82.94
2008	422.11	422.11	136.99	8.67	297.42	208.62	88.80
2009	427.76	242.24	185.52	47.32	305.86	220.36	85.50
2010	426.85	241.90	184.94	26.86	310.31	225.18	85.13
2011	426.04	241.72	184.32	21.33	309.13	222.77	86.36
2012	425.48	241.16	184.33	34.37	311.61	226.70	84.91
2013	425.85	241.13	184.72	40.26	313.27	227.27	86.00
2014	425.80	240.93	184.87	31.10	334.96	227.11	107.85
2015	425.09	240.70	184.39	38.43	319.19	220.17	99.02
2016	424.37	240.36	184.02	38.03	329.62	212.30	117.32
2017	423.84	240.05	183.79	35.03	313.09	211.57	101.52

注：1. 2009年以后耕地面积为国土局提供数据（耕地面积=旱地+水浇地），2009年以前数据水浇地为旱地的组成项；
2. 2007年-2017年总播面积、粮食作物播种面积、经济作物播种面积数据已根据第三次农牧业普查结果进行修订。

12-9 历年主要粮食

年 份	农作物总播种面积	粮食作物播种面积	谷 物	#小麦	#玉米
1949	197.30	173.50		36.40	
1950	222.60	196.10		38.90	
1951	267.20	233.60		42.30	
1952	268.70	235.60		46.40	
1953	277.30	242.70		49.40	
1954	275.90	242.70		56.10	
1955	282.00	245.30		57.70	
1956	295.90	254.10		53.20	0.70
1957	300.60	250.70	225.10	62.50	0.80
1958	305.80	259.70	221.50	63.70	0.80
1959	273.30	212.30	186.50	56.30	1.00
1960	353.50	276.30	237.20	76.80	1.20
1961	343.80	288.30	248.40	74.30	1.30
1962	312.00	269.00	239.00	73.30	1.30
1963	302.20	260.60	181.70	73.80	1.20
1964	309.60	262.60	237.90	75.60	1.30
1965	312.30	267.20	245.10	77.30	1.50
1966	306.10	262.60	242.30	70.70	3.10
1967	296.30	247.80	227.40	73.50	2.50
1968	282.70	243.40	225.70	71.60	1.70
1969	280.20	238.50	221.10	74.40	1.70
1970	294.60	250.50	241.60	88.10	1.30
1971	291.30	252.30	234.30	88.80	5.10
1972	290.40	249.10	231.90	87.80	7.60
1973	285.10	241.40	224.50	88.20	5.40
1974	285.20	242.00	224.60	86.30	5.10
1975	281.60	237.90	219.80	88.80	3.80
1976	281.40	233.00	212.60	97.80	3.60
1977	274.50	230.10	209.10	100.80	3.60
1978	269.30	225.10	199.80	91.70	4.70
1979	275.20	224.40	197.80	80.00	4.10
1980	262.50	210.30	187.60	83.30	3.50
1981	242.70	196.70	179.00	84.40	2.10

作 物 播 种 面 积

单位：千公顷

#荞麦	#谷子	#莜麦	#糜黍	薯 类	豆 类	#大豆
0.60	1.90	6.20	14.60			2.20
2.50	2.10	7.50	21.10			6.00
0.40	5.60	8.80	20.60			4.60
0.10	6.50	10.00	20.00			3.40
0.20	5.70	9.00	16.00			3.20
0.30	4.80	8.50	16.70			2.80
0.40	7.80	8.70	19.00			1.50
0.40	5.40	9.70	13.40	17.80	7.80	1.80
1.10	8.20	37.30	16.80	33.00	5.20	1.20
1.00	5.10	27.50	13.40	20.80	5.00	0.30
28.20	14.50	40.20	43.70	32.90	6.20	0.60
21.80	15.50	51.60	42.30	33.80	6.10	0.90
2.80	10.40	14.50	4.40	24.30	5.70	1.20
5.50	7.60	16.00	14.10	19.30	5.60	1.20
5.20	8.10	17.00	14.70	18.70	6.00	1.70
6.00	8.60	16.80	15.70	16.20	5.90	1.80
7.50	8.50	13.40	19.60	14.80	5.50	1.70
5.10	7.70	16.60	13.70	15.90	4.50	1.40
6.30	5.80	15.70	14.40	13.30	4.40	1.30
5.80	6.20	15.10	13.00	12.70	4.70	1.30
5.00	6.80	15.90	13.20	7.50	1.40	1.30
18.70	15.30	47.90	39.00	14.30	3.70	3.70
17.70	15.60	43.70	38.40	14.20	3.00	3.00
19.70	15.20	38.70	40.00	14.50	2.40	2.40
19.80	17.50	36.00	39.80	14.70	2.70	2.70
27.70	13.60	30.40	34.90	16.10	2.00	2.00
19.00	13.00	28.70	31.90	18.40	2.00	2.00
17.60	12.10	29.70	31.30	18.80	2.20	2.20
17.20	11.30	28.50	32.30	23.00	2.30	2.30
17.60	11.30	31.50	40.80	24.10	2.50	2.50
15.60	8.30	43.70	35.50	20.90	1.80	1.80
16.80	7.00	30.20	32.10	16.60	1.10	1.10

12-9 续

年份	农作物总播种面积	粮食作物播种面积	谷物	#小麦	#玉米
1982	244.60	197.20	179.30	86.20	1.90
1983	255.70	195.90	179.90	89.60	2.20
1984	257.20	187.60	171.40	87.30	1.90
1985	248.70	175.30	159.30	81.50	3.00
1986	241.60	172.90	156.70	80.60	3.80
1987	224.60	148.80	133.40	83.10	5.90
1988	254.20	177.60	161.10	86.90	4.80
1989	234.80	174.20	158.10	86.60	6.40
1990	268.90	199.80	183.40	93.00	10.00
1991	271.50	196.60	179.00	89.80	12.40
1992	278.00	200.00	180.70	99.80	13.10
1993	258.00	191.80	175.70	93.60	18.00
1994	274.30	196.50	176.20	92.50	25.10
1995	278.80	198.80	179.00	88.00	29.60
1996	279.20	206.90	178.00	90.30	31.90
1997	279.80	209.80	180.90	93.30	31.30
1998	284.70	213.20	178.20	87.70	35.80
1999	278.70	213.00	170.80	74.40	43.30
2000	276.30	189.70	138.10	56.90	35.70
2001	204.80	128.90	94.70	42.60	33.20
2002	261.69	160.62	124.57	38.53	45.12
2003	267.10	156.80	108.69	15.93	69.42
2004	285.09	178.20	126.31	34.94	72.76
2005	294.71	190.87	137.64	38.24	85.50
2006	317.15	199.20	127.10	26.65	85.60
2007	291.20	208.26	140.56	18.96	93.09
2008	297.42	208.62	154.08	23.30	94.23
2009	305.86	220.36	150.51	29.58	96.06
2010	310.31	225.18	141.15	30.44	97.46
2011	309.13	222.77	139.47	32.31	95.31
2012	311.61	226.70	156.35	51.48	100.03
2013	313.27	227.27	164.78	40.77	103.93
2014	334.96	227.11	172.85	43.07	116.19
2015	319.19	220.17	176.47	41.86	118.59
2016	329.62	212.30	170.96	42.04	108.33
2017	313.09	211.57	172.84	43.01	104.75

注：2007年-2017年数据已根据第三次农牧业普查结果进行修订。

表

单位：千公顷

#荞麦	#谷子	#莜麦	#糜黍	薯 类	豆 类	#大豆
19.50	6.80	28.60	30.20	16.90	1.00	1.00
20.60	6.10	27.80	27.40	15.90	0.10	0.90
20.70	5.60	26.30	24.60	15.50	0.70	0.70
19.30	4.70	23.60	22.50	15.10	0.90	0.90
19.50	3.10	17.00	19.50	15.70	0.50	0.50
20.10	1.80	19.20	13.30	15.10	0.30	0.30
21.80	3.30	22.40	17.70	16.20	0.30	0.30
21.80	2.90	17.40	18.20	15.50	0.60	0.60
26.80	3.50	23.00	17.90	15.80	0.60	0.60
23.30	3.40	21.70	19.00	16.50	1.10	1.10
22.20	3.10	22.00	14.10	16.80	2.50	0.50
23.90	2.00	17.30	8.10	15.20	0.90	0.90
33.40	1.80	12.50	7.30	17.50	2.80	0.80
25.10	1.70	14.90	6.60	17.50	2.30	0.40
29.00	1.70	14.20	9.30	21.40	7.50	0.70
29.10	2.00	14.70	8.90	20.90	8.00	0.90
29.60	2.00	12.80	9.00	25.40	9.60	0.90
31.70	1.70	9.60	9.40	36.00	6.30	0.70
34.00	1.10	5.00	5.00	48.10	3.50	0.80
13.60	0.30	2.20	2.40	29.50	4.70	0.90
30.49	0.87	5.57	3.53	30.25	5.80	0.46
17.50	0.61	2.70	2.24	44.16	3.95	0.52
13.56	0.37	2.99	1.37	48.55	3.34	0.25
9.41	0.44	2.16	1.61	49.32	3.91	0.39
10.71	0.26	1.95	1.84	68.70	3.40	0.21
26.65	0.36	0.09	1.27	66.55	1.14	0.06
33.15	0.29	1.33	1.05	53.37	1.17	0.07
19.26	0.35	2.87	1.64	68.16	1.69	0.06
9.14	0.22	2.49	1.23	82.11	1.92	0.07
9.14	0.13	0.48	0.72	82.91	0.40	0.10
2.35	0.08	1.63	0.62	70.15	0.19	0.09
15.52	0.21	3.55	0.44	62.29	0.20	0.07
9.81	0.26	2.03	0.69	54.09	0.17	0.08
13.51	0.39	1.36	0.58	43.00	0.70	0.01
16.20	0.31	2.36	0.76	41.14	0.20	0.01
18.47	0.30	4.31	0.76	38.71	0.03	0.02

12-10 历年主要经济作物播种面积

单位：千公顷

年 份	经济作物播种面 积	油 料				甜 菜	药 材	蔬 菜	瓜 类	其它作物播种面积	
			#葵花籽	#胡麻籽	#油菜籽						#青饲料
1949	23.70	21.20						0.40		0.10	0.10
1950	26.40	23.70		0.80	4.60			0.40		0.10	0.10
1951	33.50	30.60		2.10	6.80			0.40		0.10	0.10
1952	33.00	29.00		2.10	5.20			0.60	0.60	0.10	0.10
1953	34.50	29.50		1.80	6.50			0.50	0.60	0.10	0.10
1954	32.80	27.50		1.80	5.70	0.10		0.50	0.70	0.40	0.30
1955	35.80	28.90		2.50	6.10	0.90		0.80	0.80	0.90	0.90
1956	40.60	31.60		1.70	8.50	1.10		1.60	0.90	1.20	1.20
1957	49.00	36.10		1.90	8.90	1.90		2.10		0.90	0.90
1958	40.90	29.00		8.70	12.40	1.70		2.90	1.40	5.20	5.20
1959	57.80	37.70	0.10	10.10	14.50	2.00		5.40	1.20	3.20	3.20
1960	54.40	32.80	0.10	13.60	15.60	4.70		11.70	1.30	22.80	22.80
1961	47.30	28.40	0.10	11.90	11.90	1.70		11.00	1.40	8.20	7.00
1962	39.00	21.90		0.20	5.40	1.00		7.80		4.00	4.00
1963	37.80	24.10		0.70	5.50	0.90		7.10	0.80	3.80	3.80
1964	43.00	27.40		0.90	6.80	2.40		7.20	0.80	4.00	4.00
1965	42.30	25.80		0.90	5.40	2.90		8.20		2.80	2.80
1966	38.30	18.60		0.60	3.90	2.90		5.90	0.50	5.20	5.20
1967	44.20	23.70		0.90	6.00	4.60		5.60	0.70	4.30	4.30
1968	38.00	20.00			5.00	3.20		5.40		1.30	1.30
1969	39.10	20.60		0.60	5.30	3.90		5.90	0.40	2.60	2.60
1970	40.80	21.40		0.80	5.20	3.50		5.50	0.40	3.40	3.40
1971	30.90	18.40		5.80	7.60	2.70	0.30	8.70	1.10	8.10	8.10
1972	33.30	17.90		4.80	8.60	4.00	0.10	8.70	1.20	8.00	7.90
1973	35.00	18.00		5.00	8.20	4.40	0.10	9.50	1.10	8.70	8.70
1974	35.80	19.20		4.70	9.00	4.90	0.30	9.50	1.80	7.40	7.40
1975	36.30	19.90	1.30	4.80	9.00	4.50	0.30	8.00	1.50	7.40	7.30
1976	38.70	21.90	1.80	4.90	10.30	5.00	0.30	8.80	1.50	9.70	9.60
1977	38.90	22.80	2.60	4.70	10.70	4.80	0.30	9.70	1.30	7.30	7.10
1978	39.30	23.00	3.90	4.30	10.00	4.30	0.50	9.70	1.80	8.00	7.50
1979	43.90	27.60	3.70	4.40	13.90	3.10	0.20	10.40	2.00	6.90	6.50
1980	43.60	30.40	7.20	4.00	14.40	2.10	0.20	8.30	1.60	8.60	8.00
1981	38.90	28.00	7.90	3.20	13.40	1.50	0.40	7.50	1.50	7.10	6.00

12-10 续 表

单位：千公顷

年 份	经济作物播种面 积	油 料	#葵花籽	#胡麻籽	#油菜籽	甜 菜	药 材	蔬 菜	瓜 类	其它作物播种面积	#青饲料
1982	41.60	31.10	12.40	3.20	13.00	0.90	0.60	7.40	1.30	5.80	5.30
1983	53.30	42.40	24.00	3.20	12.50	1.30	1.20	6.60	0.80	6.50	6.00
1984	60.50	45.50	27.50	2.90	11.80	2.70	2.90	6.80	1.70	9.10	8.10
1985	61.40	41.90	15.50	6.00	17.70	8.90	1.80	6.00	1.90	12.00	9.80
1986	46.10	29.50	13.70	7.70	6.70	5.60	0.70	7.00	2.20	22.60	21.70
1987	59.50	34.60	16.70	8.30	8.70	4.40	0.40	5.70	1.00	16.30	15.50
1988	60.60	43.20	22.10	8.10	11.60	6.10	1.20	6.80	1.20	16.00	15.10
1989	50.40	35.20	22.70	7.00	4.20	6.20	1.10	6.50	0.50	10.20	9.90
1990	54.00	42.10	23.20	6.80	10.20	6.60	0.40	6.80	0.20	15.10	12.90
1991	68.00	43.80	20.80	8.40	13.80	9.20	0.50	5.30	0.30	6.90	4.90
1992	72.50	47.30	26.60	9.40	10.50	7.90	0.90	7.20	0.60	5.50	4.20
1993	60.60	36.20	24.30	6.70	4.80	7.90	2.10	7.50	0.50	5.60	4.90
1994	66.60	45.90	28.10	7.20	6.80	6.40	1.40	6.90	0.80	11.20	9.50
1995	73.60	47.80	26.10	8.00	12.40	9.10	1.10	7.60	0.50	6.40	6.20
1996	59.40	41.80	20.10	8.80	12.80	8.60	0.20	7.90	0.80	12.90	12.70
1997	57.90	42.60	18.10	9.60	14.70	7.00	0.50	6.90	0.90	12.10	11.30
1998	61.20	43.40	20.60	8.20	14.50	7.40	1.00	8.50	1.00	10.30	9.70
1999	56.80	43.80	21.80	8.00	12.90	2.90	1.20	7.80	1.10	8.90	8.60
2000	75.70	55.30	29.00	7.00	17.10	2.90	4.20	10.10	3.10	10.90	9.70
2001	65.10	43.90	34.20	4.20	5.50	3.10	6.50	8.80	2.70	10.80	9.60
2002	75.20	54.73	35.87	5.79	12.31	2.87	5.69	9.74	2.17	25.87	24.23
2003	67.06	48.93	27.48	4.97	15.54	1.62	6.02	9.19	1.30	43.24	34.45
2004	63.61	45.20	22.62	2.62	16.95	1.82	6.89	8.44	1.26	43.29	38.83
2005	67.28	46.72	15.54	3.41	20.80	3.63	6.36	9.01	1.56	36.57	28.33
2006	70.62	48.07	18.56	2.42	21.92	4.46	6.63	9.82	1.64	47.34	38.07
2007	82.94	23.88	8.49	1.39	8.38	2.94	2.81	7.66	1.43	44.23	33.63
2008	88.80	35.73	19.48	2.38	11.22	2.70	4.64	8.60	1.53	35.60	27.84
2009	85.50	40.16	18.49	3.98	15.69	2.25	1.04	10.12	1.53	30.39	25.48
2010	85.13	40.95	20.63	3.04	16.07	1.76	0.83	10.96	1.33	29.30	24.41
2011	86.36	44.04	29.20	2.74	11.28	0.63	0.59	11.86	1.51	27.74	18.07
2012	84.91	40.64	22.83	1.97	15.46	0.13	0.83	13.45	1.44	28.43	22.46
2013	86.00	42.23	24.60	1.41	16.22	0.02	0.66	12.00	1.52	29.58	24.46
2014	107.85	71.95	27.41	2.93	41.61	0.01	0.77	12.65	1.78	20.70	18.30
2015	99.02	62.51	34.06	2.49	25.96	0.01	1.38	11.39	1.70	22.03	19.20
2016	117.32	90.09	41.09	2.97	45.67	0.00	1.91	12.05	1.62	11.65	6.56
2017	101.52	70.52	38.25	2.52	29.33	0.19	3.75	11.85	1.42	13.79	8.64

注：2007年-2017年数据已根据第三次农牧业普查结果进行修订。

12-11　历年主要粮食作物产量

单位：万吨

年份	粮食	谷物	#小麦	#玉米	#荞麦	#谷子	#莜麦	#糜黍	薯类	豆类	#大豆
1949	9.80	9.80	2.20								
1950	10.50	10.43	1.90		0.79	0.11	0.20	0.79			
1951	11.80	11.72	2.30		0.48	0.10	0.53	0.48			
1952	18.20	17.97	3.30		1.30	0.50	0.34	1.30			
1953	13.90	13.76	2.80		0.80	0.33	0.36	0.80			
1954	22.70	22.50	5.00		1.59	0.56	0.74	1.59			
1955	18.20	18.11	4.30		1.10	0.43	0.30	1.10			
1956	25.30	25.23	4.20		1.44	0.75	0.67	1.44			
1957	14.30	12.60	3.60		0.53	0.24	0.25	0.53	1.50	0.20	0.20
1958	15.90	10.80	1.40		1.22	0.83	1.25	1.22	4.90	0.20	0.20
1959	20.90	17.40	5.80		1.39	0.54	3.26	1.39	3.20	0.30	0.30
1960	14.30	10.90	4.60	0.10	1.63	0.61	1.48	1.63	3.10	0.30	0.30
1961	11.60	8.70	1.80	0.10	2.40	0.84	1.22	2.40	2.70	0.20	0.20
1962	13.60	11.20	4.20	0.10	0.10	0.64	0.58	0.10	2.20	0.20	0.20
1963	13.80	11.80	3.00	0.20	0.93	0.44	0.45	0.93	1.80	0.20	0.20
1964	18.90	16.89	3.80	0.20	1.39	0.77	0.75	1.39	1.90	0.11	0.11
1965	12.00	10.60	3.70	0.20	0.70	0.35	0.28	0.70	1.20	0.20	0.20
1966	14.80	13.00	2.40	0.70	1.35	0.63	0.13	1.35	1.40	0.40	0.40
1967	17.50	15.60	3.70	0.60	1.24	0.80	0.81	1.24	1.60	0.30	0.30
1968	13.80	12.00	3.50	0.40	1.06	0.45	0.28	1.06	1.50	0.30	0.30
1969	16.90	15.80	5.80	0.40	0.96	0.58	0.54	0.96	0.90	0.20	0.20
1970	19.70	17.80	6.80	0.50	1.14	0.77	0.49	1.14	1.50	0.40	0.40
1971	20.80	19.90	6.60	1.20	3.87	1.79	2.33	3.87	0.60	0.30	0.30
1972	18.50	16.96	5.80	1.70	3.66	1.59	1.60	3.66	1.30	0.24	0.24
1973	20.20	18.36	5.20	1.70	4.34	1.85	1.54	4.34	1.60	0.24	0.24
1974	27.10	25.30	9.00	1.70	4.79	2.25	2.48	4.79	1.50	0.30	0.30
1975	23.90	21.50	7.80	1.50	3.87	1.53	1.07	3.87	2.10	0.30	0.30
1976	24.40	21.97	10.80	1.00	2.43	1.59	2.31	2.43	2.30	0.13	0.13
1977	23.80	20.98	9.80	1.30	3.23	1.61	1.80	3.23	2.70	0.20	0.20
1978	17.20	14.00	4.90	1.70	2.45	1.19	0.97	2.45	3.00	0.20	0.20
1979	23.70	19.70	8.90	1.40	3.54	1.31	2.09	3.54	3.80	0.20	0.20
1980	16.20	13.60	5.90	1.00	3.24	0.93	1.08	3.24	2.50	0.10	0.10
1981	21.40	18.40	8.30	0.70	5.09	0.96	1.37	5.09	2.90	0.10	0.10

12-11 续 表

单位：万吨

年 份	粮 食	谷 物	#小麦	#玉米	#荞麦	#谷子	#莜麦	#糜黍	薯 类	豆 类	#大豆
1982	18.40	16.20	9.30	0.60	3.46	0.60	0.92	3.46	2.10	0.10	0.10
1983	19.70	16.90	9.90	0.70	3.22	0.76	0.75	3.22	2.70	0.10	0.10
1984	26.50	22.10	13.10	0.70	3.60	0.85	1.86	3.60	4.30	0.10	0.10
1985	22.30	18.44	11.00	1.00	2.66	0.50	1.73	2.66	3.80	0.06	0.06
1986	16.30	13.65	8.70	1.00	1.44	0.29	0.59	1.44	2.60	0.05	0.05
1987	12.80	10.48	7.20	1.70	0.87	0.13	0.11	0.87	2.30	0.02	0.02
1988	23.30	18.78	10.50	1.80	2.20	0.65	1.86	2.20	4.50	0.02	0.02
1989	23.20	19.06	11.10	3.00	1.86	0.45	0.61	1.86	4.10	0.04	0.04
1990	35.60	30.20	16.40	5.70	2.77	0.65	2.03	2.77	5.30	0.10	0.10
1991	27.50	24.00	12.00	7.70	1.84	0.42	0.73	1.84	3.40	0.10	0.10
1992	37.10	31.77	16.20	9.40	2.02	0.51	1.14	2.02	5.20	0.13	0.13
1993	39.70	34.90	17.20	13.30	1.40	0.34	0.86	1.40	4.60	0.20	0.20
1994	41.30	36.98	12.60	19.30	1.38	0.40	0.45	1.38	4.00	0.32	0.13
1995	49.50	43.55	18.50	20.40	0.98	0.31	0.79	0.98	5.70	0.25	0.06
1996	58.70	50.45	19.40	25.10	1.61	0.33	1.21	1.61	7.50	0.79	0.09
1997	59.00	50.45	21.20	23.70	1.76	0.44	1.04	1.76	7.69	0.84	0.19
1998	49.70	39.68	13.10	20.90	1.66	0.32	0.94	1.66	9.08	0.95	0.13
1999	59.60	49.57	17.50	28.90	1.55	0.22	0.19	1.55	9.67	0.37	0.12
2000	55.30	55.30	15.40	24.60	0.73	0.16	0.20	0.73	12.16	0.43	0.16
2001	42.87	37.12	10.95	25.34	0.36	0.03	0.01	0.36	5.41	0.35	0.18
2002	54.64	42.84	8.87	30.42	2.47	0.15	0.34	0.48	11.08	0.72	0.09
2003	66.10	50.25	3.41	44.73	1.42	0.10	0.19	0.37	15.36	0.49	0.10
2004	91.17	73.41	11.21	60.15	1.35	0.08	0.30	0.26	17.28	0.48	0.05
2005	84.78	77.12	10.69	66.22	0.01	0.04		0.14	7.44	0.22	0.07
2006	98.29	80.96	9.81	70.31	0.48	0.02	0.07	0.24	17.05	0.28	0.04
2007	95.19	82.25	6.05	74.39	1.60	0.02	0.01	0.17	12.81	0.13	0.02
2008	96.40	87.48	6.59	78.71	1.91	0.01	0.08	0.14	8.81	0.11	0.02
2009	100.75	87.98	7.56	78.88	1.09	0.03	0.18	0.21	12.56	0.21	0.01
2010	97.98	84.93	6.25	77.77	0.50	0.01	0.13	0.27	12.91	0.15	0.02
2011	99.89	88.74	6.55	81.15	0.44	0.02	0.04	0.16	11.09	0.05	0.02
2012	101.07	88.99	8.02	80.38	0.24	0.01	0.20	0.11	12.05	0.03	0.02
2013	111.32	97.88	6.58	89.45	1.39	0.04	0.28	0.12	13.41	0.03	0.01
2014	109.41	95.27	6.62	87.48	0.75	0.04	0.16	0.15	14.12	0.02	0.01
2015	108.91	99.07	6.39	90.57	1.65	0.07	0.18	0.13	9.77	0.07	0.00
2016	109.22	99.15	10.07	83.75	4.34	0.09	0.17	0.07	10.05	0.03	0.00
2017	109.98	100.09	10.14	84.53	3.63	0.09	0.95	0.07	9.89	0.00	0.00

注：2007年-2017年数据已根据第三次农牧业普查结果进行修订。

12-12　历年主要经济作物产量

单位：万吨

年 份	油 料	#葵花籽	#胡麻籽	#油菜籽	甜 菜	药 材	蔬 菜	瓜 类
1949	0.80						0.50	
1950	0.80		0.03	0.13			0.50	
1951	0.90		0.07	0.13			0.50	
1952	1.00		0.05	0.12	1.60		1.20	
1953	1.00		0.04	0.26	1.60		1.00	
1954	1.30		0.08	0.33	1.70		1.00	
1955	0.90		0.06	0.20	1.70		1.60	
1956	1.40		0.05	0.43	2.20		3.20	
1957	0.90		0.04	0.20	1.60		4.50	
1958	0.40		0.14	0.08	1.10		6.00	
1959	1.80		0.26	1.11	2.70		10.00	
1960	0.50		0.17	0.20	2.40		17.00	
1961	0.40		0.15	0.08	0.40		16.00	
1962	0.40		0.02	0.10	0.40		15.80	
1963	0.50		0.02	0.91	1.20		14.71	
1964	0.90		0.03	0.17	4.20		18.00	
1965	0.60		0.03	0.04	3.80		19.86	
1966	0.30		0.02	0.01	3.40		23.99	
1967	0.60		0.02	0.09	7.40		20.33	
1968	0.50			0.06	3.10		17.53	
1969	0.60		0.02	0.14	5.90		18.70	
1970	0.70		0.02	0.15	4.40		24.32	
1971	0.50		0.17	0.22	3.10	0.02	23.64	
1972	0.50		0.16	0.14	4.40	0.01	25.43	
1973	0.50		0.13	0.20	4.10	0.01	27.28	
1974	0.80		0.16	0.44	2.40	0.01	24.48	
1975	0.50	0.10	0.12	0.20	2.60	0.03	27.63	
1976	0.90	0.08	0.14	0.57	2.30	0.02	28.90	
1977	1.00	0.22	0.19	0.45	4.50	0.02	26.57	
1978	0.60	0.15	0.12	0.16	4.30	0.03	27.30	
1979	1.00	0.25	0.13	0.57	1.60	0.01	29.34	
1980	1.30	0.70	0.15	0.33	1.70	0.02	23.95	
1981	2.80	2.21	0.18	0.26	1.50	0.04	20.75	

12-12 续 表

单位：万吨

年份	油料	#葵花籽	#胡麻籽	#油菜籽	甜菜	药材	蔬菜	瓜类
1982	2.90	2.23	0.12	0.48	1.50	0.09	27.59	
1983	3.50	3.04	0.23	0.18	2.80	0.20	29.07	
1984	2.30	1.27	0.23	0.57	7.40	1.27	30.11	
1985	3.10	1.28	0.66	1.01	27.60	0.89	28.45	
1986	3.10	2.13	0.75	0.18	13.40	0.23	28.96	
1987	3.10	2.35	0.74	0.05	8.50		29.52	
1988	3.20	2.26	0.62	0.30	12.60		27.38	
1989	4.20	3.72	0.38	0.07	17.00		31.81	
1990	4.90	3.71	0.58	0.73	19.80		33.28	
1991	3.80	3.04	0.68	0.08	25.50		31.91	
1992	6.30	5.04	0.86	0.35	25.50		37.50	
1993	6.00	4.98	0.78	0.21	26.90		39.48	
1994	3.90	2.90	0.60	0.18	12.40	0.05	36.36	
1995	5.80	4.32	0.70	0.76	26.90	0.25	39.48	
1996	5.52	3.59	1.00	0.93	29.00	0.11	41.70	2.96
1997	5.72	3.69	1.09	0.92	23.72	0.32	41.48	3.05
1998	4.04	2.19	0.70	0.70	14.87	0.42	43.62	3.13
1999	5.90	4.05	0.88	0.88	8.16	0.62	45.66	4.54
2000	7.41	5.36	0.81	0.81	9.40	2.12	57.89	13.78
2001	6.66	5.98	0.48	0.48	10.05	2.44	55.30	12.89
2002	7.63	5.69	0.60	1.23	10.79	1.69	62.15	9.66
2003	6.34	4.00	0.59	1.61	6.33	1.45	58.08	5.11
2004	6.53	3.70	0.40	1.91	9.47	1.89	44.45	5.73
2005	3.06	1.53	0.39	0.09	17.80	1.65	48.48	7.26
2006	4.46	2.39	0.36	0.75	25.33	2.14	55.29	8.28
2007	2.37	1.21	0.24	0.59	16.30		55.84	7.99
2008	3.49	1.63	0.37	1.10	13.33		61.92	7.88
2009	3.71	2.19	0.47	0.73	11.00		70.36	6.34
2010	3.21	2.59	0.41	0.03	8.71		76.80	5.49
2011	4.28	3.78	0.42	0.03	3.18		86.48	5.45
2012	5.23	4.09	0.27	0.82	0.62		95.42	5.43
2013	5.46	4.68	0.20	0.58	0.13		86.05	5.68
2014	7.72	4.40	0.29	3.01	0.04		88.41	6.76
2015	6.28	5.34	0.34	0.59	0.04		83.36	6.21
2016	10.79	7.45	0.55	2.73			86.90	5.53
2017	6.94	6.19	0.50	0.11	1.19		86.82	5.17

注：2007年-2017年数据已根据第三次农牧业普查结果进行修订。

12-13　主要农作物总产量及单位面积产量

指　标	2014		2015		2016		2017	
	总产量（万吨）	单位面积产量（公斤/公顷）	总产量（万吨）	单位面积产量（公斤/公顷）	总产量（万吨）	单位面积产量（公斤/公顷）	总产量（万吨）	单位面积产量（公斤/公顷）
粮　食	109.41	4818	108.91	4946	109.22	5145	109.98	5198
谷　物	95.27	5511	99.07	5614	99.15	5800	100.09	5791
#小麦	6.62	1538	6.39	1527	10.07	2394	10.14	2357
玉米	87.48	7529	90.57	7637	83.75	7731	84.53	8070
高粱	0.00	5484	0.00	5497	0.63	7495	0.62	5655
谷子	0.04	1512	0.07	1708	0.09	3014	0.09	2987
莜麦	0.16	800	0.18	1293	0.17	707	0.95	2198
糜黍	0.15	2106	0.13	2277	0.07	906	0.07	957
荞麦	0.75	769	1.65	1223	4.34	2681	3.63	1966
豆　类	0.02	1384	0.07	957	0.03	1250	0.00	1923
#大豆	0.01	1492	0.00	1686	0.00	1857	0.00	1867
薯　类	14.12	2611	9.77	2273	10.05	2443	9.89	2555
油　料	7.72	1073	6.28	1004	10.79	1198	6.94	983
#葵花籽	4.40	1603	5.34	1568	7.45	1812	6.19	1620
油菜籽	3.01	723	0.59	229	2.73	597	0.10	38
胡麻籽	0.29	986	0.34	1373	0.55	1846	0.48	1994
甜　菜	0.04	60500	0.04	60666			1.19	61558
蔬　菜	88.30	69805	83.25	73070	86.90	72122	86.82	73248
瓜类（果用瓜）	6.76	37965	6.21	36436	5.53	33931	5.17	36543
水　果	9.95	26379	9.52	25813	8.18	23848	7.83	24115

注：本表数据已根据第三次农牧业普查进行修订。

12-14 生态建设基本情况

指　标	2012	2013	2014	2015	2016	2017
荒山荒(沙)地造林面积（公顷）	**34370**	**40256**	**31104**	**36834**	**38029**	**35033**
人工造林	10036	7254	16103	13833	19561	23033
无林地和疏林地新封	24334	33002	15001	23001	8468	9667
林业重点工程合计（公顷）	**31667**	**38003**	**20308**	**31936**	**25469**	**28065**
天然林资源保护工程	16001	8002	10335	13602	5002	3866
退耕还林工程	1667	1000	1467		8000	12200
荒山荒地造林	1667	1000	1467		267	
京津风沙源治理工程	11333	27001	8506	18334	12467	11999
三北及长江流域等防护工程	2666	2000				
当年造林面积（千公顷）	**34.37**	**40.26**	**31.10**	**36.83**	**38.03**	**35.03**
按经济成份分						
国有造林	9.75	11.11	16.69	17.63	5.77	5.47
集体造林	12.37	8.29	5.81	19.20	22.18	15.83
非公有制造林	12.25	20.86	8.60		0.08	11.40
按主要林种用途分						
用材林						
经济林			1.67			
防护林	34.37	40.26	29.44	36.83	28.03	32.70
#农田防护林						
薪炭林						
其他林						
草场面积（千公顷）	**2013.04**	**2013.04**	**2013.04**	**2034.67**	**1991.23**	**1991.23**
#承包到户面积	1588.00	1588.00	1588.00	1675.00	1753.91	1579.40
围栏草场面积（万亩）	**535.87**	**535.87**	**535.87**	**830.52**	**830.52**	**899.02**
人工种草保有面积（千公顷）	**91.96**	**108.50**	**100.00**	**152.11**	**101.61**	**92.67**
#当年种草面积	67.83	102.21	86.70	134.92	91.43	78.73
年末实有自然保护区（个）	**4**	**7**	**7**	**5**	**3**	**4**
年末实有自然保护区面积（公顷）	**104117**	**118667**	**154667**	**173357**	**68262**	**105177**

主要统计指标解释

农林牧渔业总产值　指以货币表现的农、林、牧、渔业全部产品和对农林牧渔业生产活动进行的各种支持性服务活动的价值总量，它反映一定时期内农林牧渔业生产总规模和总成果。1957年以前的农林牧渔业总产值中包括了厩肥和农民自给性手工业（如农民自制衣服、鞋、袜，自己从事粮食初步加工等）。1958年及以后，林业中增加了村及村以下竹木采伐产值；牧业中取消了厩肥产值；副业中取消了农民自给性手工业产值，增加了村及村以下办的工业产值；渔业中增加了海洋捕捞水产品产值。1980年及以后，在副业中增加了农民家庭兼营工业商品部分的产值。从1984年起村及村以下工业产值划归工业。从1993年起取消副业，将野生动物的捕猎划入牧业、野生植物采集和农民家庭兼营商品性工业划归农业。从2003年起，执行新的国民经济行业分类标准，农林牧渔业总产值中包括了农林牧渔服务业产值。林业中增加了森林采运业产值。农业中取消了家庭兼营商品性工业产值，将野生林产品的采集划归林业。第一次农业普查以后，由于畜牧业产品年报数据与普查数据之间存在一定的差距，国家统计局农调总队对畜牧业年报数据与普查数据进行衔接，相应的畜牧业产值进行调整。

农林牧渔业总产值的计算方法通常是按农、林、牧、渔业产品及其副产品的产量分别乘以各自单位产品价格求得；少数生产周期较长，当年没有产品或产品产量不易统计的，则采用间接方法匡算其产值；然后将四业产品产值相加即为农林牧渔业总产值。

粮食产量　指全社会的产量。包括国有经济经营的、集体统一经营的和农民家庭经营的粮食产量，还包括工矿企业办的农场和其他生产单位的产量。粮食除包括稻谷、小麦、玉米、高粱、谷子及其他杂粮外，还包括薯类和豆类。其产量计算方法，豆类按去豆荚后的干豆计算；薯类（包括甘薯和马铃薯，不包括芋头和木薯）1963年以前按每4公斤鲜薯折1公斤粮食计算，从1964年开始改为按5公斤鲜薯折1公斤粮食计算。城市郊区作为蔬菜的薯类（如马铃薯等）按鲜品计算，并且不作粮食统计。其他粮食一律按脱粒后的原粮计算。1989年以前全国粮食产量数据主要靠全面报表取得，1989年以后开始使用抽样调查数据。

油料产量　指全部油料作物的生产量。包括花生、油菜籽、芝麻、向日葵籽、胡麻籽（亚麻籽）和其他油料。不包括大豆、木本油料和野生油料。花生以带壳干花生计算。

水产品产量　指人工养殖的水产品和天然生长的水产品的捕捞量。包括海水的鱼类、虾蟹类、贝类和藻类以及内陆水域的鱼类、虾蟹类和贝类，不包括淡水生植物。水产品产量是通过各级水产和统计部门逐级上报取得数据。1995年及以前，贝类中牡蛎按鲜肉计算；蚶、蛤、蛙按5斤鲜品折1斤计算。1996年以后则统一按鲜品计算。

猪、牛、羊肉产量　指当年出栏并已屠宰、除去头蹄下水后带骨肉（即胴体重）的重量。包括全社会范围内的产量。1996年前为各级逐级上报数据。1996年第一次农业普查以后，由于畜牧业产品年报数据与普查数据之间存在一定的差距，国家统计局农调总队对畜牧业年报数据与普查数据进行衔接。1999年以后，国家统计局开展了猪、牛、羊、禽等主要畜禽品种的抽样调查，并用抽样数据作为国家定案数据使用。未开展抽样调查的品种，仍使用各级统计部门逐级上报数据。

牲畜总增头数　是反映牲畜的总体增长

情况、牲畜头数增殖情况和死亡损失情况的一项数量指标，以大畜、小畜和猪分畜种计算。计算公式为：

总增头数=期内繁殖成活仔畜头数—期内成幼畜死亡头数。

期末畜禽存栏头(只)数 指报告期末农村各种合作经济组织和国营农场、农民个人、机关、团体、学校、工矿企业、部队等单位以及城镇居民饲养的大牲畜、猪、羊、家禽等畜禽的存栏数。数据上报方式及数据调整情况同猪、牛、羊肉产量。

常用耕地 是指耕地总资源中专门种植农作物并经常进行耕种、能够正常收获的土地。包括当年实际耕种的熟地；弃耕、休闲不满三年，随时可以复耕的地；开荒利用三年以上的土地。在统计口径上包括南方小于1米、北方小于2米宽的沟、渠、路和田埂。不包括临时种植农作物的坡度在25度以上的陡坡地；在河套、湖畔、库区临时开发的成片或零星土地；也不包括已列为国家和省（区、市）退耕计划但临时耕种的土地。常用耕地是国家需要重点保护的耕地，是反映我国农业综合生产能力的一个重要指标。

农作物播种面积 指实际播种或移植有农作物的面积。凡是实际种植有农作物的面积，不论种植在耕地上还是种植在非耕地上，均包括在农作物播种面积中。在播种季节基本结束后，因遭灾而重新改种和补种的农作物面积，也包括在内。农作物播种面积主要包括粮食、棉花、油料、糖料、麻类、烟叶、蔬菜和瓜类、药材和其他农作物九大类。

有效灌溉面积 指具有一定的水源，地块比较平整，灌溉工程或设备已经配套，在一般年景下当年能够进行正常灌溉的耕地面积。

农用化肥施用量 指本年内实际用于农业生产的化肥数量，包括氮肥、磷肥、钾肥和复合肥。化肥施用量要求按折纯量计算数量。折纯量是把氮肥、磷肥、钾肥分别按含氮、含五氧化二磷、含氧化钾的百分之一百成份进行折算后的数量。复合肥按其所含主要成分折算。

农业机械总动力 指主要用于农、林、牧、渔业的各种动力机械的动力总和。包括耕作机械、排灌机械、收获机械、农用运输机械、植物保护机械、牧业机械、林业机械、渔业机械和其他农业机械［内燃机按引擎马力折成瓦(特)计算、电动机按功率折成瓦(特)计算］。不包括专门用于乡、镇、村、组办工业、基本建设、非农业运输、科学试验和教学等非农业生产方面用的动力机械与作业机械。

13

工业

INDUSTRY

13－1　全部工业法人单位及从业人员

单位：个、人

指　标	2016			2017		
	法人单位	从业人员	#女性	法人单位	从业人员	#女性
按登记注册类型分组						
总计	**4671**	**299647**	**72402**	**5040**	**287082**	**68924**
内资	4610	290896	68924	4985	280589	67287
国有	41	13421	4582	30	7799	2865
集体	56	2599	1077	48	2548	828
股份合作	25	545	52	17	378	37
联营	5	73	27	4	58	23
有限责任公司	1587	112218	28171	873	95815	26424
股份有限公司	103	53598	13360	71	55117	12811
私营	2448	101795	20369	3726	113682	23270
其他内资	345	6647	1286	216	5192	1029
港澳台商投资	22	2937	896	21	2936	578
与港澳台商合资经营	8	1840	548	8	2184	417
港澳台商独资	12	1024	312	11	664	129
其他港、澳、台商投资	2	73	36	2	88	32
外商投资	39	5814	2582	34	3557	1059
中外合资经营	26	5136	2460	24	2675	805
外资企业	10	618	106	8	857	246
外商投资股份有限公司	1	3	1			
其他外商投资	2	57	15	2	25	8
按地区分组						
总计	**4671**	**299647**	**72402**	**5040**	**287082**	**68924**
稀土高新区	708	38062	12350	730	37049	11778
东河区	498	38355	8840	545	35844	8544
昆都仑区	516	62323	16786	581	60867	16198
青山区	684	43345	13428	798	46485	13328
石拐区	237	15862	2238	245	14870	2094
白云矿区	104	3384	604	100	3500	638
九原区	497	16862	4888	547	15733	4264
土默特右旗	398	27602	4195	438	23717	3926
固阳县	549	22383	3456	564	19329	2922
达尔罕茂明安联合旗	480	31469	5617	492	29688	5232

13-2 历年主要工

年份	钢（万吨）	铁（万吨）	钢材（万吨）	铝锭（万吨）	发电量（亿千瓦时）	原煤（万吨）
1962	8.24	31.85	0.66	1.04	6.70	164.46
1965	34.22	51.03	1.34	2.43	10.19	161.91
1970	80.05	64.15	14.52	2.12	17.37	190.31
1975	41.40	44.28	32.45	1.09	19.18	229.23
1978	89.23	97.73	55.53	1.93	20.45	303.71
1980	130.83	128.12	84.07	2.67	21.24	290.92
1985	166.97	170.75	82.93	2.73	32.00	444.93
1990	261.90	258.24	146.64	5.91	44.19	476.77
1991	256.17	246.27	147.23	6.45	46.50	498.80
1992	289.80	274.68	167.84	7.18	55.12	532.16
1993	324.07	298.02	214.53	7.07	58.29	588.88
1994	316.00	296.37	234.46	7.18	56.49	631.00
1995	339.25	313.35	233.80	7.27	57.80	722.96
1996	412.71	396.30	269.26	7.59	55.89	701.03
1997	431.34	412.75	317.85	9.11	54.35	648.76
1998	385.91	373.15	319.44	11.43	55.85	447.76
1999	393.49	380.71	342.05	11.79	49.73	399.49
2000	399.67	392.87	355.42	11.84	49.60	375.45
2001	428.34	421.44	360.35	11.95	54.08	177.81
2002	489.31	498.41	457.34	14.23	61.59	248.99
2003	539.95	546.51	517.66	20.10	65.21	233.91
2004	576.42	565.46	567.56	34.40	75.75	285.99
2005	740.69	749.62	700.01	40.69	100.74	326.07
2006	799.22	871.84	742.82	49.52	165.99	181.66
2007	919.44	1032.82	862.25	66.69	242.52	180.08
2008	1052.73	1081.03	1010.21	81.19	262.78	241.45
2009	1108.42	1127.83	1051.51	83.60	274.86	1490.13
2010	1112.67	1135.35	1119.40	87.13	262.06	2235.00
2011	1176.53	1187.98	1187.29	101.71	353.26	1963.22
2012	1397.53	1126.13	1311.99	116.85	373.80	2174.39
2013	1565.52	1143.82	1388.14	120.08	395.90	1997.26
2014	1314.97	1183.70	1307.65	125.54	438.47	2041.62
2015	1479.68	1383.32	1406.99	131.94	461.59	1920.63
2016	1513.59	1386.40	1535.26	126.11	436.23	1974.43
2017	1643.40	1451.50	1588.40	145.00	497.23	1250.15

业 产 品 产 量

布 （万米）	糖 （万吨）	白酒 （千升）	啤酒 （万千升）	硫酸 （吨）	电石 （吨）	农用化肥 （吨）	水泥 （万吨）
37	0.12	973		43	2968	4945	0.86
232	2.52	927			3614	5595	
5352	2.73	1283		622	4963	14516	0.11
2936	1.27	1600		6186	5701	10437	2.02
5720	1.42	1797		8336	9270	22838	2.49
5889	2.59	2730		21611	10910	30011	6.20
4987	5.22	6077	1.39	27091	21833	30928	10.74
7775	2.89	9477	2.42	38445	33997	14446	14.98
7466	4.56	9962	2.71	41120	31487	14448	19.85
6507	6.14	10762	3.00	46352	37284	14289	23.76
526	5.28	15000	3.64	55500	31400	14800	31.53
5440	3.80	14939	3.65	65068	36239	16520	23.00
4839	2.18	10896	4.00	71443	60593	16366	25.74
5432	4.60	11652	4.30	59038	59039	17852	30.83
5292	4.19	15608	5.01	71475	57867	16664	38.17
4065	3.66	15206	4.77	85111	59719	16524	50.31
3146	3.79	19581	5.12	81801	69014	19983	54.01
392	3.21	18818	4.85	90772	72455	18948	46.93
2522	4.47	13351	5.61	103509	68077	22230	64.61
2941	4.50	10662	6.20	179076	138474	23734	60.03
2669	4.02	8315	6.91	118282	123423	22781	60.32
2053	2.74	8020	8.01	185864	149144	23473	138.17
2230	3.36	9192	12.80	215898	224071	32265	157.43
2564	3.71	9387	16.88	233524	223918	27468	200.80
1848	3.38	8878	20.01	157203	265695	25525	242.90
1268	1.90	6828	21.18	202288	316250	19540	272.94
203	1.00	8819	22.96	227059	254742	12389	309.80
	0.09	8050	17.21	162768	152833		476.18
	0.44	10196	15.86	82945	119518		442.47
		9121	13.92		18348		578.78
		8744	13.60		8782		730.21
		8568	11.39		96591		532.66
		7046	9.58		132366		544.20
		8695	9.76		120643		347.42
		6100	9.50				254.40

13-3　规模以上工业企业主要产品产量（2017年）

产品名称	计量单位	生产量合　计	产品名称	计量单位	生产量合　计
原煤	万吨	1250.15	机制纸及纸板（外购原纸加工除外）	万吨	1.00
烟煤	万吨	1250.15	包装用纸及纸板	万吨	1.00
一般烟煤	万吨	1250.15	纸制品	万吨	0.90
洗煤	万吨	148.62	瓦楞纸箱	万吨	0.90
#洗精煤	万吨	28.92	烧碱（折100%）	万吨	30.80
铁矿石原矿	万吨	1353.10	稀土化合物	万千克	1761.50
铁矿石成品矿	万吨	638.00	精甲醇	万吨	197.80
#铁精矿	万吨	254.90	初级形态塑料	万吨	103.20
石灰石	万吨	245.90	高密度聚乙烯树脂（HDPE）	万吨	32.70
小麦粉	万吨	13.40	聚丙烯树脂	万吨	31.00
饲料	万吨	17.90	聚氯乙烯树脂	万吨	39.50
配合饲料	万吨	15.70	稀土磁性材料	吨	1896.30
混合饲料	万吨	2.20	化学试剂	万吨	0.40
精制食用植物油	万吨	0.90	单晶硅	万千克	70.90
乳制品	万吨	19.00	多晶硅	万千克	72.70
液体乳	万吨	19.00	中成药	万吨	0.10
饮料酒	万千升	10.10	塑料制品	万吨	0.50
#白酒（折65度，商品量）	万千升	0.60	硅酸盐水泥熟料	万吨	53.60
啤酒	万千升	9.50	水泥	万吨	254.40
饮料	万吨	2.00	商品混凝土	万立方米	71.90
包装饮用水	万吨	5.90	水泥混凝土排水管	千米	45.50
毛机织物（呢绒）	万米	3.40	水泥混凝土压力管	千米	95.90
服装	万件	65.40	石膏板	万平方米	3091.70
梭织服装	万件	1.20	玻璃包装容器	万吨	5.00
针织服装	万件	64.20	耐火材料制品	万吨	4.70

13-3 续 表

产品名称	计量单位	生产量合计	产品名称	计量单位	生产量合计
石墨及碳素制品	万吨	28.50	铁合金	万吨	33.40
生铁	万吨	1451.50	十种有色金属	万吨	145.50
粗钢	万吨	1643.40	精炼铜（电解铜）	万吨	0.50
铸铁件	万吨	0.70	镍	吨	286
铸钢件	万吨	0.10	原铝（电解铝）	万吨	145.00
钢材	万吨	1588.40	黄金	千克	1792
#铁道用钢材	万吨	107.20	单一稀土金属	万千克	49.60
#重轨	万吨	102.30	铝合金	万吨	19.60
大型型钢	万吨	60.80	铜材	万吨	1.90
棒材	万吨	60.20	铝材	万吨	56.30
钢筋	万吨	170.30	钢结构	万吨	2.20
线材（盘条）	万吨	67.00	泵	万台	0.50
特厚板	万吨	11.70	液压元件	万件	1.70
厚钢板	万吨	40.10	灭火器	万台	5.20
中板	万吨	54.80	汽车	万辆	1.40
热轧薄板	万吨	0.20	#载货汽车	万辆	1.30
冷轧薄板	万吨	0.40	改装汽车	万辆	0.20
中厚宽钢带	万吨	369.60	铁路货车	辆	3854
热轧薄宽钢带	万吨	38.30	太阳能电池（光伏电池）	万千瓦	17.70
冷轧薄宽钢带	万吨	164.30	电工仪器仪表	万台	6.30
热轧窄钢带	万吨	1.00	自来水生产量	亿立方米	2.40
镀层板（带）	万吨	83.60	发电量	亿千瓦小时	497.23
电工钢板（带）	万吨	20.80	#火力发电	亿千瓦小时	453.58
无缝钢管	万吨	150.40	风力发电	亿千瓦小时	37.97
焊接钢管	万吨	2.10	煤气生产量	亿立方米	279.95
其他钢材	万吨	174.90			

主要统计指标解释

工业　指从事自然资源的开采，对采掘品和农产品进行加工和再加工的物质生产部门。具体包括：（1）对自然资源的开采，如采矿、晒盐、森林采伐等（但不包括禽兽捕猎和水产捕捞）；（2）对农副产品的加工、再加工，如粮油加工、食品加工、轧花、缫丝、纺织、制革等；（3）对采掘品的加工、再加工，如炼铁、炼钢、化工生产、石油加工、机器制造、木材加工等，以及电力、自来水、煤气的生产和供应等；（4）对工业品的修理、翻新，如机器设备的修理，交通运输工具（包括小卧车）的修理等。

工业统计调查单位　为独立核算法人工业企业。

独立核算法人工业企业指从事工业生产经营活动的单位。独立核算法人工业企业应同时具备以下条件：①依法成立，有自己的名称、组织机构和场所，能够承担民事责任；②独立拥有和使用资产，承担负债，有权与其他单位签订合同；③独立核算盈亏，并能够编制资产负债表。

本年鉴中涉及的企业登记注册类型：

国有及国有控股企业　指国有企业加上国有控股企业。国有企业（即原全民所有制工业或国营工业）指企业全部资产归国家所有，并按《中华人民共和国企业法人登记管理条例》规定登记注册的非公司制的经济组织。包括国有企业、国有独资公司和国有联营企业。1957年以前的公私合营和私营工业，后均改造为国营工业，1992年改为国有工业，这部分工业的资料不单独分列时，均包括在国有企业内。国有控股企业是对混合所有制经济的企业进行的“国有控股”分类。它是指这些企业的全部资产中国有资产（股份）相对其他所有者中的任何一个所有者占资（股）最多的企业。该分组反映了国有经济控股情况。

集体企业　指企业资产归集体所有，并按《中华人民共和国企业法人登记管理条例》规定登记注册的经济组织。是社会主义公有制经济的组成部分。包括城乡所有使用集体投资举办的企业，以及部分个人通过集资自愿放弃所有权并依法经工商行政管理机关认定为集体所有制的企业。

股份合作企业　指以合作制为基础，由企业职工共同出资入股，吸收一定比例的社会资产投资组建，实行自主经营，自负盈亏，共同劳动，民主管理，按劳分配与按股分红相结合的一种集体经济组织。

联营企业　指两个及两个以上相同或不同所有制性质的企业法人或事业单位法人，按自愿、平等、互利的原则，共同投资组成的经济组织。联营企业包括：

国有联营企业指国有企业与国有企业间的联营；

集体联营企业指集体企业与集体企业间的联营；

国有与集体联营企业指国有企业与集体企业间的联营。

有限责任公司　指根据《中华人民共和国公司登记管理条例》规定登记注册，由两个以上，五十个以下的股东共同出资，每个股东以其所认缴的出资额对公司承担有限责任，公司以其全部资产对其债务承担责任的经济组织。

有限责任公司包括国有独资公司以及其他有限责任公司。

股份有限公司　指根据《中华人民共和国企业法人登记管理条例》规定登记注册，其全部注册资本由等额股份构成并通过发行股票筹集资本，股东以其认购的股份对公司承担有限责任，公司以其全部资产对其债务承担责任的经济组织。

私营企业 指由自然人投资设立或由自然人控股，以雇佣劳动为基础的营利性经济组织。包括按照《公司法》、《合伙企业法》、《私营企业暂行条例》规定登记注册的私营有限责任公司、私营股份有限公司、私营合伙企业和私营独资企业。

港、澳、台商投资企业 指企业注册登记类型中的港、澳、台资合资、合作、独资经营企业和股份有限公司之和。

外商投资企业 指企业注册登记类型中的中外合资、合作经营企业、外资企业和外商投资股份有限公司之和。

“三资”企业系指港、澳、台商投资企业和外资企业的简称。

轻工业 指主要提供生活消费品和制作手工工具的工业。按其所使用的原料不同，可分为两大类：（1）以农产品为原料的轻工业，是指直接或间接以农产品为基本原料的轻工业。主要包括食品制造、饮料制造、烟草加工、纺织、缝纫、皮革和毛皮制作、造纸以及印刷等工业；（2）以非农产品为原料的轻工业，是指以工业品为原料的轻工业。主要包括文教体育用品、化学药品制造、合成纤维制造、日用化学制品、日用玻璃制品、日用金属制品、手工工具制造、医疗器械制造、文化和办公用机械制造等工业。

重工业 是指为国民经济各部门提供物质技术基础的主要生产资料的工业。按其生产性质和产品用途，可以分为下列三类：（1）采掘（伐）工业，是指对自然资源的开采，包括石油开采、煤炭开采、金属矿开采、非金属矿开采和木材采伐等工业；（2）原材料工业，指向国民经济各部门提供基本材料、动力和燃料的工业。包括金属冶炼及加工、炼焦及焦炭、化学、化工原料、水泥、人造板以及电力、石油和煤炭加工等工业；（3）加工工业，是指对工业原材料进行再加工制造的工业。包括装备国民经济各部门的机械设备制造工业、金属结构、水泥制品等工业，以及为农业提供的生产资料如化肥、农药等工业。

根据上述划分原则，修理业中以重工业产品为修理作业对象的划为重工业，反之划为轻工业。

工业总产值 是以货币表现的工业企业在一定时期内生产的已出售或可供出售工业产品总量，它反映一定时间内工业生产的总规模和总水平。它包括：在本企业内不再进行加工，经检验、包装入库（规定不需包装的产品除外）的成品价值，对外加工费收入，自制半成品、在产品期末期初差额价值。工业总产值采用“工厂法”计算，即以工业企业作为一个整体，按企业工业生产活动的最终成果来计算，企业内部不允许重复计算，不能把企业内部各个车间（分厂）生产的成果相加。但在企业之间、行业之间、地区之间存在着重复计算。

工业增加值 是指工业行业在报告期内以货币表现的工业生产活动的最终成果。

工业增加值有两种计算方法：一是生产法，即工业总产出减去工业中间投入加上应交增值税；二是收入法，即从收入的角度出发，根据生产要素在生产过程中应得到的收入份额计算，具体构成项目有固定资产折旧、劳动者报酬、生产税净额、营业盈余，这种方法也称要素分配法。本年鉴中的工业增加值是以生产法计算的。

生产法工业增加值的计算方法为：

工业增加值=工业总产出-工业中间投入+应交增值税

（1）工业总产出：指工业企业在一定时期内工业生产活动的总成果。工业总产出包括：成品生产价值，对外加工费收入，自制半成品、在产品期末期初差额价值。1995年后用新规定计算的工业总产值代替。

（2）工业中间投入：指工业企业在工业生产活动中消耗的外购物质产品和对外支付的服务费用。服务费用包括支付给物质生产部门（工业、农业、批发零售贸易业、建筑业、运输邮电业）的服务费用和支付给非物质生产部门（如保险、金融、文化教育、科学研究、医疗卫生、行政管理等）的服务费用。工业中间投入的确定须遵循以下原则：必须从外部购入的，并已计入工业总产出的产品和服务价值；必须是本期投入生产，并一次性消耗掉（包括本期摊销的低值易耗品等）的产品和服务价值。

工业中间投入包括直接材料费用、制造费用中的工业中间投入、管理费用中的工业中间投入、销售费用中的工业中间投入和利息支出五部分。

实收资本 指企业实际收到的投资人投入的资本。按投资主体可分为国家资本、集体资本、法人资本、个人资本、港澳台资本和外商资本等。

资产总计 指企业拥有或控制的能以货币计量的经济资源，包括各种财产、债权和其他权利。资产按流动性分为流动资产、长期投资、固定资产、无形资产、递延资产和其他资产。该指标根据企业会计“资产负债表”中“资产总计”项目的期末数增列。

负债合计 指企业承担的能以货币计量，将以资产或劳务偿付的债务。负债一般按偿还期长短分为流动负债和长期负债、递延税项等。

（1）流动负债指企业在一年内或者超过一年的一个营业周期内需要偿还的债务合计，其中包括短期借款、应付及预收款项、应付工资、应交税金和应交利润等。

（2）长期负债指企业在一年以上或者超过一年的一个营业周期以上需要偿还的债务合计，其中包括长期借款、应付债务、长期应付款项等。

所有者权益 指企业投资人对企业净资产的所有权。企业净资产等于企业全部资产减去全部负债后的余额，其中包括投资者对企业的最初投入，以及资本公积金、盈余公积金和未分配利润，对股份制企业即为股东权益。

固定资产原价 指企业在建造、购置、安装、改建、扩建、技术改造某项固定资产时所支出的全部货币总额。它一般包括买价、包装费、运杂费和安装费等。

固定资产净值 是指固定资产原价减去历年已提折旧额后的净额。

主营业务收入 指企业销售产品和提供劳务等主要经营业务取得的业务总额。

主营业务成本 指企业销售产品和提供劳务等主要经营业务的实际成本。

主营业务费用 指工业企业销售产品和提供劳务等过程中所发生的费用。

主营业务税金及附加 指企业销售产品和提供工业性劳务等主要经营业务应负担的城市维护建设税、消费税、资源税和教育费附加。

产品销售利润 指企业销售产品和提供工业性劳务等主要经营业务收入扣除其成本、费用、税金后的利润。

利润总额 指企业实现的利润。

应交增值税 指企业在报告期内应交纳的增值税额。它等于本年销项税额加上出口退税加上进项税额转出数减去本年进项税额。小规模纳税企业直接按全年计税销售额乘以征收率计算取得。

总资产贡献率 反映企业全部资产的获

利能力，是企业经营业绩和管理水平的集中体现，是评价和考核企业盈利能力的核心指标。计算公式为：

总资产贡献率（%）=（利润总额+税金总额+利息支出）/平均资产总额×100%

资产负债率 该指标既反映企业经营风险的大小，也反映企业利用债权人提供的资金从事经营活动的能力。计算公式为：

资产负债率（%）=负债总额/资产总额×100%

工业成本费用利润率 指在一定时期内实现的利润与成本费用之比，是反映工业生产成本及费用投入的经济效益指标，同时也是反映降低成本的经济效益的指标。计算公式为：

工业成本费用利润率（%）=利润总额/成本费用总额×100%

工业增加值率 指在一定时期内工业增加值占同期工业总产值的比重，反映降低中间消耗的经济效益。计算公式为：

工业增加值率（%）=工业增加值（现价）/工业总产值（现价）×100%

流动资产周转次数 指一定时期内流动资产完成的周转次数，反映投入工业企业流动资金的周转速度。计算公式为：

流动资产周转资转=产品销售收入/全部流动资产平均余额

公式中：全部流动资产平均余额为期初和期末的流动资产之和的算术平均值。

产品销售率 指报告期工业销售产值与同期全部工业总产值之比，是反映工业产品已实现销售的程度，分析工业产销衔接情况，研究工业产品满足社会需求程度的指标。计算公式为：

产品销售率（%）=工业销售产值/工业总产值（现价）×100%

14

建筑业

CONSTRUCTION

14-1 建筑业企业概况

年　份	总　计	#国有及国有控股
企业单位数（个）		
2005	94	20
2006	91	20
2007	95	16
2008	102	16
2009	102	15
2010	98	14
2011	99	15
2012	101	14
2013	97	13
2014	100	13
2015	100	15
2016	114	15
2017	113	13
从业人员（万人）		
2005	6.84	2.82
2006	6.78	2.53
2007	8.98	2.41
2008	9.18	2.52
2009	10.16	2.59
2010	12.06	2.58
2011	12.16	2.54
2012	7.89	1.66
2013	8.29	1.70
2014	6.24	1.53
2015	5.80	1.43
2016	6.19	1.33
2017	6.10	1.05
建筑业总产值（万元）		
2005	739986	512441
2006	837981	512130
2007	1086886	500053
2008	1346522	708853
2009	1624474	696748
2010	1922125	704562
2011	2380333	912483
2012	2355490	898510
2013	2387822	942884
2014	2218730	1013800
2015	1848024	737451
2016	2015111	638965
2017	2102614	712784

注：2010年及以前年度从业人员为年平均从业人员，2011年为计算劳动生产率的平均人数，2012年起为从事主营业务活动的平均人数，2016年为从事建筑业活动的平均人数。

14-2 建筑业企业

指　标	企业个数（个）	有工作量企业数（个）	建筑业总产值（万元）	建筑工程产值
总计	**113**	**103**	**2102614**	**1783168**
#国有及国有控股企业	13	13	712784	557305
按登记注册类型分组				
内资企业	113	103	2102614	1783168
有限责任公司	79	73	1409476	1144350
国有独资公司	6	6	641364	495192
其他有限责任公司	73	67	768112	649158
股份有限公司	7	6	306810	291654
私营企业	27	24	386328	347164
私营有限责任公司	24	21	278924	245824
私营股份有限公司	3	3	107404	101340
按国民经济行业分组				
房屋建筑业	58	53	1522625	1380044
土木工程建筑业	33	30	409640	354981
建筑安装业	11	11	142582	23603
建筑装饰和其他建筑业	11	9	27767	24540
按企业资质等级分组				
施工总承包	80	75	1943691	1745761
特级	1	1	523029	449867
一级	15	15	898448	856038
二级	27	26	352556	295534
三级及以下	37	33	169658	144323
专业承包	33	28	158923	37407
一级	3	3	84997	
二级	21	17	48472	22821
三级及以下	9	8	25455	14586
按控股情况分组				
国有控股	13	13	712784	557305
集体控股	22	18	472482	418276
私人控股	67	61	735246	627808
其他	11	11	182102	179780

主要经济指标（2017年）

		竣工产值（万元）	房屋建筑施工面积（平方米）	房屋建筑竣工面积（平方米）	从事建筑业活动的平均数（人）
安装工程产值	其他产值				
262914	**56531**	**757162**	**14662518**	**3434404**	**60993**
155479		150043	7123455	837047	10548
262914	56531	757162	14662518	3434404	60993
223929	41196	492222	12917099	3015912	38668
146171		110883	6806400	712576	6932
77758	41196	381339	6110699	2303336	31736
15156		31266	242059	97697	8030
23829	15335	233673	1503360	320795	14295
23629	9471	205128	370560	147002	8576
200	5864	28545	1132800	173793	5719
116474	26107	526918	14536953	3309450	45283
35092	19567	149279	15565	25588	10543
111349	7631	62178	110000	99366	4212
	3227	18786			955
149909	48020	684148	14637013	3416899	56849
73162		84764	5918081	682387	3822
36729	5681	346951	5257236	1087866	29305
28401	28622	121932	1959640	707712	15022
11618	13717	130502	1502056	938934	8700
113005	8511	73013	25505	17505	4144
83997	1000	15110			1555
21470	4181	40516	25505	17505	1683
7539	3330	17388			906
155479		150043	7123455	837047	10548
39722	14485	107577	2075808	349570	16351
67713	39725	413633	3330284	1639551	28515
	2322	85908	2132971	608236	5579

指　　标	增加值（万元）	劳动生产率（元/人）		房屋建筑面积竣工率（%）
		按总产值计　算	按增加值计　算	
总计	**272548**	**344730**	**44685**	**23.4**
#国有及国有控股企业	93892	675753	89014	11.8
按登记注册类型分组				
内资企业	272548	344730	44685	23.4
有限责任公司	174103	364507	45025	23.3
国有独资公司	78272	925222	112914	10.5
其他有限责任公司	95831	242032	30196	37.7
股份有限公司	48873	382080	60863	40.4
私营企业	49571	270254	34677	21.3
私营有限责任公司	18683	325238	21785	39.7
私营股份有限公司	30888	187802	54009	15.3
按国民经济行业分组				
房屋建筑业	179748	336246	39694	22.8
土木工程建筑业	71676	388542	67984	164.4
建筑安装业	18380	338514	43637	90.3
建筑装饰和其他建筑业	2744	290754	28733	
按企业资质等级分组				
施工总承包	243491	341904	42831	23.3
特级	45529	1368469	119123	11.5
一级	138641	306585	47310	20.7
二级	31171	234693	20750	36.1
三级及以下	28150	195009	32356	62.5
专业承包	29055	383501	70113	68.6
一级	17011	546605	109395	
二级	9289	288010	55193	68.6
三级及以下	2756	280960	30419	
按控股情况分组				
国有控股	93892	675753	89014	11.8
集体控股	67608	288962	41348	16.8
私人控股	102976	257845	36113	49.2
其他	8072	326406	14469	28.5

表

利润总额（万元）	产值利润率（%）	人均竣工产值（元/人）	人均施工面积（平方米/人）	人均竣工面积（平方米/人）	人均利润（元/人）	资产负债率（%）
33808	**1.6**	**124139.2**	**240.4**	**56.3**	**5542.9**	**12.1**
6675	0.9	142247.8	675.3	79.4	6328.2	6.9
33808	1.6	124139.2	240.4	56.3	5542.9	12.1
12499	0.9	127294.4	334.1	78.0	3232.4	7.9
5250	0.8	159958.2	981.9	102.8	7573.6	6.9
7249	0.9	120159.8	192.5	72.6	2284.2	10.3
12570	4.1	38936.5	30.1	12.2	15653.8	37.4
8739	2.3	163464.8	105.2	22.4	6113.3	27.2
7348	2.6	239188.4	43.2	17.1	8568.1	18.4
1390	1.3	49912.6	198.1	30.4	2430.5	123.4
10431	0.7	116361.1	321.0	73.1	2303.5	9.6
21389	5.2	141590.6	1.5	2.4	20287.4	19.4
1669	1.2	147621.1	26.1	23.6	3962.5	21.4
319	1.1	196712.0			3340.3	9.4
26768	1.4	120344.8	257.5	60.1	4708.6	12.3
3040	0.6	221779.2	1548.4	178.5	7954.0	8.7
13701	1.5	118393.1	179.4	37.1	4675.3	16.8
7249	2.1	81169.0	130.5	47.1	4825.6	7.6
2778	1.6	150002.3	172.7	107.9	3193.1	11.6
7040	4.4	176189.7	6.2	4.2	16988.4	9.9
4363	5.1	97170.4			28057.9	13.5
1120	2.3	240736.8	15.2	10.4	6654.8	5.5
1557	6.1	191920.5			17185.4	14.1
6675	0.9	142247.8	675.3	79.4	6328.2	6.9
11372	2.4	65792.3	127.0	21.4	6954.9	23.6
15706	2.1	145058.0	116.8	57.5	5508.0	22.7
55	0.0	153984.6	382.3	109.0	98.6	10.6

14-3 建筑业企业

指　标	资产合计	流动资产合计	#存货	固定资产合计
总计	**3595519**	**3159304**	**506990**	**251119**
#国有及国有控股企业	1287685	1034534	254270	166590
按登记注册类型分组				
内资企业	3595519	3159304	506990	251119
有限责任公司	1959536	1629864	352724	208969
国有独资公司	1142365	918317	236833	149539
其他有限责任公司	817171	711548	115892	59430
股份有限公司	1044591	979263	66777	24942
私营企业	591392	550177	87489	17208
私营有限责任公司	385066	352567	71502	15765
私营股份有限公司	206326	197609	15988	1444
按国民经济行业分组				
房屋建筑业	2103867	1804216	398436	184921
土木工程建筑业	1304143	1196359	87376	58251
建筑安装业	153967	129565	19482	5895
建筑装饰和其他建筑业	33542	29164	1696	2053
按企业资质等级分组				
施工总承包	3359183	2958091	480061	232365
特级	901869	740175	222274	92447
一级	1953990	1769835	198964	102049
二级	285976	251387	28701	24488
三级及以下	217347	196695	30123	13380
专业承包	236336	201213	26929	18755
一级	107578	97846	12152	7241
二级	76926	61070	9656	8647
三级及以下	51833	42297	5121	2867
按控股情况分组				
国有控股	1287685	1034534	254270	166590
集体控股	1064876	993361	90664	39175
私人控股	1148263	1050411	138081	39844
其他	94696	80999	23975	5511

主要财务指标（2017年）

单位：万元

在建工程	固定资产原价	累计折旧	#本年折旧	负债合计	流动负债合计	非流动负债合计
38255	**351561**	**151703**	**20622**	**3043842**	**2891166**	**112789**
36063	215092	91790	14980	1155844	1087214	68630
38255	351561	151703	20622	3043842	2891166	112789
36301	284430	123057	17381	1643269	1539941	70087
35411	182045	75117	14050	1031291	963125	68166
890	102385	47940	3331	611978	576816	1921
634	36311	12158	1895	931797	896542	35255
1320	30820	16487	1345	468776	454683	7447
1320	26980	14062	1079	290637	283300	691
	3840	2426	266	178139	171383	6756
32047	235474	85911	16556	1768881	1669513	75666
6208	99356	56486	3145	1129415	1077155	36130
	12677	7177	508	126180	125486	691
	4054	2129	414	19367	19011	302
32545	317997	129283	19461	2858251	2707754	110666
30824	99685	38062	4642	804471	737435	67036
967	154003	59117	13262	1713511	1660951	42012
570	45442	22902	901	185496	155896	1547
185	18867	9201	656	154773	153473	72
5710	33564	22420	1161	185591	183412	2123
4390	16122	14652	141	97671	96538	1130
	14529	6213	1263	47629	47273	302
1320	2913	1555	-243	40291	39600	691
36063	215092	91790	14980	1155844	1087214	68630
441	55916	20720	1786	923764	886310	36166
1751	71729	35766	3451	906004	870894	7993
	8824	3427	405	58230	46749	

14-3 续

指　标	所有者权益合计	#实收资本	国家资本	集体资本
总计	**551677**	**412756**	**156189**	**46597**
#国有及国有控股企业	131841	115599	100370	606
按登记注册类型分组				
内资企业	551677	412756	156189	46597
有限责任公司	316266	243080	106155	44346
国有独资公司	111074	100818	100340	
其他有限责任公司	205192	142262	5815	44346
股份有限公司	112794	90414	50034	1651
私营企业	122617	79262		600
私营有限责任公司	94429	67645		600
私营股份有限公司	28187	11616		
按国民经济行业分组				
房屋建筑业	334986	228813	79687	41950
土木工程建筑业	174729	155727	75866	1395
建筑安装业	27787	18752	637	3251
建筑装饰和其他建筑业	14176	9464		
按企业资质等级分组				
施工总承包	500932	358985	138389	38088
特级	97399	68329	68329	
一级	240479	178271	65253	16010
二级	100480	72686	1846	18311
三级及以下	62574	39699	2961	3767
专业承包	50745	53771	17800	8509
一级	9906	28109	17800	1000
二级	29297	17928		6909
三级及以下	11542	7734		600
按控股情况分组				
国有控股	131841	115599	100370	606
集体控股	141112	101365	50034	42654
私人控股	242258	172800	119	3200
其他	36466	22991	5666	137

表 1

单位：万元

法人资本	个人资本	营业收入	#主营业务收入	营业成本	#主营业务成本	营业税金及附加	#主营业务税金及附加
46975	**162995**	**2160228**	**2092826**	**2000797**	**1847730**	**16791**	**13577**
14135	488	737801	733799	666479	663017	3918	1714
46975	162995	2160228	2092826	2000797	1847730	16791	13577
33874	58706	1416162	1410843	1307778	1215481	11823	8979
	478	679906	677116	615166	613330	3459	1264
33874	58227	736255	733727	692612	602151	8364	7715
6254	32474	334351	272700	308872	248455	1801	1433
6847	71815	409715	409284	384147	383794	3167	3165
6747	60299	309554	309123	288674	288321	2195	2193
100	11516	100161	100161	95473	95473	972	972
17355	89821	1547469	1484054	1446235	1312567	13352	10589
25806	52660	486084	482099	439039	419671	2827	2378
2014	12849	99817	99817	91652	91626	458	458
1800	7664	26858	26856	23871	23867	153	151
40972	141536	1997937	1932220	1860676	1708738	16076	13132
		562390	560517	518844	517063	2835	907
17178	79830	943522	881439	884011	757427	6799	6430
17984	34545	318081	316556	294324	272951	4139	4118
5810	27160	173943	173708	163497	161297	2304	1676
6003	21459	162291	160606	140121	138992	715	445
	9309	97379	96819	85898	85843	425	158
2369	8651	45031	44270	37651	36925	218	215
3634	3500	19880	19517	16573	16224	72	72
14135	488	737801	733799	666479	663017	3918	1714
4240	4437	480970	419909	441462	381810	4339	4140
26581	142901	758469	756145	713409	689622	6720	6023
2019	15169	182987	182974	179447	113281	1815	1700

14-3 续

指　标	财务费用	#利息支出	管理费用	销售费用
总计	**27629**	**23865**	**85480**	**1128**
#国有及国有控股企业	22422	21033	40320	226
按登记注册类型分组				
内资企业	27629	23865	85480	1128
有限责任公司	24729	21345	61216	538
国有独资公司	21348	20866	34819	187
其他有限责任公司	3381	479	26398	351
股份有限公司	2493	2493	11503	6
私营企业	407	27	12761	584
私营有限责任公司	8	27	10827	584
私营股份有限公司	399		1934	1
按国民经济行业分组				
房屋建筑业	22407	19667	54278	1005
土木工程建筑业	5001	4124	23065	41
建筑安装业	133	6	5817	7
建筑装饰和其他建筑业	88	68	2319	75
按企业资质等级分组				
施工总承包	25921	22287	71492	784
特级	16990	16808	20744	187
一级	8024	5119	32225	17
二级	867	320	12175	581
三级及以下	40	39	6348	
专业承包	1708	1579	13988	344
一级	1684	1565	6736	
二级	23	11	5650	342
三级及以下		2	1602	2
按控股情况分组				
国有控股	22422	21033	40320	226
集体控股	4189	2493	21007	7
私人控股	999	338	21567	879
其他	19	1	2586	16

表 2

单位：万元

其他业务利润	营业利润	利润总额	应交所得税	应付职工薪酬
1102	**24280**	**33808**	**7476**	**214069**
470	147	6675	336	77051
1102	24280	33808	7476	214069
840	5725	12499	1871	142018
450	721	5250	-12	62237
390	5004	7249	1883	79781
179	9842	12570	1318	35703
82	8713	8739	4287	36348
82	7331	7348	3848	8080
	1382	1390	439	28268
526	5885	10431	4439	146718
574	16307	21389	2532	49846
	1737	1669	392	15677
2	351	319	113	1828
1086	19208	26768	6740	191690
93	1066	3040	-312	38914
604	10521	13701	2238	108428
329	5935	7249	3726	20217
60	1686	2778	1088	24132
16	5071	7040	736	22378
	2268	4363	240	14444
2	1171	1120	353	6640
14	1632	1557	143	1295
470	147	6675	336	77051
511	10070	11372	1275	51612
108	14959	15706	5685	78543
13	-896	55	179	6863

14-4 建筑业企业房屋

指　标	合　计	住宅房屋	商业及服务用房屋	批发和零售用房屋	住宿、餐饮用房屋	商务会展用 房 屋
总计	**3434404**	**1865661**	**291788**	**800**	**14070**	**100**
#国有及国有控股企业	837047	33910	2043		976	
按登记注册类型分组						
内资企业	3434404	1865661	291788	800	14070	100
有限责任公司	3015912	1578334	273236		976	
国有独资公司	712576		976		976	
其他有限责任公司	2303336	1578334	272260			
股份有限公司	97697	63796	13094		13094	
私营企业	320795	223531	5458	800		100
私营有限责任公司	147002	60723	5458	800		100
私营股份有限公司	173793	162808				
按国民经济行业分组						
房屋建筑业	3309450	1798295	291788	800	14070	100
土木工程建筑业	25588					
建筑安装业	99366	67366				
建筑装饰和其他建筑业						
按企业资质等级分组						
施工总承包	3416899	1850420	291788	800	14070	100
特级	682387		976		976	
一级	1087866	847720	27987	800	13094	100
二级	707712	548282	1067			
三级及以下	938934	454418	261758			
专业承包	17505	15241				
一级						
二级	17505	15241				
三级及以下						
按控股情况分组						
国有控股	837047	33910	2043		976	
集体控股	349570	220432	13094		13094	
私人控股	1639551	1226403	256458	800		100
其他	608236	384916	20193			

建筑竣工面积情况（2017年）

单位：平方米

居民服务业用房屋	办公用房屋	科学研究用房屋	教育用房屋	卫生医疗用房屋	文化、体育、娱乐用房屋	厂房及仓库	其他用房
276818	**273994**		**202868**	**2740**	**24716**	**480760**	**291877**
1067	127591		139768			350076	183659
276818	273994		202868	2740	24716	480760	291877
272260	255087		185677	1520	18270	459915	243873
	127591		138887			283465	161657
272260	127496		46790	1520	18270	176450	82216
	17047				1760		2000
4558	1860		17191	1220	4686	20845	46004
4558	1860		8157	1220	2735	20845	46004
			9034		1951		
276818	273994		202868	2740	24716	429478	285571
						21282	4306
						30000	2000
276818	273994		202868	2740	24716	478496	291877
	127591		138887			253276	161657
13993	81585		36299	1220	23516	65233	4306
1067	3222		13792	1520		91406	48423
261758	61596		13890		1200	68581	77491
						2264	
						2264	
1067	127591		139768			350076	183659
	56669		23792	1520	1760	29249	3054
255558	60471		19800	1220	5886	23309	46004
20193	29263		19508		17070	78126	59160

14－5 建筑业企业房屋

指　　标	合　计	住宅房屋	商业及服务用房屋	批发和零售用房屋	住宿、餐饮用房屋	商务会展用房屋
总计	**422974**	**223212**	**16589**	**98**	**3001**	**8**
#国有及国有控股企业	112320	4799	386		197	
按登记注册类型分组						
内资企业	422974	223212	16589	98	3001	8
有限责任公司	351908	177009	12788		197	
国有独资公司	91435		197		197	
其他有限责任公司	260473	177009	12592			
股份有限公司	19510	12961	2804		2804	
私营企业	51556	33242	996	98		8
私营有限责任公司	28875	12928	996	98		8
私营股份有限公司	22681	20314				
按国民经济行业分组						
房屋建筑业	400478	213683	16589	98	3001	8
土木工程建筑业	7439					
建筑安装业	15058	9529				
建筑装饰和其他建筑业						
按企业资质等级分组						
施工总承包	420568	221104	16589	98	3001	8
特级	84764		197		197	
一级	162239	122643	4893	98	2804	8
二级	74723	43281	189			
三级及以下	98843	55180	11311			
专业承包	2406	2108				
一级						
二级	2406	2108				
三级及以下						
按控股情况分组						
国有控股	112320	4799	386		197	
集体控股	72217	46327	2804		2804	
私人控股	154756	121485	9221	98		8
其他	83681	50601	4178			

建筑竣工价值情况（2017年）

单位：万元

居民服务业用房屋	办公用房屋	科学研究用房屋	教育用房屋	卫生医疗用房屋	文化、体育、娱乐用房屋	厂房及仓库	其他用房
13482	**40496**	**29548**	**28903**	**645**	**4146**	**70210**	**38774**
189	20916	18181	18181			48329	19709
13482	40496	29548	28903	645	4146	70210	38774
12592	36932	25578	25298	279	2638	67347	29616
	20916	18059	18059			36202	16062
12592	16016	7518	7239	279	2638	31145	13554
	3192				348		205
890	372	3971	3605	366	1160	2863	8953
890	372	1963	1597	366	800	2863	8953
		2008	2008		360		
13482	40496	29548	28903	645	4146	60204	35813
						4682	2757
						5324	205
13482	40496	29548	28903	645	4146	69911	38774
	20916	18059	18059			29531	16062
1982	11020	6792	6426	366	4017	10118	2757
189	761	3079	2800	279		17505	9908
11311	7799	1618	1618		129	12758	10048
						298	
						298	
189	20916	18181	18181			48329	19709
	9073	4079	3800	279	348	6306	3280
9115	6206	4421	4055	366	1289	3181	8953
4178	4301	2867	2867		2509	12393	6832

主要统计指标解释

建筑业统计单位 指从事房屋、构筑物建造和设备安装活动的法人企业。建筑业法人企业应具有建筑业资质并能够独立核算；同时应具备以下条件：①依法成立，有自己的名称、组织机构和场所，能够承担民事责任；②独立拥有和使用资产，承担负债，有权与其他单位签订合同；③独立核算盈亏，能够编制资产负债表。

建筑业总产值 是以货币形式表现的建筑业企业在一定时期内生产的建筑业产品和提供的服务的总和。建筑业总产值包括：

（1）建筑工程产值：指列入建筑工程预算内的各种工程价值。

（2）安装工程产值：指设备安装工程价值，不包括被安装设备本身的价值。

（3）其他产值：建筑业总产值中除建筑工程、安装工程以外的产值。包括房屋构筑物修理产值、非标准设备制造产值、总包企业向分包企业收取的管理费以及不能明确划分的施工活动所完成的产值。

a.房屋构筑物修理产值：指房屋和构筑物修理所完成的产值，但不包括被修理房屋、构筑物本身价值和生产设备的修理产值。

b.非标准设备制造产值：指加工制造没有定型的非标准生产设备的加工费和原材料价值（如化工厂、炼油厂用的各种罐、槽，矿井生产统一使用的各种漏斗、三角槽、阀门等）以及附属加工厂为本企业承建工程制作的非标准设备的价值。

建筑业增加值 指建筑业企业在报告期内以货币表现的建筑业生产经营活动的最终成果。目前建筑业增加值采用分配法（收入法）计算，即从收入的角度出发，根据生产要素在生产过程中应得的收入份额计算。

房屋建筑施工面积 指在报告期内施过工的全部房屋建筑面积，包括本期新开工的房屋面积、上期施工跨入本期继续施工的房屋面积、上期停缓建在本期恢复施工的房屋面积、本期竣工的房屋面积及本期施工后又停缓建的房屋面积。

房屋建筑竣工面积 指在报告期内房屋建筑按照设计要求全部完工，达到了住人和使用条件，经验收鉴定合格，正式移交使用单位的房屋建筑面积。

自有机械设备年末总台数 指归本企业所有，属于本企业固定资产的生产性机械设备年末总台数。包括施工机械、生产设备、运输设备以及其他设备。

自有机械设备年末总功率 指本企业自有施工机械、生产设备、运输设备以及其他设备等列为在册固定资产的生产性机械设备年末总功率，按设定能力或查定能力计算。包括机械本身的动力和为该机械服务的单独动力设备，如电动机等。计算单位用千瓦，动力换算可按1马力=0.735千瓦折合成千瓦数。电焊机、变压器、锅炉不计算动力。

营业收入 指企业经营主要业务和其他业务所确认的收入总额。营业收入合计包括“主营业务收入”和“其他业务收入”。根据会计“利润表”中“营业收入”项目的本期金额数填报。

营业成本 指企业经营主要业务和其他业务所发生的成本总额。包括企业（单位）在报告期内从事销售商品、提供劳务等日常活动发生的各种耗费。包括“主营业务成本”。根据会计“利润表”中“营业成本”项目的本期金额数填表。

营业利润 指企业从事生产经营活动所取得的利润。执行2006年《企业会计准则》的企业，营业利润为营业收入减去营业成本、营业税金及附加、销售费用、管理费用、财务费用、资产减值损失，再加上公充价值变动收益和投资收益。未执行2006年《企业会计准则》的企业，营业利润为主营业务收入减去主营业务成本、主营业务税金及附加，加上其他利润后，再减去销售费用、管理费用、财务费用后的金额。根据会计“利润表”中“营业利润”项目的本期金额数填报。

15

运输和邮电

TRANSPORTATION, POSTAL AND TELECOMMUNICATIONS SERVICES

15-1　交通运输业基本情况

指　　标	2012	2013	2014	2015	2016	2017
客运量总计（万人）	**2085.43**	**2045.77**	**1678.70**	**1516.09**	**1652.41**	**1746.36**
铁路	587	778	743	839	896	962
公路	1417	1182	845	581	657	675
民用航空	81.43	85.77	90.70	96.09	99.41	109.36
货运量总计（万吨）	**36275.24**	**32434.28**	**33512.31**	**33056.38**	**36145.33**	**11254.34**
铁路	9324	9485	9257	5801	6342	7890
公路	26951	22949	24255	27255	29803	33664
民用航空	0.24	0.28	0.31	0.38	0.33	0.34
公路旅客周转量总计（亿人公里）	**16.30**	**16.60**	**19.11**	**13.90**	**12.09**	**10.80**
公路货物周转量总计（亿吨公里）	**712.00**	**842.30**	**454.96**	**517.13**	**559.74**	**638.70**
公路里程（公里）	**6852**	**6872**	**6907**	**6968**	**9004**	**9061**
#可绿化里程	4759	4726	4812	4883	8554	8716
在总计中：等级公路	5771	5813	5857	5938	8448	8692
#高速公路	141	141	141	141	139	140
等外公路	1081	1059	1050	1029	556	369
在总计中：有铺装路面里程（高级）	2732	3042	3268	3723	6179	6522
简易铺路面里程（次高级）	316	316	310	310	191	153
未铺装路面里程（中级、低级、无路面）	3804	3514	3329	2934	2634	2386
在总计中：国道	271	271	271	271	756	756
省道	523	523	525	525	541	578
县道	1757	1757	1757	1780	1928	1948
乡道	2655	2679	2705	2705	2331	2273
专用公路	81	81	81	130	85	85
村道	1565	1561	1569	1556	3363	3421
民用汽车拥有量（辆）	**416335**	**459115**	**498282**	**524247**	**573745**	**638316**
载客汽车	336718	383012	422743	454432	503223	561826
载货汽车	72726	70363	71222	65899	66941	72955
其他类型汽车	6891	4852	4317	3916	3581	3535
在总计中：个人汽车拥有量	344142	390816	432207	463648	512914	573535
摩托车（辆）	**31997**	**32231**	**33807**	**34891**	**19737**	**29421**
挂车拥有量（辆）	**25856**	**26686**	**16351**	**15567**	**15995**	**17760**
其他类型（辆）	**38**	**38**	**38**	**38**	**12**	

注：1.从2009年开始交通部门公路运输数据统计口径调整（后同）；
　　2.2014、2015年，交通部门对公路客运量、货运量和周转量数据调整（后同）。

15-2 主要年份交通运输情况

年份	铁路运输		民航运输		公路运输			
	货物发送量（万吨）	旅客发送人数（万人）	货物发运量（吨）	旅客出港数（人）	货运量（万吨）	货物周转量（万吨公里）	客运量（万人）	客运周转量（万人公里）
1950	17	25			4	409	2	320
1952	15	18			13	937	5	677
1957	267	56			713	6015	56	6307
1962	348	260	13		246	2821	10	619
1965	457	110	6		429	6244	38	1609
1970	821		115	2299	403	4555	72	3072
1975	660	184	17	1003	547	7906	94	4486
1978	975	215	31	1209	634	9215	123	5935
1980	922	221	70	2815	515	8606	130	6449
1985	1213	300	37	589	1391	34929	150	8578
1990	1653	196	26	4425	2271	70051	306	22036
1991	1700	200	20	6193	2654	70224	304	23179
1992	1874	219	34	8906	2640	78181	300	22062
1993	1945	249	61	13155	3026	97078	324	22976
1994	2135	240	83	15608	3245	101474	354	26589
1995	2536	220	121	22900	3767	111287	415	32400
1996	2673	204	128	36500	3862	138262	465	45576
1997	2760	231	179	51900	4320	158461	774	54462
1998	2549	279	192	47400	4852	229909	876	59918
1999	2605	295	302	53300	5710	261910	920	66650
2000	2657	313	362	63737	6800	251014	950	71005
2001	2710	335	403	67370	7938	250374	1005	71589
2002	3685	337	567	70875	9497	684265	8429	334748
2003	3218	256	610	88711	12420	884700	9033	365028
2004	4163	327	954	142651	13729	1207696	10812	430019
2005	5374	434	570	168557	15118	1389986	11866	486769
2006	6088	486	628	172526	17539	1671097	13422	608808
2007	7235	508	1160	260500	21088	2177066	15503	751151
2008	8481	586	1482	374653	30360	3156745	20153	1051611
2009	8787	621	1362	533011	13706	3665702	1267	154530
2010	11446	643	1607	662538	16928	4543735	1406	169346
2011	10915	600	1497	674668	21475	5690200	1453	172200
2012	9324	587	2422	814267	26951	7120000	1417	163000
2013	9485	778	2830	857700	22949	8423000	1182	166000
2014	9257	743	3094	906850	24255	4549572	845	191087
2015	5801	839	3764	960893	27255	5171293	581	139018
2016	6342	896	3335	994092	29803	5597407	657	120882
2017	7890	962	3438	1093578	33664	6386829	675	108438

15-3 公路交通运输工具

单位:辆

年 份	载货汽车	载客汽车	挂车
1991	13164	2865	5141
1992	13970	3472	5505
1993	14954	4488	5700
1994	13090	4954	5657
1995	16100	9706	6375
1996	18224	15111	7074
1997	21120	16477	5255
1998	20826	19289	5319
1999	22096	22038	5343
2000	24230	25216	5528
2001	21941	25709	4168
2002	25210	30966	5345
2003	27668	38656	2727
2004	38562	51195	11257
2005	34016	59382	8410
2006	36949	76687	9183
2007	40003	94119	10458
2008	45618	125481	14024
2009	57290	164278	15893
2010	70657	216825	22590
2011	79741	280113	23883
2012	72726	336718	25856
2013	70363	383012	26686
2014	71222	422743	16351
2015	65899	454432	15567
2016	66941	503223	15995
2017	72955	561826	17760

15-4 民用车辆年末拥有量

单位：辆

指标	2015		2016		2017	
	合计	#个人	合计	#个人	合计	#个人
民用汽车	**524247**	**463648**	**573745**	**512914**	**638316**	**573535**
载客	454432	427247	503223	476401	561826	534387
载货	65899	34874	66941	35204	72955	37863
其它	3916	1527	3581	1309	3535	1285
摩托车	**34891**	**34655**	**19737**	**19619**	**29421**	**29277**
普通	30715	30491	17338	17227	25324	25191
轻便	4176	4164	2399	2392	4097	4086
挂车	**15567**	**439**	**15995**	**342**	**17760**	**233**
其他类型	**38**	**7**	**12**	**3**		
农用运输车	**38872**	**38872**	**38925**	**38925**		
#三轮汽车	32931	32931	32984	32984		
低速载货汽车	5941	5941	5941	5941		
拖拉机	**36560**	**36560**	**37574**	**37574**	**38355**	**38355**
#80马力以上拖拉机	1473	1473	1682	1682	1885	1885
轮式拖拉机	2749	2749	2885	2885	3222	3222
小型拖拉机	29159	29159	29159	29159	29254	29254

15-5 邮电通信水平

指标	2012	2013	2014	2015	2016	2017
全市邮电通信水平						
平均每人每年发函件数（件）	0.8	0.5	0.3	0.3	0.1	0.1
平均每百人每年订报刊数（份）	8.5	10.5	9.0	6.8	5.9	6.1
平均每百人拥有电话机部数（部）	147.5	159.6	164.1	123.2	132.1	148.8
邮政储蓄市场占有率（%）	3.7	3.4	3.1	2.8	3.3	3.3
农村邮电通信水平						
设有邮电局、所的乡（镇）的比重（%）	90.9	90.9	90.9	90.9	90.9	90.9
通电话的乡（镇）比重（%）	100.0	100.0	100.0	100.0	100.0	100.0
开通移动电话的县的比重（%）	100.0	100.0	100.0	100.0	100.0	100.0

15-6　邮电业务基本情况

指　　标	2012	2013	2014	2015	2016	2017
邮政行业业务总量（亿元）		1.79	2.00	2.24	2.92	3.77
邮政服务业务总量	1.26	1.20	1.11	1.09	1.40	1.93
邮政行业业务收入（亿元）		2.45	2.91	3.05	3.96	4.91
邮政服务业务收入	1.43	1.56	1.40	1.43	1.92	2.06
电信业务收入（亿元）	27.43	28.04	27.78	26.12	27.37	26.56
邮政业务分项						
国内函件（万件）	212.18	127.08	73.23	83.23	38.55	19.78
国际及港澳台函件（万件）	0.12	0.12	0.14	0.11	0.20	0.05
国内包裹（万件）	9.88	9.40	7.98	8.26	35.27	50.28
国际及港澳台包裹（件）	958	782	695	564	1009	974
国内特快专递信件（万件）	30.38	23.49	16.25	11.70	11.10	10.37
国际特快专递信件（件）	770	551	546	439	396	417
订阅报纸累计份数（万份）	3275	3911	3542	3318	2977	2900
订阅杂志累计份数（万份）	151	177	116	97	95	100
报纸期发份数（万份）	15	18	17	13	12	12
杂志期发份数（万份）	8	11	8	6	5	6
邮政储蓄平均余额（亿元）	33.71	34.91	36.94	37.18	39.52	46.51
长途电信业务						
国内长途电话通话次数（万次）	29774	16354	16830	13623		
港澳台电话（万次）	2.13	2.44	2.29	2.19		
本地电话业务分项						
本地固定电话年末用户（万户）	45.27	46.60	41.58	36.63	29.40	26.43
＃住宅电话	28.60	28.51	24.53	18.96	15.02	11.52
本地网内区间电话通话量（万次）	55	50	55	39	35	
本地网内区内电话通话量（万次）	7088	6257	5493	4588	4370	
移动电话用户（万户）	357.66	391.96	415.20	309.97	346.15	400.24

注：2016年取消长途电话费，长途电信业务不单独统计。

15-7 主要年份邮电业务基本情况

年 份	邮电局所数（个）	邮电业务总量（万元）	报刊期发数（万份）	国内长途电话（万次）	本市固定电话年末用户（户）
1950	28	31		2	372
1957	39	132		7	1427
1962	89	278	12	19	7413
1965	60	225	16	14	8352
1970	63	217	8	14	9812
1975	74	260	25	25	15574
1978	83	307	32	32	15175
1980	83	322	49	36	17807
1985	80	638	78	50	24578
1990	81	2413	39	100	41996
1991	80	3063	47	194	45763
1992	80	4439	48	392	49143
1993	79	7784	200	1011	59572
1994	93	11357	55	1227	88264
1995	99	16742	63	1422	139309
1996	121	22500	175	1872	187489
1997	124	29250	225	2340	214497
1998	166	45114	28	2730	236688
1999	118	61279	34	2813	277462
2000	122	98425	29	2325	354302
2001	117	82950	45	2946	410200
2002	116	108165	35	3350	439322
2003	116	170381	37	2780	491900
2004	109	233714	23	5499	512600
2005	119	283985	21	3544	499500
2006	120	345684	22	3970	495600
2007	120	458604	24	6334	496200
2008	114	545364	25	3495	407743
2009	112	703430	25	3045	364387
2010	108	734389	26	1390	388645
2011	106	330275	31	7553	399911
2012	107	286879	23	29774	452690
2013	96	280825	29	16354	466012
2014	95	355143	249	16830	415760
2015	106	385415	19	13623	366335
2016	109	521208	17		293978
2017	109	404974	18		264331

注：2017年邮电业务总量由邮政行业业务总量与电信业务总量构成，2016年之前（包括2016年）由邮政服务业务总量与电信业务总量构成。

15-8　邮电部门机构、邮路、电路

指　　标	2012	2013	2014	2015	2016	2017
邮政机构						
邮政局（所）总数（处）	107	96	95	106	109	109
邮政支局	57	53	52	66	66	66
自办邮政所	21	19	18	2	2	2
代办邮政所	29	24	25	38	41	41
邮政储蓄点（处）	63	64	64	64	64	62
邮政信筒信箱（个）	162	172	159	85	105	109
邮路						
邮路总条数（条）	49	49	54	52	50	53
#快速邮路	2	2	2	2	2	2
邮路总长度（公里）	2700	2700	3025	2983	2395	2547
自办汽车邮路	1175	1175	1722	1673	2395	2257
委办汽车邮路	1525	1526	1303	1310		289
农村单程投递线路总长度（公里）	2233	2511	2604	2805	1249	1184
电信机构						
电信局所总数（处）	750	643	687	628	1515	1798
#自办局所	50	50	38	71	138	153
电信委代办所	700	593	638	548	1377	1645
电信电路						
长途电话电路（兆）						
长途电话电路	300	300	300	300	300	300
长途电话业务电路	309	312	352	317	290	290
省际电路	2	2	2	2	2	2
省内电路	307	310	350	315	288	288
本地电话电路（兆）						
本地电话中继电路	3400	3095	3399	2036	1667	1620
本地电话电缆长度（皮长公里）	4211	3428	4111	2281	2281	1273
本地中继光缆长度（皮长公里）	5131	5238	4085	4179	4179	4374

15-9 邮电通信设备年末拥有量

指　标	2012	2013	2014	2015	2016	2017
邮政设备						
邮政汽车（辆）	128	137	146	150	173	199
#邮运汽车	17	31	35	34	42	44
邮政储蓄专用汽车	19	16	16	17	19	16
速递业务专用汽车	73	75	50	74	82	86
邮政摩托车（辆）	34	29	22	14	13	21
POS机（台）	78	78	78	82	82	64
长途电信设备						
长途自动交换机容量（路端）	19020	19020	19020	19020	19020	19020
#实占容量	10440	10440	10440	10440	10440	10440
本地电信设备						
局用交换机容量（万门）	53.39	58.80	57.90	11.37	30.54	29.10
#实占容量	34.83	34.44	35.28	4.80	11.58	11.02
出局用户线对数（万对）	15.96	13.54	1.47	1.47	1.47	1.27
#实占线对	7.35	4.58	0.61	0.61	0.61	0.41
接入网设备容量（万门）	8.00	12.43	11.95	42.47	53.82	54.86
#实占线对	5.02	6.61	4.93	25.67	28.19	28.06
移动通信设备						
GSM900交换机容量（万门）	420	500	785	923	824	824
GSM机站数（个）	2728	3447	5073	7813	3942	3193
GSM话音信道数（个）	137706	140929	135078	176139	176651	154508

主要统计指标解释

公路里程　指在一定时期内实际达到《公路工程技术标准JTJ01-88》规定的等级公路，并经公路主管部门正式验收交付使用的公路里程数。包括大中城市的郊区公路以及通过小城镇街道部分的公路里程和桥梁、渡口的长度，不包括大中城市的街道、厂矿、林区生产用道和农业生产用道的里程。两条或多条公路共同经由同一路段，只计算一次，不得重复计算里程长度。它是反映公路建设发展规模的重要指标，也是计算运输网密度等指标的基础资料。

货（客）运量　指在一定时期内，各种运输工具实际运送的货物（旅客）数量。它是反映运输业为国民经济和人民生活服务的数量指标，也是制定和检查运输生产计划、研究运输发展规模和速度的重要指标。货运按吨计算，客运按人计算。货物不论运输距离长短、货物类别，均按实际重量统计。旅客不论行程远近或票价多少，均按一人一次客运量统计；半价票、小孩票也按一人统计。

货物（旅客）周转量　指在一定时期内，由各种运输工具运送的货物（旅客）数量与其相应运输距离的乘积之总和。它是反映运输业生产总成果的重要指标，也是编制和检查运输生产计划，计算运输效率、劳动生产率以及核算运输单位成本的主要基础资料。计算货物周转量通常按发出站与到达站之间的最短距离，也就是计费距离计算。计算公式为：

货物（旅客）周转量=∑货物（旅客）运输量×运输距离

民用汽车拥有量　指报告期末，在公安交通管理部门按照《机动车注册登记工作规范》，已注册登记领有民用车辆牌照的全部汽车数量。汽车拥有量统计的主要分类：根据汽车结构分为载客汽车、载货汽车及其他汽车；根据汽车所有者不同分为个人（私人）汽车、单位汽车；根据汽车的使用性质分为营运汽车、非营运汽车和特种汽车；根据汽车大小规格不同载客汽车分为大型、中型、小型和微型，载货汽车分为重型、中型、轻型和微型。

邮电业务总量　指以价值量形式表现的邮电通信企业为社会提供各类邮电通信服务的总数量。邮电业务量按专业分类包括函件、包件、汇票、报刊发行、邮政快件、特快专递、邮政储蓄、集邮、公众电报、用户电报、传真、长途电话、出租电路、无线寻呼、移动电话、分组交换数据通信、出租代维等。计算方法为各类产品乘以相应的平均单价（不变价）之和，再加上出租电路和设备、代用户维护电话交换机和线路等的服务收入。它综合反映了一定时期邮电业务发展的总成果，是研究邮电业务量构成和发展趋势的重要指标。计算公式为：

邮电业务总量=∑（各类邮电业务量×不变单价）+出租代维及其他业务收入。

移动电话用户　指通过移动电话交换机进入移动电话网、占用移动电话号码的各类电话用户。包括签约用户和智能网预付费用户。一个移动电话号码统计为一户。

本地电话用户　指接入本地电信运营商固定电话网上的电话用户。包括：住宅用户、单位用户、公用电话用户等。按电话用户位置又分为市内电话用户和农村电话用户。1997年以前，“市内电话用户”是指接入县城及县以上城市的电话网上的电话用户；“农村电话用户”是指接入县邮电局农话台及县以下农村电话交换点，以县城为中心（除市话用户外）联通县、乡（镇）、行政村、村民小组的用户。从1997年起，电话用户数分组调整为以用户所在区域划分为“城市电话用户”和“乡村电话用户”，与过去的按市内电话和农村电话划分方法不同。而电话用户总数、电话机总部数统计范围不变。

住宅电话用户 指话机装在居民住宅或农民家里并按照住宅电话用户登记注册和收费的电话用户。包括私人付费、单位付费和按规定免费安装的住宅电话用户。

局用交换机容量 指安装在电信运营企业内用于接续本地固定电话的电话交换机容量，包括现用和备用的人工或自动交换机的全部容量。不包括用户交换机容量。

16

DOMESTIC TRADE

国内贸易

16-1 社会消费品零售总额（按销售单位所在地和行业分）

单位:万元

年 份	社会消费品零售总额	按地区分		按行业分		
		市	县及县以下	批发零售贸易业	住宿餐饮业	其它行业
1980	48410	41422	6988	45475	2178	757
1981	54311	46362	7949	50975	2479	857
1982	60043	50929	9114	56234	2903	906
1983	64796	55280	9516	60533	3186	1077
1984	80689	70929	9760	75423	3989	1277
1985	96515	86341	10174	92041	4474	1412
1986	111638	98804	12834	104476	5628	1534
1987	124258	109827	14431	115701	6799	1758
1988	163260	146545	16715	151748	9580	1932
1989	169664	153253	16411	159653	7799	2212
1990	178487	162436	16051	167582	8470	2435
1991	198918	181303	17615	186707	9392	2819
1992	229568	209490	20078	214844	11329	3395
1993	336733	306191	30542	312281	19085	5367
1994	440594	387482	53112	405480	28267	6847
1995	547902	438427	109475	494107	45495	8300
1996	652012	456585	195427	575999	66189	9824
1997	769116	649826	119290	672831	85671	10614
1998	879461	736490	142971	760144	104884	14433
1999	1003622	855532	148090	864024	123547	16051
2000	1162620	997600	165020	993340	149841	19439
2001	1346443	1170558	175885	1135808	186092	24543
2002	1593981	1409099	184882	1328976	234633	30372
2003	1916565	1718786	197779	1565393	314679	36493
2004	2513673	2312560	201113	2019675	449156	44842
2005	2925781	2699253	226527	2324762	558349	42671
2006	3554643	3290745	263898	2795366	712991	46286
2007	4276826	3974316	302509	3340598	885294	50933
2008	5336050	4979802	356247	4105969	1169446	60635
2009	6177157	5768086	409071	4734370	1339787	103000
2010	7308066	6743759	564307	6262069	943997	102000
2011	8575448	7838099	737349	7244558	1230890	100000
2012	9750628	8976315	774313	8139240	1527388	84000
2013	10852622	9809101	1043521	9011578	1757044	84000
2014	11846690	11064613	782077	9825996	2020694	
2015	12765735	11872134	893601	10553075	2212660	
2016	14002176	13083085	919091	11663696	2338480	
2017	14864066	13890924	973141	12364933	2499134	

16-2 限额以上批发零售贸易业商品分类销售额

单位：万元

指 标	合计		批发		零售	
	2016	2017	2016	2017	2016	2017
类值合计	**7312323.5**	**6534264.3**	**3863223.0**	**4181453.8**	**3449100.5**	**2352810.5**
粮油、食品、饮料、烟酒类	1255069.5	1025759.3	1043659.3	787397.6	211410.2	238361.7
粮油、食品类	796768.5	535496.0	641982.9	361110.5	154785.6	174385.5
饮料类	24906.2	36328.2	16181.2	18884.6	8725.0	17443.6
烟酒类	433394.8	453935.1	385495.2	407402.5	47899.6	46532.6
服装、鞋帽、针纺织品类	483205.7	246284.5	11775.0	31078.1	471430.7	215206.4
服装类	329604.4	166513.2	5895.0	7105.5	323709.4	159407.7
鞋帽类	100111.3	39255.8			100111.3	39255.8
针、纺织品类	53490.0	40515.5	5880.0	23972.6	47610.0	16542.9
化妆品类	46694.8	38092.8			46694.8	38092.8
金银珠宝类	92836.9	56791.3			92836.9	56791.3
日用品类	114792.7	96687.5	18223.8	18221.7	96568.9	78465.8
儿童玩具类	6916.6	6214.3	5894.0	5476.6	1022.6	737.7
五金、电料类	42825.2	32022.4	8455.0	9028.9	34370.2	22993.5
体育、娱乐用品类	7971.5	6682.1			7971.5	6682.1
书报杂志类	5347.4	6229.7			5347.4	6229.7
电子出版物及音像制品类	3.3	1.6			3.3	1.6
家用电器和音像器材类	265763.4	171129.1	8605.0	9626.7	257158.4	161502.4
中西药品类	120761.5	105318.8	75607.7	57159.5	45153.8	48159.3
文化办公用品类	13706.3	12730.7			13706.3	12730.7
家具类	187548.6	132629.4			187548.6	132629.4
通讯器材类	21738.6	17885.3			21738.6	17885.3
煤炭及制品类	1049804.3	715407.2	1041864.8	715407.2	7939.5	
石油及制品类	930302.0	611024.1	47616.0	51253.2	882686.0	559770.9
化工材料及制品类	43284.2	40390.7	43284.2	40390.7		
#化肥类	21177.1	16894.8	21177.1	16894.8		
金属材料类	1444736.6	1836898.9	1432940.2	1836898.9	11796.4	
建筑及装潢材料类	46392.0	454408.4		410659.3	46392.0	43749.1
机电产品及设备类	87093.0	67922.7	10636.2	66716.4	76456.8	1206.3
种子饲料类	4600.0	5330.0	4600.0	5330.0		
汽车类	996574.2	778802.9	109791.4	82151.0	886782.8	696651.9
其他类	51271.8	75834.9	6164.4	60134.6	45107.4	15700.3

注：以上数据为年快合一数据。

16-3　限额以上批发零售贸易业商品购进、销售、库存总额（2017年，按登记注册类型分）

指　标	法人企业（个）	从业人员期末人数（人）	销售总额（万元）		
				批发额	零售额
总计	**240**	**12966**	**5820112.1**	**3532775.9**	**2287336.2**
批发业	**79**	**2783**	**3574170.6**	**3387461.6**	**186709.0**
内资企业	79	2783	3574170.6	3387461.6	186709.0
国有企业	4	599	471632.1	471622.8	9.3
集体企业	2	40	114641.6	71692.6	42949.0
有限责任公司	26	886	2100588.8	2052510.4	48078.4
国有独资公司	4	191	522244.5	522244.5	
其他有限责任公司	22	695	1578344.3	1530265.9	48078.4
股份有限公司	2	206	242759.5	242759.5	
私营企业	45	1052	644548.6	548876.3	95672.3
私营有限责任公司	44	982	628586.2	533524.6	95061.6
私营股份有限公司	1	70	15962.4	15351.7	610.7
零售业	**161**	**10183**	**2245941.5**	**145314.3**	**2100627.2**
内资企业	160	10137	2241854.4	145314.3	2096540.1
国有企业	2	39	3710.4		3710.4
集体企业	2	49	128302.8		128302.8
有限责任公司	68	4877	983632.5	89992.7	893639.8
国有独资公司	2	526	77767.1	21226.1	56541.0
其他有限责任公司	66	4351	905865.4	68766.6	837098.8
股份有限公司	7	1985	374266.8	17410.5	356856.3
私营企业	81	3187	751941.9	37911.1	714030.8
私营独资企业	1	5	1093.3	1091.2	2.1
私营有限责任公司	80	3182	750848.6	36819.9	714028.7
外商投资企业	1	46	4087.1		4087.1
中外合作经营企业	1	46	4087.1		4087.1

16-4 限额以上批发零售贸易业商品购进、销售、库存总额（2017年，按行业分）

指　标	法人企业（个）	从业人员期末人数（人）	商品销售额（万元）		
				批发额	零售额
总计	**240**	**12966**	**5820112.1**	**3532775.9**	**2287336.2**
批发业	**79**	**2783**	**3574170.6**	**3387461.6**	**186709.0**
农、林、牧产品批发	4	246	172047.8	129157.8	42890.0
食品、饮料及烟草制品批发	8	607	450841.1	449943.7	897.4
#烟草制品批发	1	334	403467.1	403467.1	
纺织、服装及家庭用品批发	2	126	24135.6	24135.6	
医药及医疗器材批发	8	465	63686.4	60406.9	3279.5
西药批发	4	186	36622.4	34544.5	2077.9
中药批发	4	279	27064.0	25862.4	1201.6
矿产品、建材及化工产品批发	54	1236	2732100.7	2593858.6	138242.1
煤炭及制品批发	20	460	441265.9	441259.1	6.8
石油及制品批发	5	101	38236.4	33940.5	4295.9
金属及金属矿批发	23	565	2080106.2	1964780.1	115326.1
建材批发	4	95	148917.4	130304.1	18613.3
其他化工产品批发	2	15	23574.8	23574.8	
机械设备、五金产品及电子产品批发	3	103	131359.0	129959.0	1400.0
汽车批发	2	30	128421.9	128421.9	
其他机械设备及电子产品批发	1	73	2937.1	1537.1	1400.0
零售业	**161**	**10183**	**2245941.5**	**145314.3**	**2100627.2**
综合零售	16	2605	647416.3	126.2	647290.1
百货零售	9	1900	495583.1		495583.1
超级市场零售	6	671	150951.4		150951.4
其他综合零售	1	34	881.8	126.2	755.6
食品、饮料及烟草制品专门零售	14	420	61848.9	28418.4	33430.5
纺织、服装及日用品专门零售	7	166	29097.8	927.2	28170.6
服装零售	5	119	27135.2		27135.2
文化、体育用品及器材专门零售	7	249	13381.4		13381.4
图书、报刊零售	3	142	7008.9		7008.9
珠宝首饰零售	4	107	6372.5		6372.5
医药及医疗器材专门零售	9	385	47052.8	9346.3	37706.5
药品零售	9	385	47052.8	9346.3	37706.5
汽车、摩托车、燃料及零配件专门零售	92	5247	1217242.9	86134.3	1131108.6
汽车零售	71	3129	676424.8	238.9	676185.9
汽车零配件零售	3	158	22236.2	1205.3	21030.9
机动车燃料零售	18	1960	518581.9	84690.1	433891.8
家用电器及电子产品专门零售	12	1016	210916.5	20361.9	190554.6
家用视听设备零售	1	230	48096.6		48096.6
日用家电设备零售	6	538	115323.8	5920.8	109403.0
计算机、软件及辅助设备零售	2	70	11225.4		11225.4
通信设备零售	3	178	36270.7	14441.1	21829.6
五金、家具及室内装修材料专门零售	2	61	16854.6		16854.6
家具零售	2	61	16854.6		16854.6
货摊、无店铺及其他零售业	2	34	2130.3		2130.3
生活用燃料零售	1	26	1039.9		1039.9
其他未列明零售业	1	8	1090.4		1090.4

16-5　限额以上批发零售贸易企业资产及负债情况（2017年，按登记注册类型分）

单位：万元

指　　标	资产合计	#流动资产小　计	#固定资产小　计	负债合计
总计	**5182942.1**	**3152079.1**	**466215.1**	**3437936.2**
批发业	**4026355.4**	**2401190.8**	**193810.1**	**2482282.5**
内资企业	4026355.4	2401190.8	193810.1	2482282.5
国有企业	528972.5	497461.5	22662.5	379787.5
集体企业	18986.6	17026.4	1960.2	6400.0
有限责任公司	2865656.2	1494959.3	110710.0	1735975.2
国有独资公司	1842666.9	630157.7	4602.7	1046688.0
其他有限责任公司	1022989.3	864801.6	106107.3	689287.2
股份有限公司	307677.0	124022.8	53906.3	120887.8
私营企业	305063.1	267720.8	4571.1	239232.0
私营有限责任公司	295090.4	257865.8	4453.4	231587.7
私营股份有限公司	9972.7	9855.0	117.7	7644.3
零售业	**1156586.7**	**750888.3**	**272405.0**	**955653.7**
内资企业	1155627.2	749993.8	272340.0	955611.2
国有企业	3046.3	2100.1	467.3	2503.9
集体企业	19034.0	8471.2	10547.8	9102.6
有限责任公司	554524.8	347002.5	148406.2	444844.1
国有独资公司	23198.7	6333.0	16764.8	9416.1
其他有限责任公司	531326.1	340669.5	131641.4	435428.0
股份有限公司	168664.8	104852.4	35683.9	142175.6
私营企业	410357.3	287567.6	77234.8	356985.0
私营独资企业	281.9	281.9		730.7
私营有限责任公司	410075.4	287285.7	77234.8	356254.3
外商投资企业	959.5	894.5	65.0	42.5
中外合作经营企业	959.5	894.5	65.0	42.5

16-6　限额以上批发零售贸易企业资产及负债情况（2017年，按行业分）

单位：万元

指标	资产合计	#流动资产小计	#固定资产小计	负债合计
总计	**5182942.1**	**3152079.1**	**466215.1**	**3437936.2**
批发业	**4026355.4**	**2401190.8**	**193810.1**	**2482282.5**
农、林、牧产品批发	382614.8	361063.8	15254.1	351141.3
食品、饮料及烟草制品批发	193948.0	177728.0	13355.0	59327.5
#烟草制品批发	181339.0	167653.1	11421.0	47909.9
纺织、服装及家庭用品批发	37565.8	36765.1	170.7	38718.7
医药及医疗器材批发	48761.4	43601.6	3013.0	38229.1
西药批发	24723.6	23896.1	595.6	21863.6
中药批发	24037.8	19705.5	2417.4	16365.5
矿产品、建材及化工产品批发	3339323.6	1758047.4	161860.4	1960085.2
煤炭及制品批发	726619.1	399370.4	144216.3	363319.7
石油及制品批发	29651.2	17372.3	5766.3	24925.0
金属及金属矿批发	2540809.6	1300508.5	10620.3	1539963.3
建材批发	37144.6	36332.3	812.1	28512.6
其他化工产品批发	5099.1	4463.9	445.4	3364.6
机械设备、五金产品及电子产品批发	24141.8	23984.9	156.9	34780.7
汽车批发	11290.0	11273.1	16.9	9356.7
其他机械设备及电子产品批发	12851.8	12711.8	140.0	25424.0
零售业	**1156586.7**	**750888.3**	**272405.0**	**955653.7**
综合零售	302828.3	134015.7	116277.7	268659.9
百货零售	225689.6	82968.7	107844.9	179443.4
超级市场零售	75803.0	50100.9	8144.1	87610.1
其他综合零售	1335.7	946.1	288.7	1606.4
食品、饮料及烟草制品专门零售	21838.6	20607.3	1205.3	15512.8
纺织、服装及日用品专门零售	5130.9	2867.2	2046.0	5926.3
服装零售	4223.6	2036.4	1970.7	5281.3
文化、体育用品及器材专门零售	27080.7	20714.9	4777.3	20961.1
图书、报刊零售	19624.6	13478.0	4568.6	16934.6
珠宝首饰零售	7456.1	7236.9	208.7	4026.5
医药及医疗器材专门零售	30779.8	27785.8	2276.1	24843.5
药品零售	30779.8	27785.8	2276.1	24843.5
汽车、摩托车、燃料及零配件专门零售	603873.7	447428.6	99019.9	490279.2
汽车零售	407436.6	325120.9	49826.2	339953.4
汽车零配件零售	51451.0	46037.7	269.3	58688.6
机动车燃料零售	144986.1	76270.0	48924.4	91637.2
家用电器及电子产品专门零售	157919.6	90435.9	46700.7	124516.3
家用视听设备零售	35616.6	25862.0	9170.6	28908.7
日用家电设备零售	97784.0	40801.9	37359.9	71434.6
计算机、软件及辅助设备零售	4811.2	4744.8	66.4	421.7
通信设备零售	19707.8	19027.2	103.8	23751.3
五金、家具及室内装修材料专门零售	5863.8	5839.0	24.6	4853.6
家具零售	5863.8	5839.0	24.6	4853.6
货摊、无店铺及其他零售业	1271.3	1193.9	77.4	101.0
生活用燃料零售	586.7	531.6	55.1	100.1
其他未列明零售业	684.6	662.3	22.3	0.9

16-7　限额以上批发零售贸易企业主要财务指标情况（2017年，按登记注册类型分）

单位：万元

指标	主营业务收入	主营业务成本	营业费用	主营业务税金及附加	主营业务利润
总计	**4946145.2**	**4493012.3**	**179873.0**	**64050.4**	**389082.5**
批发业	**2901429.4**	**2644433.5**	**51432.7**	**51916.0**	**205079.9**
内资企业	2901429.4	2644433.5	51432.7	51916.0	205079.9
国有企业	393864.9	310771.9	7808.1	48593.5	34499.5
集体企业	113943.7	104442.1	3493.0	819.6	8682.0
有限责任公司	1603742.0	1477259.8	17471.8	1552.2	124930.0
国有独资公司	421066.6	411723.6	3626.2	587.4	8755.6
其他有限责任公司	1182675.4	1065536.2	13845.6	964.8	116174.4
股份有限公司	217703.2	210319.9	5255.2	504.6	6878.7
私营企业	572175.6	541639.8	17404.6	446.1	30089.7
私营有限责任公司	558532.5	528589.9	17404.6	439.9	29502.7
私营股份有限公司	13643.1	13049.9		6.2	587.0
零售业	**2044715.8**	**1848578.8**	**128440.3**	**12134.4**	**184002.6**
内资企业	2043906.2	1847795.3	128420.4	12134.0	183976.9
国有企业	3228.0	2501.6	155.9	11.6	714.8
集体企业	118454.9	116555.4	338.1	31.9	1867.6
有限责任公司	878375.3	780447.2	61664.0	4560.4	93367.7
国有独资公司	64199.2	54389.2	6801.2	328.3	9481.7
其他有限责任公司	814176.1	726058.0	54862.8	4232.1	83886.0
股份有限公司	302048.5	278568.1	27639.7	1548.2	21932.2
私营企业	741799.5	669723.0	38622.7	5981.9	66094.6
私营独资企业	1093.3	852.8	368.4		240.5
私营有限责任公司	740706.2	668870.2	38254.3	5981.9	65854.1
外商投资企业	809.6	783.5	19.9	0.4	25.7
中外合作经营企业	809.6	783.5	19.9	0.4	25.7

16-8 限额以上批发零售贸易企业主要财务指标情况
（2017年，按行业分）

单位：万元

指　　标	主营业务收　　入	主营业务成　　本	营业费用	主营业务税金及附加	主营业务利　　润
总计	**4946145.2**	**4493012.3**	**179873.0**	**64050.4**	**389082.5**
批发业	**2901429.4**	**2644433.5**	**51432.7**	**51916.0**	**205079.9**
农、林、牧产品批发	160816.5	172561.0	7737.4	815.4	-12559.9
食品、饮料及烟草制品批发	389564.2	283011.4	6921.4	48616.2	57936.6
#烟草制品批发	344843.7	241752.9	5142.8	48537.5	54553.3
纺织、服装及家庭用品批发	20628.7	19769.6	1141.2	7.5	851.6
医药及医疗器材批发	51899.2	46134.0	2229.0	148.7	5616.5
西药批发	31842.1	29386.8	319.0	43.1	2412.2
中药批发	20057.1	16747.2	1910.0	105.6	3204.3
矿产品、建材及化工产品批发	2164808.1	2011432.3	31016.1	2257.9	151117.9
煤炭及制品批发	397020.5	372990.9	18908.9	1076.8	22952.8
石油及制品批发	43995.1	39599.8	3656.1	52.3	4343.0
金属及金属矿批发	1574032.2	1459901.7	6941.5	1054.6	113075.9
建材批发	129634.2	120283.3	1490.2	51.8	9299.1
其他化工产品批发	20126.1	18656.6	19.4	22.4	1447.1
机械设备、五金产品及电子产品批发	113712.7	111525.2	2387.6	70.3	2117.2
汽车批发	109762.3	108763.0	607.4	62.4	936.9
其他机械设备及电子产品批发	3950.4	2762.2	1780.2	7.9	1180.3
零售业	**2044715.8**	**1848578.8**	**128440.3**	**12134.4**	**184002.6**
综合零售	519351.2	462574.8	53753.0	3366.3	53410.1
百货零售	387200.8	343678.1	38044.8	3094.4	40428.3
超级市场零售	131268.6	118190.8	15568.8	271.9	12805.9
其他综合零售	881.8	705.9	139.4		175.9
食品、饮料及烟草制品专门零售	59995.5	53435.1	2776.1	71.3	6489.1
纺织、服装及日用品专门零售	27777.0	25904.3	1437.5	43.8	1828.9
服装零售	25866.4	24532.0	1227.1	31.8	1302.6
文化、体育用品及器材专门零售	12774.5	8922.7	1254.0	225.9	3625.9
图书、报刊零售	6762.0	4063.2	707.7	162.7	2536.1
珠宝首饰零售	6012.5	4859.5	546.3	63.2	1089.8
医药及医疗器材专门零售	42955.3	38238.2	1595.9	410.7	4306.4
药品零售	42955.3	38238.2	1595.9	410.7	4306.4
汽车、摩托车、燃料及零配件专门零售	1120164.4	1037911.8	47076.5	6799.1	75453.5
汽车零售	657995.4	617732.8	19809.9	5728.7	34533.9
汽车零配件零售	23298.0	21886.8	1033.3	29.2	1382.0
机动车燃料零售	438871.0	398292.2	26233.3	1041.2	39537.6
家用电器及电子产品专门零售	247081.4	209326.1	19598.4	929.5	36825.8
家用视听设备零售	41108.2	35807.9	4979.9	55.7	5244.6
日用家电设备零售	162662.6	133693.3	11709.2	839.1	28130.2
计算机、软件及辅助设备零售	11870.0	10795.5	577.7	18.1	1056.4
通信设备零售	31440.6	29029.4	2331.6	16.6	2394.6
五金、家具及室内装修材料专门零售	12649.7	10437.7	854.1	274.1	1937.9
家具零售	12649.7	10437.7	854.1	274.1	1937.9
货摊、无店铺及其他零售业	1966.8	1828.1	94.8	13.7	125.0
生活用燃料零售	876.4	841.6	25.4	7.6	27.2
其他未列明零售业	1090.4	986.5	69.4	6.1	97.8

16-9 限额以上住宿餐饮企业资产及负债情况（2017年，按登记注册类型和行业分）

单位：万元

指　　标	法人企业（个）	资产合计	#流动资产小　计	#固定资产小　计	负债合计
总计	**88**	**501244.8**	**154477.6**	**221553.5**	**282995.8**
住宿业	**31**	**190069.9**	**37927.8**	**131432.1**	**120690.0**
按登记注册类型分					
内资企业	30	155702.0	34578.1	102728.7	92160.0
国有企业	1	1230.5	1110.1	110.5	53.5
联营企业	1	947.0	227.6	379.3	2556.6
集体联营企业	1	947.0	227.6	379.3	2556.6
有限责任公司	16	104182.1	12598.6	80465.1	42737.3
国有独资公司	1	11192.6	2326.5	8866.1	11580.2
其他有限责任公司	15	92989.5	10272.1	71599.0	31157.1
股份有限公司	1	566.8	166.3	129.7	523.2
私营企业	11	48775.6	20475.5	21644.1	46289.4
私营独资企业	1	420.0	280.0	48.0	133.0
私营有限责任公司	10	48355.6	20195.5	21596.1	46156.4
港、澳、台商投资企业	1	34367.9	3349.7	28703.4	28530.0
港澳台商独资企业	1	34367.9	3349.7	28703.4	28530.0
按住宿行业中类分					
旅游饭店	23	183790.7	33826.7	130041.5	116831.9
一般旅馆	8	6279.2	4101.1	1390.6	3858.1
餐饮业	**57**	**311174.9**	**116549.8**	**90121.4**	**162305.8**
按登记注册类型分					
内资企业	56	259130.5	81881.8	82426.6	134289.3
国有企业	1	81519.3	13611.0	9406.7	30692.6
有限责任公司	20	16985.7	8503.2	3239.1	16196.5
其他有限责任公司	20	16985.7	8503.2	3239.1	16196.5
股份有限公司	1	105480.4	46734.9	48760.8	44118.3
私营企业	33	55009.7	12898.6	21018.7	43232.9
私营独资企业	3	892.2	328.8	365.1	376.8
私营有限责任公司	28	48162.7	10074.0	18383.2	41258.8
私营股份有限公司	2	5954.8	2495.8	2270.4	1597.3
其他企业	1	135.4	134.1	1.3	49.0
外商投资企业	1	52044.4	34668.0	7694.8	28016.5
外资企业	1	52044.4	34668.0	7694.8	28016.5
按餐饮行业中类分					
正餐服务	56	309024.6	114408.5	90112.4	160279.7
其他餐饮业	1	2150.3	2141.3	9.0	2026.1
餐饮配送服务	1	2150.3	2141.3	9.0	2026.1

16-10　限额以上住宿餐饮企业主要财务指标情况（2017年，按登记注册类型和行业分）

单位：万元

指标	主营业务收入	主营业务成本	营业费用	主营业务税金及附加	主营业务利润
总计	**236630.5**	**144980.6**	**50511.1**	**1657.3**	**89992.6**
住宿业	**47367.8**	**18509.4**	**16932.6**	**767.1**	**28091.3**
按登记注册类型分					
内资企业	37381.7	10613.7	16367.4	729.0	26039.0
国有企业	997.5	577.9		4.2	415.4
联营企业	765.5	386.2	293.7	1.2	378.1
集体联营企业	765.5	386.2	293.7	1.2	378.1
有限责任公司	22393.2	5763.7	10914.2	531.7	16097.8
国有独资公司	3128.1	111.7	2334.3	275.0	2741.4
其他有限责任公司	19265.1	5652.0	8579.9	256.7	13356.4
股份有限公司	463.6	55.5		15.1	393.0
私营企业	12761.9	3830.4	5159.5	176.8	8754.7
私营独资企业	204.3	104.3	20.0	21.0	79.0
私营有限责任公司	12557.6	3726.1	5139.5	155.8	8675.7
港、澳、台商投资企业	9986.1	7895.7	565.2	38.1	2052.3
港澳台商独资企业	9986.1	7895.7	565.2	38.1	2052.3
按住宿行业中类分					
旅游饭店	43186.2	17178.4	15225.2	697.0	25310.8
一般旅馆	4181.6	1331.0	1707.4	70.1	2780.5
餐饮业	**189262.7**	**126471.2**	**33578.5**	**890.2**	**61901.3**
按登记注册类型分					
内资企业	157812.2	108442.7	29856.1	710.3	48659.2
国有企业	1607.2	568.8	1784.0		1038.4
有限责任公司	21057.2	13631.6	4986.4	166.3	7259.3
其他有限责任公司	21057.2	13631.6	4986.4	166.3	7259.3
股份有限公司	96825.9	72054.5	12968.9	320.2	24451.2
私营企业	38113.9	22096.4	10013.9	223.2	15794.3
私营独资企业	1406.2	741.1	193.5	24.0	641.1
私营有限责任公司	27065.0	14560.6	8194.4	188.0	12316.4
私营股份有限公司	9642.7	6794.7	1626.0	11.2	2836.8
其他企业	208.0	91.4	102.9	0.6	116.0
外商投资企业	31450.5	18028.5	3722.4	179.9	13242.1
外资企业	31450.5	18028.5	3722.4	179.9	13242.1
按餐饮行业中类分					
正餐服务	186404.8	123917.6	33578.5	887.1	61600.1
其他餐饮业	2857.9	2553.6		3.1	301.2
餐饮配送服务	2857.9	2553.6		3.1	301.2

主要统计指标解释

社会消费品零售总额　指批发和零售业、餐饮业、新闻出版业、邮政业和其他服务业等，售予城乡居民用于生活消费的商品和社会集团用于公共消费的商品之总量。社会消费品零售总额包括：

一、批发和零售业企业（单位）：

1.售予城乡居民的各种生活消费品；

2.售予入境旅游的外国人、华侨、港澳台同胞的各类商品；

3.售予行政事业单位、社会团体、军队和武警等机构的商品，以及以零售方式售予各类企业的商品。具体包括：用于非生产和社会交往的办公用品，如通讯设备、计算器具和设备、电讯网络设备、文印设备、音像视听器材和设备、纸张、本册、文具及装订文印材料、家具、日用电器、针纺织品、清洁卫生用品、文体用品、奖品、纪念品、礼品等；供内部人员乘坐的交通工具和燃料；用于办公设施修缮的各类配件、材料、工具等；用于取暖和防暑降温的设备、燃料、材料及食品等；专用于教学的用品和设备；非营利医疗机构的中、西药品、中药材和医疗设备器材；非专用的劳动保护用品；不对外营业的内部食堂用的餐具、炊具、设备、清洁卫生工具和食品、燃料等；军队、武警用于其人员生活的衣着品和个人用品；其他各类非生产性设备和用品。

二、餐饮业出售的主食、菜肴、烟酒饮料和其他商品。

三、新闻出版业、邮政业售予城乡居民、企事业单位、军队和武警等机构的书报杂志、音像制品、邮品等。

四、其他服务业出售的食品、烟酒饮料、服装鞋帽、日常生活用品、医药保健用品、艺术品、工艺美术品、玩具、殡葬用品以及其他消费品。

批发零售贸易业商品购、销、存总额　指各种登记注册类型的批发、零售业企业（单位）以本企业（单位）为总体的，从国内、国外市场购进的商品总量，销售和出口的商品总量、库存商品总量等情况。该指标可以反映商品流转过程中商品的购进、销售、库存之间的比例关系和存在的问题。

商品购进总额　指从本企业（单位）以外的单位和个人购进（包括从境外直接进口）作为转卖或加工后转卖的商品总额。它反映批发零售贸易业从国内、国外市场上购进商品的总量。商品购进总额包括：（1）从工农业生产者购进的商品；（2）从出版社、报社的出版发行部门购进的图书、杂志和报纸；（3）从各种登记注册类型的批发零售贸易企业（单位）购进的商品；（4）从其他单位购进的商品，如从机关、团体、企业等单位购进的剩余物资，从餐饮业、服务业购进的商品，从海关、市场管理部门购进的缉私和没收的商品，从居民手中收购的废旧商品等；（5）从国（境）外直接进口的商品。不包括企业（单位）为自身经营用和未通过买卖行为而收入的商品以及销售退回、商品升溢等。

商品销售总额　指对本企业（单位）以外的单位和个人出售（包括对境外直接出口）的商品总额。它反映批发零售贸易业在国内市场上销售商品以及出口商品的总量。商品销售总额包括：（1）售给城乡居民和社会集团消费用的商品；（2）售给工业、农业、建筑业、运输邮电业、批发零售贸易业、餐饮业、服务业等作为生产、经营使用的商品；（3）售给批发零售贸易业作为转卖或加工后转卖的商品；（4）对国（境）外直接出口的商品。不包括出售本企业（单位）自用的废旧包装用品；未通过买卖行为付出的商品；经本单位介绍，由买卖双方直接结算，本单位只收取手续费的业务；购货退出的商品以及商品损耗和损失等。

批发零售贸易业库存 指报告期末各种登记注册类型的批发零售贸易企业（单位）已取得所有权的商品。它反映批发零售贸易企业（单位）的商品库存情况和对市场商品供应的保证程度。期末库存包括：（1）存放在批发零售贸易业经营单位（如门市部、批发站、经营处）仓库、货场、货柜和货架中的商品；（2）挑选、整理、包装中的商品；（3）已记入购进而尚未运到本单位的商品，即发货单或银行承兑凭证已到而货未到的部分，（4）寄放他处的商品，如因购货方拒绝承付而暂时存放在购货方的商品和已办完加工成品收回手续而未提回的商品；（5）委托其他单位代销（未作销售或调出）尚未售出的商品；（6）代其他单位购进尚未交付的商品。不包括所有权不属于本单位的商品、拨付除批发零售贸易业以外的其他行业所属独立核算加工厂等加工生产尚未收回成品的商品、代国家物资储备部门保管的商品等。

库存总额采用的计算价格是：农副产品采购单位按购进价计算；批发单位按进货价计算；零售单位按核算价格计算，即按什么价格核算就按什么价格计算。

餐饮业商品零售额 指餐饮企业、产业活动单位或个体户直接对居民和社会集团零售的各种商品。包括：（1）经烹饪、调制加工后出售的各种食品，如主食、炒菜、凉拌菜等；（2）不经加工直接转卖的各种外购商品，如卷烟、酒、饮料、熟食、水果等；（3）附设非独立核算的专门销售商品的小卖部出售的各种食品及其他商品。

17

FOREIGN TRADE,ECONOMIC COOPERATION AND TOURISM

对外经济贸易和旅游

17-1 利用外资和外贸进出口贸易总额

单位:万美元

年 份	实际利用外资到位金额	进出口总额		
			出口总额	进口总额
1991		1632	1617	15
1992		4484	3630	854
1993		7713	4474	3239
1994		13088	8008	5080
1995		31540	17341	14199
1996	1983	35800	19420	16380
1997	2714	40700	23275	17425
1998	3224	28604	18190	10414
1999	3948	18171	14619	3552
2000	4277	31527	17189	14338
2001	5810	29960	19387	10573
2002	7144	34369	23928	10441
2003	12143	50037	32125	17912
2004	25000	80207	43388	36819
2005	40800	93321	52242	41079
2006	54000	121274	86746	34528
2007	61557	184120	119982	64138
2008	81500	233926	151301	82625
2009	94900	128356	66852	61504
2010	110000	195303	120403	74900
2011	124000	276915	181773	95142
2012	136500	209982	116358	93624
2013	141000	210508	111273	99235
2014	111900	180500	127000	53500
2015	82400	155300	88800	66500
2016	101000	172100	123100	49000
2017	20400	199600	128900	70700

17-2　对外经济贸易

项　目	2012	2013	2014	2015	2016	2017
进出口总额（人民币、万元）	**1319842**	**1274268**	**1104480**	**1007897**	**1194890**	**1298657**
出口总额	731368	673569	777113	576312	854683	838662
进口总额	588474	600699	327367	431585	340207	459995
进出口总额（万美元）	**209982**	**210508**	**180500**	**155300**	**172100**	**199600**
出口总额	116358	111273	127000	88800	123100	128900
进口总额	93624	99235	53500	66500	49000	70700
外商投资企业基本情况						
年底登记户数（户）	292	291	304	340	365	395
投资总额（万美元）	262092	244890	247128	316150	360887	360055
注册资本（万美元）	134647	118444	120682	138467	145341	141510
#外方	90633	79427	81510	104124	104878	102478

17-3　年末登记外商投资企业行业分布

项　目	企业数（户）		投资总额（万美元）		注册资本（万美元）			
							#外方	
	2016	2017	2016	2017	2016	2017	2016	2017
总　计	**365**	**395**	**360887**	**360055**	**145341**	**141510**	**104878**	**102478**
农、林、牧、渔业	2	3	64	64	64	64	64	64
采掘业	2	2	762	762	495	495	379	379
制造业	59	58	203594	195891	88397	80410	63191	59227
电力、热力、燃气及水的生产和供应业	6	7	50906	54618	17392	17391	11645	12697
建筑业	2	1						
批发和零售贸易餐饮业	109	119	33428	33419	17327	17552	15971	16246
信息传输：软件和信息技术服务业	118	123	83	83	83	83	83	83
房地产业	9	11	5383	5383	4269	4269	3210	3210
其他	58	71	66667	69835	17314	21246	10335	10572

17－4　旅游事业发展情况

项　目	2012	2013	2014	2015	2016	2017
旅行社总数（个）	**87**	**89**	**91**	**96**	**90**	**90**
出境资格旅行社	4	4	10	11	17	18
其他旅行社	83	85	81	85	73	72
旅行社总收入（亿元）	**2.34**	**2.38**	**2.27**	**2.95**	**3.27**	**4.85**
星级饭店总数（个）	**36**	**30**	**28**	**28**	**28**	**25**
星级饭店总收入（亿元）	**5.20**	**4.90**	**3.90**	**3.35**	**3.65**	**4.04**
入境旅游人数（人）	**26473**	**33965**	**35867**	**37516**		**39954**
外国人	23184	30256	31764	33224		
港澳同胞	2908	3259	3480	3262		
台湾同胞	381	450	623	1030		
国内旅游人数（万人）	**769**	**842**	**935**	**1036**	**1209**	**1428**
旅游收入（亿元）	**154.51**	**207.31**	**263.00**	**325.02**	**403.40**	**505.22**
国际旅游外汇收入（万美元）	1475	2341	5142	3960	7201	4602
国内旅游收入（亿元）	153.59	205.86	260.32	322.41	398.40	502.21

主要统计指标解释

进出口总额　指实际进出我国国境的货物总金额。包括对外贸易实际进出口货物，来料加工装配进出口货物，国家间、联合国及国际组织无偿援助物资和赠送品，华侨、港澳台同胞和外籍华人捐赠品，租赁期满归承租人所有的租赁货物，进料加工进出口货物，边境地方贸易及边境地区小额贸易进出口货物（边民互市贸易除外），中外合资经营企业、中外合作经营企业、外商独资企业进出口货物和公用物品，到、离岸价格在规定限额以上的进出口货样和广告品（无商业价值、无使用价值和免费提供出口的除外），从保税仓库提取在中国境内销售的进口货物，以及其他进出口货物。进出口总额用以观察一个国家在对外贸易方面的总规模。我国规定出口货物按离岸价格统计，进口货物按到岸价格统计。

利用外资　指我国各级政府、部门、企业和其他经济组织通过对外借款、吸收外商直接投资以及用其他方式筹措的境外现汇、设备、技术等。

外商直接投资　指外国企业和经济组织或个人（包括华侨、港澳台胞以及我国在境外注册的企业）按我国有关政策、法规，用现汇、实物、技术等在我国境内开办外商独资企业、与我国境内的企业或经济组织共同举办中外合资经营企业，合作经营企业或合作开发资源的投资（包括外商投资收益的再投资），以及经政府有关部门批准的项目投资总额内企业从境外借入的资金。

旅游者人数　（1）入境国际旅游者人数：指来中国参观、访问、旅行、探亲、访友、休养、考察、参加会议和从事经济、科技、文化、教育、宗教等活动的外国人、华侨、港澳同胞和台湾同胞的人数。不包括外国在我国的常驻机构，如使领馆、通讯社、企业办事处的工作人员；来我国常住的外国专家、留学生以及在岸逗留不过夜人员。

（2）出境居民人数：指大陆居民因公务活动或私人事务短期出境的人数。公务活动出境居民人数包括在国际交通工具上的中国服务员工，因私出境居民人数不包括在国际交通工具上的中国服务员工。

（3）国内旅游者人数：指我国大陆居民和在我国常住1年以上的外国人、华侨、港澳台同胞离开常住地在境内其他地方的旅游设施内至少停留一夜，最长不超过6个月的人数。

国际旅游（外汇）收入　指入境旅游的外国人、华侨、港澳同胞和台湾同胞在中国大陆旅游过程中发生的一切旅游支出，对于国家来说就是国际旅游（外汇）收入。

国际旅行社　指经营对外招徕并接待外国人、华侨、港澳同胞和台湾同胞来中国、归国或回内地旅游业务的旅行社。

国内旅行社　指负责经营招徕、组团、接待国内旅客的旅游业务，以及不对外招徕，负责经营接待国际旅行社或其它涉外部门组织的外国人、华侨、港澳同胞和台湾同胞来中国、归国或回内地的旅游业务的旅行社。

星级饭店　指已评定星级的饭店。

18

BANKING AND INSURANCE

金融和保险

18-1 金融系统机构、人员数（2017年）

项　目	机构数（个）	年末人数（人）
总　计	**646**	**13812**
中国人民银行	5	393
中国工商银行	60	1748
中国农业银行	65	1164
中国银行	48	1007
中国建设银行	56	1217
中国光大银行	4	92
中国农业发展银行	5	113
交通银行	11	237
包商银行	68	3016
农村信用合作联社	76	947
新时代信托投资公司	1	234
中国邮政储蓄银行	80	410
上海浦东发展银行	11	150
中信银行	8	160
招商银行	2	80
华夏银行	3	175
兴业银行	9	301
内蒙古银行	7	195
包头农村商业银行	92	1370
村镇银行	28	609
包钢集团财务有限责任公司	1	44
民生银行	1	46
鄂尔多斯银行	5	104

18-2 金融机构人民币信贷资金平衡表（2017年）

单位：万元

负债项目	2017	资产项目	2017
资金来源合计	**56613214**	**资金运用合计**	**56613214**
各项存款	38866060	各项贷款	29603937
境内存款	38855325	境内贷款	29595750
住户存款	14572170	住户贷款	9769104
非金融企业存款	11400491	短期贷款	4653224
广义政府存款	4276095	中长期贷款	5115881
非银行业金融机构存款	8606569	非金融企业及机关团体贷款	19826646
境外存款	10735	非银行业金融机构贷款	
金融债券	1648497	境外贷款	8187
卖出回购资产	114779	债券投资	23045048
借款及银行业金融机构拆入		股权及其他投资	1281865
联行往来	7038379	买入返售资产	227643
应付及暂收款	1093021	存放非银行业金融机构款项	869
各项准备	981232	银行往来	
所有者权益	4578745	金银占款	
其它	2292501	中央银行外汇占款	
		应收及预付款	1494420
		投资性房地产	440
		固定资产	958992

18-3 金融机构人民币存、贷款年末余额及保险业务收入

单位：万元

年份	各项存款余额合计	#企业存款	#城乡居民储蓄余额	各项贷款余额合计	#工业贷款	#商业贷款	#农业贷款	保险收入小计	#企业财产险	#家庭财产险
1949	10	8	2		1			3		
1952	831	231	72	391	141	118	81			
1957	3123	1165	1023	8082	685	7057	193			
1962	11309	7067	889	27043	15583	10847	580			
1965	13811	6241	1752	21110	12186	8158	706			
1970	13356	5320	2088	57401	35802	20544	909			
1975	27291	16982	4078	56062	30793	23664	1431			
1978	30955	17251	6105	67225	35748	29044	2209			
1979	32895	17121	8061	67380	35512	28952	2801			
1980	37053	16096	11604	77263	36637	30962	7882			
1981	43525	18486	14012	78763	38859	27700	8529	52	49	
1982	53289	22449	17955	78292	35691	27294	7225	170	124	1
1983	56814	20029	22692	83987	39065	28327	9000	270	123	1
1984	92213	43433	31263	114500	50073	36948	8830	394	199	3
1985	95872	38373	41603	125825	58248	37040	3015	577	231	12
1986	121884	44409	56074	166289	80707	38469	3142	872	263	12
1987	147825	49509	72446	180454	85219	44763	3100	942	388	13
1988	185159	62039	93054	219547	102346	54428	2986	1384	470	33
1989	222898	58901	130079	261327	126429	66220	2924	2036	520	98
1990	290081	64400	184953	337695	168818	80705	2970	3518	571	80
1991	356097	71502	242651	423010	202775	91062	3625	4849	706	75
1992	566706	205698	308702	521669	217043	109785	5239	8772	837	57
1993	655026	174086	407237	644636	269882	139231	7819	13081	1294	942
1994	811130	199172	547001	812097	353130	133175	6309	12409	1782	401

18-3 续 表

单位：万元

年 份	各项存款余额合计	#企业存款	#城乡居民储蓄余额	各项贷款余额合计	#工业贷款	#商业贷款	#农业贷款	保险收入	#企业财产险	#家庭财产险
1995	962643	222049	714101	975374	431048	163079	8009	17510	2590	568
1996	1175301	273764	869283	1249633	572491	199892	12361	22013	3886	399
1997	1403965	358222	997345	1460069	687448	220476	13478	27228	4204	443
1998	1862415	459485	1313633	1786748	829716	241573	38334	30300	4318	450
1999	2021079	452972	1454255	1873146	754085	270675	40170	30888	3109	324
2000	2328763	621958	1526830	1767827	597389	216481	43355	35233	3047	318
2001	2797076	806105	1748623	1905282	707426	254389	41873	41836	3400	364
2002	3367217	1056292	1999792	2083831	745055	276611	55570	55151	3480	372
2003	4308288	1463170	2434595	2491122	870562	266395	70400	73969	3197	784
2004	5283194	1569773	2997616	2736468	952668	229943	90137	104404	2992	548
2005	6789213	2146159	3894793	3367626	949637	410134	110196	101088	2741	450
2006	8556975	2596971	4379926	4824822	1430782	404062	124938	112266	3596	475
2007	10210139	3274556	4740067	5445744	1399474	505175	151809	128639	3399	369
2008	12019765	3727678	5939716	6312534	1412355	614033	336067	228581	4764	533
2009	14962084	5160819	6860044	8140452	1344250	698658	423846	263134	5337	750
2010	17056150	5285371	7507459							

年 份	各项存款余额	#单位存款	#个人存款	各项贷款余额	#短期贷款	#中长期贷款	#票据融资	保费收入	#财产保险	#人寿保险
2010				10372879	3617073	6475509	277812	346134	153254	192880
2011	19929680	9359410	8499037	12796174	4974666	7483243	315404	352786	188322	164464
2012	20797880	8956370	10499472	14198606	6238115	7478946	454294	351491	180745	170746
2013	23265862	10109942	11900022	16290042	7705055	7888587	664593	366013	167613	198400
2014	24935956	9597758	12961987	18340852	8762036	8868899	688716	399528	164819	234709

年 份	各项存款余额	#非金融企业存款	#住户存款	各项贷款余额	#住户贷款	#非金融企业及机关团体贷款	#非银行业金融机构贷款	保费收入	#财产保险	#人寿保险
2015	27096992	8541978	13079941	21925210	6511494	15328697	85000	504093	178913	325181
2016	32359986	9150070	13713081	24030526	7766557	16243473		650829	190511	460317
2017	38866061	11400491	14572170	29603937	9769104	19826646		707191	212615	494576

注：2009、2010、2015年金融机构存贷款余额分项内容均发生变化，表式做相应调整。

18-4　保险公司业务技术指标（2017年）

项　目	保费收入（万元）	赔款与给付（万元）
总　计	**707191.38**	**168198.49**
财产保险小计	212615.47	101658.28
企业财产险	10630.56	
家庭财产险	248.28	
机动车辆保险	162447.31	
货运险	809.71	
工程险	1415.88	
责任险	6565.72	
保证险	8955.64	
意外险	3847.07	
健康险	6085.73	
农业险	7695.48	
其他险	3914.11	
人寿保险小计	494575.91	66540.21
个险业务	293801.25	
团险业务	16360.65	
银行邮政代理业务	167831.22	
其他险	16582.79	

18-5　保险业务主要指标

项　目	2016	2017	2017年比2016年增长（%）
财产保险公司			
保费收入（万元）	190511.4	212615.5	11.6
赔款与给付（万元）	84301.0	101658.3	20.6
市场份额（%）	29.3	30.1	0.8
人寿保险公司			
保费收入（万元）	460317.3	494575.9	7.4
赔款与给付（万元）	56172.2	66540.2	18.5
市场份额（%）	70.7	69.9	-0.8

主要统计指标解释

信贷资金 指金融机构以信用方式积聚和分配的货币资金。金融机构信贷资金的来源有各项存款、金融债券、对国际金融机构负债、流通中现金、其他项目等；信贷资金的运用有各项贷款、有价证券及投资、黄金占款、外汇买卖、财政借款及在国际金融机构中的资产等。

存款 指企业、机关、团体或居民根据资金必须收回的原则，把货币资金存入银行或其他信贷机构保管并取得一定利息的一种信用活动形式。根据存款对象的不同可划分为住户存款、非金融企业存款、政府存款、非银行业金融机构存款等科目。它是银行信贷资金的主要来源。

贷款 指银行或其他信用机构根据资金必须归还的原则，按一定利率，为企业、个人等提供资金的一种信用活动形式。我国银行贷款分为短期贷款、中长期贷款、融资租赁、票据融资、各项垫款、境外贷款等。

保险公司 在中国境内的、经过保险监督管理部门批准设立，并依法登记注册的各类商业保险公司。

保险金额 指保险人承担赔偿或者给付保险金责任的最高限额。

保费 指投保人为取得保险人在约定范围内所承担赔偿责任而支付给保险人的费用。

赔款 指保险人根据保险合同的规定，向被保险人支付的赔偿保险责任损失的金额。

给付 包括死伤医疗给付和满期给付。死伤医疗给付是指保险人根据人寿保险及长期健康保险合同的规定，因被保险人在保险期内发生保险责任范围内的保险事故支付给被保险人（或受益人）的金额。满期给付是指被保险人生存期满，保险人按人寿保险合同规定支付给被保险人的满期保险金额。

19

EDUCATION,SCIENCE AND CULTURE

教育、科技和文化

19-1　2012-2017年教育事业基本情况

指　标	2012	2013	2014	2015	2016	2017
学校数（所）						
普通高等学校	5	5	5	5	5	5
普通中等学校	115	112	110	109	110	110
中等专业学校	15	14	14	14	14	14
普通中学	98	96	94	93	94	94
高　中	35	35	34	36	37	37
初　中	63	61	60	57	57	57
职业中学	2	2	2	2	2	2
小　学	162	153	153	138	136	134
幼儿园	197	222	277	312	312	326
特殊教育	3	3	3	3	3	3
专任教师（人）						
普通高等学校	4543	4520	4517	4373	4484	4547
普通中等学校	10950	10809	11090	11121	11432	11688
中等专业学校	1188	1116	1096	1104	1151	1158
普通中学	9592	9526	9825	9845	10110	10340
高　中	3382	3469	3578	3711	3898	4063
初　中	6210	6057	6247	6134	6212	6277
职业中学	170	167	169	172	171	190
小　学	8720	8454	8727	8736	8888	9239
幼儿园	2897	3189	4077	4649	4648	4924
特殊教育	89	91	97	88	89	84
招生数（人）						
普通高等学校	20063	20579	21111	21926	23125	23625
普通中等学校	53578	52737	51153	46014	42260	46458
中等专业学校	9151	8282	10263	8185	7686	8046
普通中学	43855	43064	39380	36451	33410	37691

注：2011年起普通高等学校中包含高职（专科）院校。

19-1 续 表

指　标	2012	2013	2014	2015	2016	2017
高　中	18027	18186	15837	15629	15070	14488
初　中	25828	24878	23543	20822	18340	23203
职业中学	572	1391	1510	1378	1164	721
小　学	21840	24339	22833	23222	24476	23801
幼儿园	16615	17250	27797	24521	22088	22459
特殊教育	48	29	95	63	41	43
在校学生（人）						
普通高等学校	68641	70100	70324	72320	80246	78064
普通中等学校	158260	157117	152976	145788	135601	131231
中等专业学校	25840	25775	24299	23937	23462	22402
普通中学	130521	128945	125433	117914	108469	106398
高　中	53990	55022	52286	49394	46224	45008
初　中	76531	73923	73147	68520	62245	61390
职业中学	1899	2397	3244	3937	3670	2431
小　学	135400	133111	131676	133377	138601	138930
幼儿园	38437	41203	55161	57275	58036	61334
特殊教育	263	206	277	333	359	357
毕业生数（人）						
普通高等学校	18131	18349	19832	19230	27675	24262
普通中等学校	52330	50674	52648	50891	50424	48055
中等专业学校	8145	7773	9601	7536	7007	8405
普通中学	43657	42278	42519	42938	42239	38775
高　中	16232	17144	18742	18125	18028	15672
初　中	27425	25134	23777	24813	24211	23103
职业中学	528	623	528	417	1178	875
小　学	25828	24801	23597	21005	18516	23237
幼儿园	11225	12701	13429	16446	17463	18527
特殊教育	9	19	10	7	18	36

19-2 教育事业情况

单位：所、人

年 份	普通高校		中等专业学校		职业中学	
	学校数	在校学生	学校数	在校学生	学校数	在校学生
1979	3	2367	9	3695		
1980	3	2573	8	4193		
1981	3	2686	9	3291		
1982	3	2872	11	2766		
1983	3	2868	11	3556		
1984	3	3192	12	4031	3	195
1985	3	3972	12	4920	3	334
1986	3	4392	13	5391	5	366
1987	3	4283	17	3721	15	9990
1988	3	4728	13	5966	16	9676
1989	3	6430	13	6371	16	10588
1990	3	4653	13	6284	18	9677
1991	3	4144	13	6600	18	10494
1992	3	4495	13	6761	19	13097
1993	3	5152	13	7769	28	12717
1994	3	5069	13	8388	31	13654
1995	3	4923	13	8361	26	13511
1996	3	5372	13	8557	17	9938
1997	3	5766	13	8587	17	8362
1998	3	6486	13	11475	19	10813
1999	4	9621	13	13971	17	10291
2000	4	12158	10	14735	17	9120
2001	4	16848	8	13992	13	9694
2002	4	21921	8	13590	11	7375
2003	3	28236	8	12986	10	7850
2004	3	34109	8	14550	9	6095
2005	3	31819	9	19049	9	7374
2006	3	40368	10	21341	9	8055
2007	3	38299	13	27460	9	9528
2008	3	42456	13	24920	9	9251
2009	3	52733	13	28055	2	1420
2010	3	56361	13	26030	2	2404
2011	5	67514	15	25764	2	2487
2012	5	68641	15	25840	2	1899
2013	5	70100	14	25775	2	2397
2014	5	70324	14	24299	2	3244
2015	5	72320	14	23937	2	3937
2016	5	80246	14	23462	2	3670
2017	5	78064	14	22402	2	2431

19-2 续 表

单位：所、人

年 份	普通中学		小学		成人高校	
	学校数	在校学生	学校数	在校学生	学校数	在校学生
1979	146	167785	1475	235904		
1980	167	154996	1186	230417	14	7648
1981	134	136351	988	220508		
1982	147	126089	1117	210082	4	1083
1983	143	123518	916	196907	5	1176
1984	140	122258	772	195433	7	2593
1985	146	119912	764	188612	7	3593
1986	145	122080	718	179421	7	3624
1987	146	120570	731	171487	7	3394
1988	146	114889	719	164109	7	4147
1989	148	108005	890	160301	7	4832
1990	148	104819	885	156743	7	4696
1991	149	99798	880	157350	7	3479
1992	149	93380	857	162322	7	4225
1993	149	85785	836	166038	6	5002
1994	152	89196	814	170018	8	5990
1995	149	95548	774	170945	8	5990
1996	148	104572	638	174607	8	6240
1997	152	112392	633	176900	5	3666
1998	154	118064	621	174370	4	1907
1999	152	122680	629	169116	3	1795
2000	147	132326	595	164719	2	2299
2001	159	144541	554	159541	2	3610
2002	162	162519	531	155005	2	5516
2003	161	170562	474	149796	3	7765
2004	157	175087	437	146140	3	5722
2005	145	176780	369	140540	2	4830
2006	133	176610	317	136261	2	4101
2007	119	143937	249	164542	2	3985
2008	104	142222	219	157318	2	5545
2009	101	140002	198	151557	2	4527
2010	96	134852	185	142909	1	2634
2011	98	132858	183	141902		19268
2012	98	130521	162	135400		19632
2013	96	128945	153	133111		20367
2014	94	125433	153	131676		20892
2015	93	117914	138	133377		13336
2016	94	108469	136	138601		5141
2017	94	106938	134	138930		

19-3 规模以上工业企业研究与试验发展（R&D）人员情况（2017年）

指　标	R&D人员合计（人）	参加项目人员	管理和服务人员	全时人员	非全时人员	#研究人员
总计	**16343**	**15231**	**1112**	**10122**	**6221**	**4994**
#国有控股企业	13533	12696	837	8038	5495	4584
按企业规模分						
大型	11930	11172	758	6598	5332	4157
中型	2677	2401	276	2325	352	622
小型	1679	1603	76	1153	526	206
微型	57	55	2	46	11	9
按登记注册类型分						
内资企业	16263	15165	1098	10079	6184	4972
国有企业	315	247	68	270	45	117
有限责任公司	11015	10163	852	5669	5346	3309
国有独资公司	1515	1432	83	1344	171	582
其他有限责任公司	9500	8731	769	4325	5175	2728
股份有限公司	3493	3424	69	3002	491	1081
私营企业	626	566	60	405	221	114
其他企业	814	765	49	733	81	351
外商投资企业	58	48	10	25	33	21
港、澳、台商投资企业	22	18	4	18	4	12
按国民经济行业分						
黑色金属矿采选业	121	121		109	12	13
煤炭开采和洗选业	19	8	11	10	9	10
农副食品加工业	21	21		17	4	4
酒、饮料和精制茶制造业	150	143	7	117	33	18
纺织服装、服饰业	156	156		140	16	50
石油加工、炼焦和核燃料加工业	31	31		28	3	16
化学原料和化学制品制造业	232	190	42	103	129	73
医药制造业	6	6		2	4	1
橡胶和塑料制品业	36	30	6	30	6	19
非金属矿物制品业	307	153	154	273	34	99
黑色金属冶炼和压延加工业	6852	6347	505	2386	4466	2372
有色金属冶炼和压延加工业	2204	2100	104	1405	799	623
金属制品业	4582	4398	184	4117	465	2071
通用设备制造业	222	198	24	200	22	74
专用设备制造业	226	214	12	203	23	100
汽车制造业	372	359	13	335	37	157
铁路、船舶、航空航天和其他运输设备制造业						
电气机械和器材制造业	427	409	18	346	81	91
计算机、通信和其他电子设备制造业	11	11		10	1	2
仪器仪表制造业						
其他制造业						
金属制品、机械和设备修理业	103	87	16	93	10	40
电力、热力生产和供应业	265	249	16	198	67	111

19-4　规模以上工业企业研究与试验

指　标	R&D经费内部支出合计（万元）	按资金来源分组				按活动
		政府资金	企业资金	境外资金	其他资金	基础研究支出
总计	**390255**	**13983**	**372552**	**230**	**3489**	**93**
#国有控股企业	319454	12845	303765	230	2614	93
按企业规模分						
大型	298375	8822	289554			93
中型	41268	4224	34962	230	1852	
小型	47910	938	46620		353	
微型	2702		1417		1285	
按登记注册类型分						
内资企业	389095	13983	371392	230	3489	93
国有企业	7488	2376	5112			
有限责任公司	270492	5429	261796	230	3038	
国有独资公司	26468	680	23753		2035	
其他有限责任公司	244025	4749	238043	230	1003	
股份有限公司	75063	2077	72792		194	93
私营企业	31049	420	30371		258	
其他企业	5002	3682	1321			
外商投资企业	1036		1036			
港、澳、台商投资企业	125		125			
按国民经济行业分						
黑色金属矿采选业	3704		1852		1852	
煤炭开采和洗选业	48		48			
农副食品加工业	2900	15	2885			
酒、饮料和精制茶制造业	2864	20	2844			
纺织服装、服饰业	2386	320	2066			
石油加工、炼焦和核燃料加工业	3402		3402			
化学原料和化学制品制造业	15353	70	15283			
医药制造业	343		343			
橡胶和塑料制品业	335		335			
非金属矿物制品业	3618		3618			
黑色金属冶炼和压延加工业	170243	2006	168237			
有色金属冶炼和压延加工业	64050	1748	62302			93
金属制品业	73650	7114	66402		134	
通用设备制造业	3316	462	2624	230		
专用设备制造业	4085	80	3880		124	
汽车制造业	12293	50	12243			
铁路、船舶、航空航天和其他运输设备制造业						
电气机械和器材制造业	7658	165	7275		219	
计算机、通信和其他电子设备制造业	227		227			
仪器仪表制造业						
其他制造业						
金属制品、机械和设备修理业	685	20	665			
电力、热力生产和供应业	19096	1913	16022		1161	

发展（R&D）经费情况（2017年）

类型分组		按支出用途分组					R&D经费外部支出合计（万元）
应用研究支出	试验发展支出	经常费支出	#人员劳务费	资产性支出	土建工程	仪器设备	
7180	**382982**	**349944**	**87941**	**40311**	**1373**	**38938**	**3419**
4014	315348	287761	78352	31693	1040	30652	2826
2024	296258	268846	73212	29529	1023	28506	2178
1560	39708	37064	8443	4204	236	3968	948
3595	44315	42713	6029	5197	114	5083	293
	2702	1321	257	1382		1382	
7180	381822	348900	87758	40194	1373	38822	3417
	7488	7169	1401	319		319	326
5461	265032	247120	65362	23372	1082	22290	2443
65	26403	23105	9024	3363	21	3342	28
5396	238629	224015	56338	20010	1061	18949	2416
1719	73251	59676	17822	15387	244	15143	638
	31049	29971	2531	1078	46	1032	10
	5002	4964	643	38		38	
	1036	938	165	98		98	2
	125	106	18	19		19	
	3704	3528	647	176		176	
	48	48	46				158
2850	50	2650	223	250		250	
	2864	2797	377	67	2	64	
240	2146	2307	597	79		79	60
	3402	1232	372	2170		2170	
61	15292	14328	953	1025	256	770	242
	343	332	256	11	11		1
	335	335	205				
	3618	2330	368	1288	3	1285	57
	170243	158685	41938	11559	979	10580	1123
1875	62082	52822	13847	11228	42	11186	480
143	73507	64358	18228	9292	43	9249	377
	3316	2897	616	420	2	418	287
1889	2195	4027	815	58	16	42	13
106	12187	11955	3786	338		338	426
15	7643	7396	1207	263	8	255	193
	227	227	63				
	685	614	255	71		71	
	19096	17078	3145	2017	11	2006	3

19-5 规模以上工业企业办科技机构情况（2017年）

指　标	机构数（个）	机构人员合计（个）	#博士毕业	#硕士毕业	机构经费支出（万元）	仪器和设备原价（万元）
总计	**78**	**8888**	**81**	**1351**	**58241**	**151375**
#国有控股企业	49	7872	66	1307	48458	135061
按企业规模分						
大型	42	7893	70	1294	49690	143005
中型	15	619	5	27	3199	2935
小型	20	373	6	29	5231	5342
微型	1	3		1	121	94
按登记注册类型分						
内资企业	75	8818	80	1347	56930	149701
国有企业	8	302	2	134	6197	4065
有限责任公司	40	5391	48	834	35762	92954
国有独资公司	2	2427	1	293	6345	53323
其他有限责任公司	38	2964	47	541	29417	39631
股份有限公司	20	3036	22	372	13955	48763
私营企业	7	89	8	7	1016	3919
其他企业						
外商投资企业	3	70	1	4	1311	1675
港、澳、台商投资企业						
按国民经济行业分						
石油和天然气开采业						
煤炭开采和洗选业						
非金属矿采选业						
农副食品加工业						
食品制造业						
酒、饮料和精制茶制造业	1	35	3	1	589	555
烟草制品业						
纺织业						
纺织服装、服饰业	1	156		3	2386	6646
石油加工、炼焦和核燃料加工业						
化学原料和化学制品制造业	10	147	13	31	2044	4657
医药制造业	1	4		1	333	44
橡胶和塑料制品业						
非金属矿物制品业	3	376			588	70
黑色金属冶炼和压延加工业	9	1814	35	447	13095	26664
有色金属冶炼和压延加工业	17	1023	18	162	16007	18830
金属制品业	21	4791	5	635	10037	89554
通用设备制造业	4	70	5	8	787	474
专用设备制造业	1	10			350	12
汽车制造业	3	282	1	50	9442	1357
铁路、船舶、航空航天和其他运输设备制造业						
电气机械和器材制造业	3	109	1	11	2300	2023
计算机、通信和其他电子设备制造业						
仪器仪表制造业						
其他制造业						
金属制品、机械和设备修理业	1	18		1	5	350
电力、热力生产和供应业	3	53		1	279	142

19-6　科学研究与技术开发机构情况（2017年）

指　标	科学研究与技术服务事业单位	转制为企业的研究机构
机构数（个）	**13**	**3**
从业人员总数（个）	**614**	**762**
科技活动人员（人）	**493**	**365**
博士	21	10
硕士	92	96
大学	272	202
其他	108	57
科技活动收入（万元）	**141724**	**31822**
#政府资金	106700	40845
科技活动支出（万元）	**181353**	**156331**
人员费用（含工资）	46860	32666
设备购置费	21427	17965
其他费用	113066	105700
R&D人员合计（人）	**241**	**388**
博士	21	14
硕士	59	126
大学	139	192
其他	22	56
R&D经费内部支出（万元）	**110664**	**108763**
人员费用（含工资）	37616	28786
设备购置费	11266	15656
其他	61782	64321
课题情况		
课题数（个）	413	58
课题经费内部支出（万元）	54655	59670
#R&D课题经费内部支出	41784	58262
专利申请受理数（件）	**33**	**34**
专利授权数（件）	**14**	**19**
科技论文（篇）	**38**	**54**

19-7　文化事业基本情况（2017年）

指　标		2017	指　标		2017
文化部门艺术表演团体			组织文艺活动次数	（次）	403
单位数	（个）	5	举办训练班次	（次）	437
年末职工人数	（人）	565	训练班培训人数	（人次）	48249
本团原创首演剧目	（个）	21	总收入	（千元）	18671
演出场次	（次）	610	固定资产原值	（千元）	6783
#农村演出		320	**文化站**		
观众人次	（千人次）	938	机构数	（个）	83
总收入	（千元）	82717	从业人员	（人）	224
#财政补助		70353	举办展览个数	（个）	147
事业收入		959	组织文艺活动次数	（次）	1209
#演出收入			举办训练班次	（次）	357
总支出	（千元）	83512	**公共图书馆**		
固定资产原值	（千元）	30338	单位数	（个）	10
实际使用房屋建筑面积	（平方米）		职工人数	（人）	190
艺术研究机构			有效借书证数	（个）	77795
单位数	（个）	1	总流通人次	（千人次）	1859
职工人数	（人）	25	#书刊外借人次	（千人次）	1114
文化部门艺术表演场所			总收入	（千元）	35061
单位数	（个）	3	**文物保护管理机构**		
职工人数	（人）	43	机构数	（个）	10
群艺馆、文化馆			从业人员	（人）	103
单位数	（个）	12	**博物馆**		
职工人数	（人）	141	机构数	（个）	3
举办展览个数	（个）	68	从业人员	（人）	103

注：本表数据由市文化局提供。

19-8　广播电视事业发展情况（2017年）

指　标	单　位	2017
广播电视台	**座**	**6**
调频电视转播发射台	座	21
广播		
广播人口覆盖率	%	99.58
节目套数	套	9
广播节目制作	小时	30278
新闻	小时	3987
专题	小时	11296
综艺	小时	12478
广告	小时	2178
其他	小时	339
电视		
有线广播电视用户	户	288701
电视人口覆盖率	%	99.56
节目套数	套	6
电视节目制作	小时	6116
新闻	小时	1972
专题	小时	3058
综艺	小时	350
影视剧	小时	
广告	小时	578
其他	小时	159

主要统计指标解释

普通高等学校　指按照国家规定的设置标准和审批程序批准举办的，通过全国普通高等学校统一招生考试，招收高中毕业生为主要培养对象，实施高等教育的全日制大学、独立设置的学院和高等专科学校、高等职业学校和其他机构。

大学、独立设置的学院主要实施本科层次以上教育，高等专科学校、高等职业学校实施专科层次教育，其他机构是承担国家普通招生计划任务不计校数的机构。包括普通高等学校分校和批准筹建的普通高等学校等。

科技活动　指在自然科学、农业科学、医药科学、工程与技术科学、人文与社会科学领域（简称科学技术领域）中，与科技知识的产生、发展、传播和应用密切相关的有组织的活动。可分为研究与试验发展（R&D）、研究与试验发展成果应用及相关的科技服务三类活动。该定义是联合国教科文组织考虑成员国特别是发展中国家开展科技统计工作的需要，而对科技活动所作的统计界定。

科技活动人员　指直接从事科技活动、以及专门从事科技活动管理和为科技活动提供直接服务，累计的实际工作时间占全年制度工作时间10%及以上的人员。（1）直接从事科技活动的人员包括：在独立核算的科学研究与技术开发机构、高等学校、各类企业及其他事业单位内设的研究室、实验室、技术开发中心及中试车间（基地）等机构中从事科技活动的研究人员、工程技术人员、技术工人及其它人员；虽不在上述机构工作，但编入科技活动项目（课题）组的人员；科技信息与文献机构中的专业技术人员；从事论文设计的研究生等。（2）专门从事科技活动管理和为科技活动提供直接服务的人员，包括：独立核算的科学研究与技术开发机构、科技信息与文献机构、高等学校、各类企业及其他事业单位主管科技工作的负责人，专门从事科技活动的计划、行政、人事、财务、物资供应、设备维护、图书资料管理等工作的各类人员，但不包括保卫、医疗保健人员、司机、食堂人员、茶炉工、水暖工、清洁工等为科技活动提供间接服务的人员。该指标用来反映投入科技活动人力的规模。

研究与试验发展（R&D）　指在科学技术领域，为增加知识总量，以及运用这些知识去创造新的应用进行的系统的创造性的活动，包括基础研究、应用研究、试验发展三类活动。国际上通常采用R&D活动的规模和强度指标反映一国的科技实力和核心竞争力。

科学研究与技术开发机构　指有明确的任务和研究方向，有一定学术水平的业务骨干和一定数量的研究人员，具有研究、开发、开展学术工作的基本条件，主要进行科学研究与技术开发活动，并且在行政上有独立的组织形式，财务上独立核算盈亏，有权与其他单位签订合同，在银行有单独户头的单位。包括国务院各部门、中国科学院、中国社会科学院和各省、自治区、直辖市以及地（市）以上［含地（市）］各部门所属的国有科学研究与技术开发机构。

科学家和工程师　指具有大学本科及以上学历和不具备上述学历但有高、中级职称的人员。

其他科技人员　指大专、中专毕业和具有初级职称的从事科技活动人员。

专业技术人员　指已取得科学技术职称，或大学、中专的理、工、农、医科系毕业，以及国民经济各部门从工作实践中提拔，从事理、工、农、医等自然科学技术的研究、教学、生产的专业人员和在机关、企业、事业中从事科学技术业务管理工作的专业人员。

工程技术人员　指在国民经济各行业中从事工程技术工作的自然科学技术专业人员，包括高级工程师、工程师、助理工程师、技术员和未评定职称的技术人员。

科学研究人员　指在国民经济各行业中从事科学技术活动的自然科学技术专业人员，包括正副研究员、助理研究员、研究实习员、技术员和未评定职称的技术人员。

文化事业机构　指从事专业文化工作和为专业文化工作服务的独立建制的单位。不包括这些单位另外举办独立核算的其他机构和各部门的业余文化组织。

艺术表演团体　指从事戏曲、音乐、舞蹈、杂技等专业艺术表演，有独立帐户的单位，不包括半工半艺、半农半艺和民间职业剧团。

艺术表演观众人数（人次）　指售票、包场演出或民族地区免费演出的艺术表演观众人次数，不包括彩排审查和内部观摩演出的观看人次数。

20

体育、卫生、社会福利 环境保护

SPORTS,PUBLIC HEALTH,SOCIAL WELFARE,ENVIRONMENTAL PROTECTION

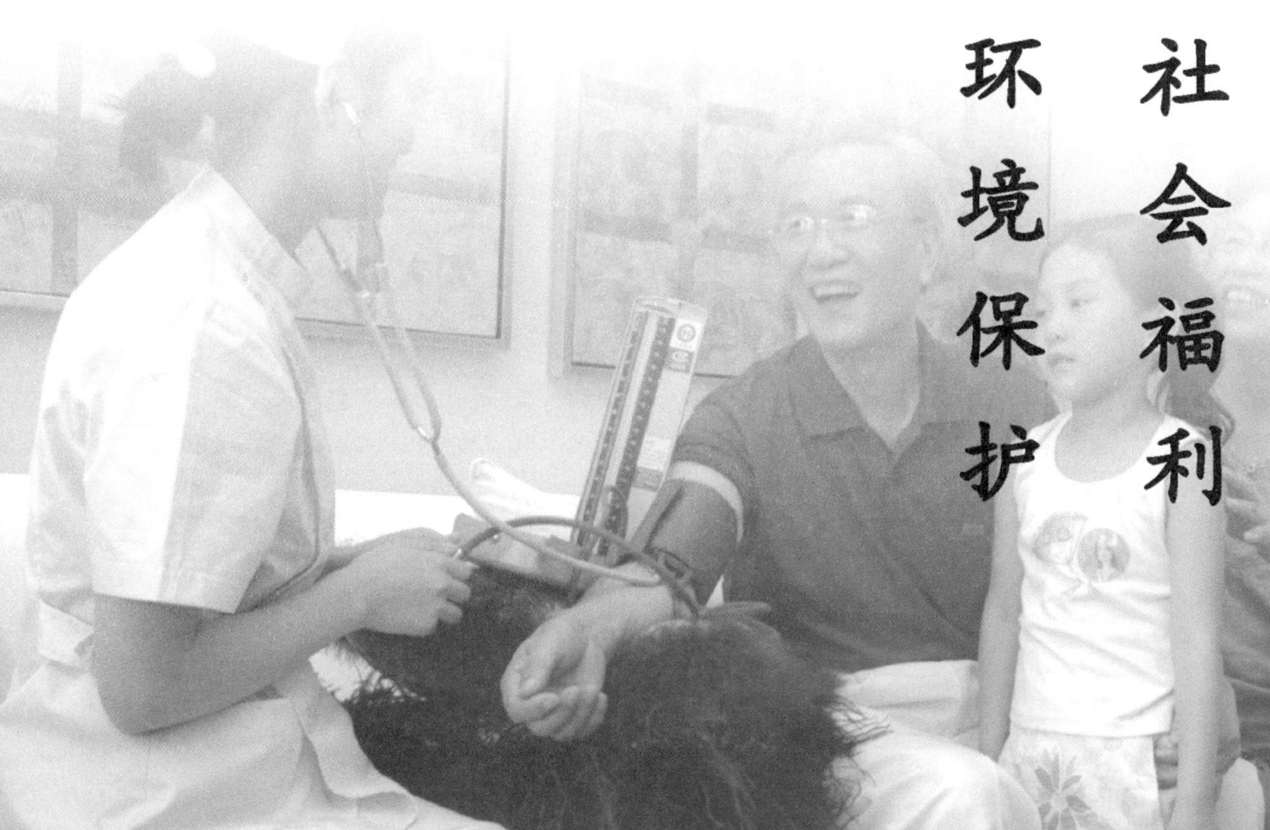

20-1 等级运动员分项发展情况（2017年）

单位：人

项　　目	健将级	一　级	二　级
总　　计		**50**	**198**
田　　径		2	60
游　　泳		1	8
柔　　道		1	7
足　　球		9	31
网　　球			14
篮　　球		16	20
排　　球		16	17
乒 乓 球		3	4
武　　术			16
拳　　击		2	16
散　　打			
跆 拳 道			4
射　　击			1

20-2 自治区青少年锦标赛成绩统计（2017年）

单位：块

项　　目	金 牌	银 牌	铜 牌
总　　计	**97**	**93**	**107**
田　　径	30	19	25
游　　泳	32	34	31
柔　　道	2	1	5
足　　球	1	3	3
网　　球	7	6	6
篮　　球	9	1	1
排　　球	2	4	0
乒 乓 球	2	4	3
拳　　击	2	2	4
散　　打		4	5
跆 拳 道	5	6	18
射　　箭	3	3	3
射　　击	2	6	3

20-3 医疗卫生机构

项　目	机构（个）	床位数（张）	人员数（人）	#卫生技术人员
总　计	**1779**	**18845**	**28758**	**23854**
医院	**84**	**15818**	**20479**	**17047**
综合医院	33	9968	13407	11339
中医医院	15	825	732	577
中西医结合医院	3	278	190	168
民族医院	6	1064	1548	1322
专科医院	26	3683	4602	3641
护理院	1			
基层医疗卫生机构	**1629**	**2590**	**6885**	**5736**
社区卫生服务中心(站)	194	1353	2527	2192
卫生院	67	1223	941	763
村卫生室	465		701	190
门诊部	67	14	769	673
诊所、卫生所、医务室	836		1947	1918
专业公共卫生机构	**49**	**37**	**1111**	**876**
疾病预防控制中心	11		394	329
健康教育所(站、中心)	3		16	8
妇幼保健院(所、站)	10	37	258	207
急救中心(站)	1		21	14
采供血机构	1		97	77
卫生监督所(中心)	10		232	197
计划生育技术服务机构	13		93	44
其他卫生机构	**17**	**400**	**283**	**195**
疗养院	2	400	146	112
医学科学研究机构	2		52	30
临床检验中心（所、站）	1		21	16
统计信息中心	1		5	
其他	11		59	37

基本情况（2017年）

执业（助理）医师	#执业医师	注册护士	药师（士）	技师（士）	#检验师	其它	#见习医师
8588	**7880**	**11023**	**1393**	**1168**	**779**	**1682**	**511**
5307	**5072**	**8809**	**866**	**899**	**578**	**1166**	**459**
3669	3575	5863	541	508	362	758	221
235	199	242	46	32	18	22	2
63	51	74	13	13	8	5	
403	367	619	87	100	49	113	55
937	880	2011	179	246	141	268	181
2794	2343	**2048**	**503**	**159**	**95**	**232**	**45**
899	775	944	157	92	57	100	18
402	268	174	39	35	24	113	22
114	61	76					
332	271	274	29	30	13	8	
1047	968	580	278	2	1	11	5
380	**363**	**115**	**14**	**97**	**93**	**270**	**6**
190	186	29	2	55	54	53	3
4	4	1				3	
127	124	41	8	20	17	11	3
10	9	4					
20	20	32	3	19	19	3	
						197	
29	20	8	1	3	3	3	
107	**102**	**51**	**10**	**13**	**13**	**14**	**1**
64	62	32	3	11	11	2	
24	23	5		1	1		
9	9	7					
10	8	7	7	1	1	12	1

20-4 医疗卫生事业情况

年 份	机构（个）	床位数（张）	医疗卫生工作人员合计（人）	
				#卫生技术人员
1979	484	6595	12591	9719
1980	442	6748	13207	10094
1981	479	6861	14099	10967
1982	458	6992	14733	11377
1983	452	7321	15134	11832
1984	433	7438	15388	12065
1985	465	7444	15666	12341
1986	477	7489	15728	12366
1987	501	7919	16206	12634
1988	525	8255	16685	13182
1989	517	8296	16797	13453
1990	498	8319	17044	13505
1991	500	8569	17379	13637
1992	501	8607	17609	13771
1993	459	8676	18076	13910
1994	462	8695	18422	14608
1995	462	9339	18393	14080
1996	749	8885	17788	14246
1997	761	9132	18540	14469
1998	744	9359	17923	13932
1999	806	9745	18405	14397
2000	854	9462	18596	14639
2001	888	9509	18481	14694
2002	805	9491	17324	13015
2003	1031	9768	16831	13841
2004	1116	9846	16762	13913
2005	1123	9731	16767	13916
2006	1159	9607	17048	14176
2007	1142	9727	17843	15002
2008	1233	11024	18976	15852
2009	2120	11995	20589	16309
2010	2017	12791	21610	17023
2011	2030	13590	21498	17020
2012	1621	15124	22176	18063
2013	1645	15195	24401	19450
2014	1620	15382	24418	19774
2015	1723	16008	25807	20941
2016	1742	17334	27685	22668
2017	1779	18845	28758	23854

注：2009年起卫生数据汇总包含村卫生室数据，以往年度不包括。

20-5 计划生育情况

项　目	单位	2012	2013	2014	2015	2016	2017
出生人数合计	人	**21255**	**20044**	**21114**	**15974**	**20303**	**21033**
出生率	‰	8.01	7.40	7.68	5.81	7.38	7.57
一孩	人	16264	14944	16060	11340	13762	12517
比重	%	76.52	74.56	76.06	70.99	67.78	59.51
二孩	人	4810	4933	3791	3452	6266	8131
比重	%	22.63	24.61	17.95	21.61	30.86	38.66
多孩	人	181	167	1263	1182	275	385
比重	%	0.85	0.83	2.98	7.00	1.35	1.83
死亡人数	人	**8083**	**7942**	**7758**	**6828**	**8547**	**8703**
死亡率	‰	3.04	2.93	2.82	2.48	3.11	3.13
自然增长人数合计	人	**13172**	**12102**	**13356**	**9146**	**11756**	**12330**
自然增长率	‰	4.96	4.47	4.86	3.33	4.27	4.44
本年实施计划生育手术例数	例	**12391**	**15412**	**13673**			
男性绝育	例	1	2				
女性绝育	例	277	437	301			
放置宫内节育器	例	10643	13366	12112			
取出宫内节育器	例	906	1042	837			
皮下埋植	例	1	5				
人工流产	例	563	560	423			
已婚育龄妇女人数	人	**564390**	**55665**	**548422**	**527349**	**522509**	**515008**
领取独生子女证人数	人	**93559**	**88534**	**82026**	**71658**	**61898**	**53890**

20-6 交通事故情况（2017年）

项　目	发生数（起）	死亡人数（人）	受伤人数（人）	损失折款（万元）
总　计	**1029**	**85**	**1084**	**92.1**
#一般事故	1029	85	1084	92.1
较大事故				
在总计中：机动车	929	84	970	86.1
#汽车	807	72	835	75.6
摩托车	104	8	117	8.9
非机动车	97	1	111	5.7
#自行车	15		17	0.7
电动自行车	64	1	75	3.9

20-7 火灾事故情况（2017年）

项　目	按事故发生程度分				
	合 计	特 大	重 大	较 大	一 般
发　生（起）	776				776
死　亡（人）					
受　伤（人）					
损失折款（万元）	485.7				485.7
平均每起事故损失（元）	6260				6260

20-8 社会福利事业、企业单位基本情况（2017年）

项　目	单位数（个）	年末职工人数（个）	年末床位数（张）	年末在院人数（个）
收养性福利事业单位	**54**	**1339**	**10810**	**6562**
#光荣院	2	12	160	18
社会福利院	3	51	898	469
农村养老服务机构	6	81	713	444
救助管理站	**2**	**31**	**62**	**10**
殡仪服务类	**20**	**329**		
社区服务中心	**39**	**685**	**75**	

20-9 低保、救济情况

项　目	单　位	2016	2017
城市居民最低生活保障人数	**人**	**13084**	**11861**
#女性	人	6010	5435
#残疾人	人	4303	4122
#重度残疾人	人	16	2361
按年龄分类			
老年人	人	3259	3145
成年人	人	8782	7721
未成年人	人	1043	995
城市居民最低生活保障户数	**户**	**8004**	**7215**
农村居民最低生活保障人数	**人**	**21826**	**33175**
#女性	人	8043	15735
#残疾人	人	5163	3103
#重度残疾人	人		2130
按年龄分类			
老年人	人	8970	20318
成年人	人	12248	11663
未成年人	人	608	1194
农村居民最低生活保障户数	**户**	**13499**	**19657**

20-10 社会保险情况（2017年）

项目	2017	项目	2017
养老保险情况		失业保险情况	
城镇职工基本养老保险		参保人数（万人）	42.51
参保人数（万人）	98.84	基金收入（万元）	27092
企业职工	56.05	基金支出（万元）	12603
机关事业单位职工	7.90	工伤保险情况	
纳入统筹的离退休人员	34.89	参保人数（万人）	48.11
基金收入（万元）	1629018	基金收入（万元）	14601
养老金支出（万元）	1297788	基金支出（万元）	11395
城乡居民养老保险		医疗保险情况	
参保人数（万人）	43.51	城镇职工医疗保险	
基金收入（万元）	34094	参保人数（万人）	78.40
养老金支出（万元）	35695	基金收入（万元）	269697
生育保险情况		基金支出（万元）	301113
参保人数（万人）	48.97	城乡居民医疗保险	
基金收入（万元）	15634	参保人数（万人）	119.70
基金支出（万元）	15920	基金收入（万元）	70246
		基金支出（万元））	84519

20-11 工业企业“三废”排放及治理情况

指　标	2012	2013	2014	2015	2016	2017
废水						
工业废水排放量（万吨）	4290.80	4015.54	3857.77	4137.56	3345.17	3199.42
工业化学需氧量排放量（吨）	5400.13	5634.52	5407.83	4808.06	1078.71	1284.66
工业氨氮排放量（吨）	5367.81	5650.83	5513.88	4301.39	82.30	110.89
废气						
工业废气排放量（亿立方米）	6825.37	6978.48	7635.86	8953.99	6965.04	7876.49
工业二氧化硫排放量（万吨）	20.99	19.77	18.94	17.61	4.21	4.30
工业氮氧化物排放量（万吨）	13.35	13.53	10.89	9.39	4.31	4.87
工业烟（粉）尘排放量（万吨）	9.05	9.85	11.19	10.42	6.12	6.31
固体废物						
工业固体废物产生量（万吨）	2945.41	2958.31	2394.61	2187.98	3521.83	4238.70
工业固体废物综合利用量（万吨）	1405.21	1423.16	1583.65	1577.83	1574.68	2057.29
工业固体废物综合利用率（%）	47.71	48.11	66.13	72.11	44.71	48.54
工业固体废物贮存量（万吨）	340.05	314.90	251.06	237.31	1542.71	1243.72
工业固体废物处置量（万吨）	1200.41	1220.70	563.72	377.29	404.44	937.70
污染治理						
本年竣工项目数（个）	15	16	49	41	37	12
施工项目本年完成投资额（万元）	36724.6	121992.8	144144.9	69446.5	88446.6	57576.4
工业废水治理项目	6963.9	5086.9	1939.9	9683.0	16727.0	22191.0
工业固体废物治理项目	12.0	3015.0	250.0	5156.0	11253.0	
工业废气治理项目	29348.7	109939.9	133988.1	49956.4	58806.2	29129.9
其他治理项目	400.0	3951.0	7967.0	4651.1	1660.4	6255.5

20-12 全市重点调查工业污染排放及处理利用情况（2017年）

行业名称	工业废气排放量（亿立方米）	废气治理设施数（套）	二氧化硫产生量（吨）	二氧化硫排放量（吨）	氮氧化物产生量（吨）
煤炭开采和洗选业					
黑色金属矿采选业	37.03	130	2995.58	419.00	1074.17
有色金属矿采选业	0.35	7	0.02	0.02	1.87
非金属矿采选业	5.94	10	199.57	199.57	120.94
农副食品加工业	0.05	1	2.86	1.73	0.91
食品制造业	16.17	4	6.10	6.10	9.87
酒、饮料和精制茶制造业	0.93	1	12.32	7.42	5.70
纺织业	0.23		0.68	0.68	4.30
造纸和纸制品业	0.38	1	20.56	4.11	10.77
石油加工、炼焦和核燃料加工业	210.69	38	344.06	327.34	2488.49
化学原料和化学制品制造业	185.28	49	13139.47	2911.14	5458.50
医药制造业					
非金属矿物制品业	91.04	229	1883.64	104.59	1998.55
黑色金属冶炼和压延加工业	4162.53	301	214464.35	11257.28	19172.27
有色金属冶炼和压延加工业	1714.33	229	171382.10	13835.14	71153.56
金属制品业	8.74	66	94.50	94.50	103.84
其他制造业	2.70	8	0.23	0.23	0.25
电力、热力生产和供应业	1439.84	57	219853.76	6019.92	64448.71

20-12 续 表

行业名称	氮氧化物排放量（吨）	烟（粉）尘产生量（吨）	烟（粉）尘排放量（吨）	一般工业固体废物产生量（万吨）	一般工业固体废物综合利用量（万吨）
煤炭开采和洗选业					
黑色金属矿采选业	726.66	18773.06	4529.90	2097.60	750.27
有色金属矿采选业	1.87	36800.02	3.70	86.00	
非金属矿采选业	120.94	3105.98	84.28	0.90	0.19
农副食品加工业	0.91	3.82	0.49		
食品制造业	9.87	5090.80	51.77	0.14	
酒、饮料和精制茶制造业	5.70	10.34	3.16	0.30	0.30
纺织业	4.30				
造纸和纸制品业	10.77	41.96	5.37	0.07	0.07
石油加工、炼焦和核燃料加工业	2430.67	64079.53	6515.97	0.05	0.05
化学原料和化学制品制造业	1698.39	247642.61	255.56	200.97	33.29
医药制造业					
非金属矿物制品业	593.77	242327.03	1230.60	2.03	0.37
黑色金属冶炼和压延加工业	18925.49	1483679.87	28445.01	1000.40	833.38
有色金属冶炼和压延加工业	7383.00	1651919.68	7045.95	245.42	87.19
金属制品业	103.84	704.04	28.11	12.52	0.71
其他制造业	0.25	98.12	6.10		
电力、热力生产和供应业	11460.88	3445466.34	3817.92	430.96	319.61

主要统计指标解释

等级运动员人数　指经考核正式批准授予等级运动员称号的人数。运动员等级分为国际级运动健将，运动健将、一级运动员、二级运动员、三级运动员、少年级运动员。该指标主要反映运动员队伍的技术水平。

等级裁判员人数　指经考核正式批准授予等级裁判员称号的人数。裁判员等级分为国际裁判、国家级裁判、一级裁判、二级裁判、三级裁判。该指标主要反映裁判员队伍的技术水平。

卫生机构　包括医疗机构、疾病预防控制中心（防疫站）、采供血机构、卫生监督及监测（检验）机构、医学科研和在职培训机构、健康教育所等。

医疗机构　包括医院、社区卫生服务中心（站）、疗养院、卫生院、门诊部、诊所（卫生所、医务室）、妇幼保健院（所、站）、专科疾病防治院（所、站）、急救中心（站）和临床检验中心。医疗机构分为非赢利性医疗机构和赢利性医疗机构。

医院　包括综合医院、中医医院、中西医结合医院、民族医院、各类专科医院和护理院。

卫生技术人员　指卫生机构中医生、护理人员、药剂人员、检验人员等卫生技术人员。

医生　指在医疗、预防保健机构工作且取得《执业医师证书》的执业医师和执业助理医师。

社会福利事业单位　指集中收养社会孤老、残、幼的机构，包括由民政部门管理的社会福利院、儿童福利院、精神病人福利院和城镇集体举办的福利院及农村集体举办的敬老院以及优抚医院和具有收养能力的社区服务中心等。该指标主要反映我国在社会福利性单位投入的水平。

社会福利事业单位收养人数　包括民政部门管理和城镇、农村集体举办的社会福利事业单位中收养的老人、少年儿童、缺乏生活自理能力的残疾人员和精神病人。

社会福利企业单位　指以安置城镇有一定劳动能力的盲、聋、哑和肢体残疾人员就业为目的，享受国家减免税待遇的国有或集体企业。包括福利工厂、福利商业和服务业、假肢厂和安置农场等单位。

基本养老保险

1.（参保）职工人数：指报告期末按照国家法律、法规和有关政策规定参加基本养老保险并在社保经办机构已建立缴费记录档案的职工人数，包括中断缴费但未终止养老保险关系的职工人数，不包括只登记未建立缴费记录档案的人数。

2.（参保）离退休人员人数：指报告期末参加基本养老保险的离休、退休和退职人员的人数。基本医疗保险

参保人数：指报告期末按国家有关规定参加基本医疗保险的人数。包括参加保险的职工人数和退休人员人数。

失业保险

1.参保人数：指报告期末按照国家法律、法规和有关政策规定参加了失业保险的城镇企业事业单位的职工及地方政府规定参加失业保险的其他人员的人数。

2. 失业保险基金收入：指按照规定从企业、事业及其他单位筹集的失业保险费及其他并入失业保险基金收入的总额。包括单位和个人缴纳的失业保险费、失业保险基金利息收入、上级补助收入、下级上解收入、转移收入、财政补贴和其他收入。

3. 失业保险基金支出：指报告期内为保障失业人员和下岗职工基本生活、促进其再就业等支出的基金总额。包括失业救济金、医疗费、死亡丧葬补助费、抚恤救济费、转业训练费支出、失业保险经办机构管理费、补助下级支出、上解上级支出、转移支出和其他支出。

工伤保险

参加保险人数:指报告期末依据国家有关规定参加工伤保险的职工人数。

生育保险

参保人数：指报告期末依据有关规定参加生育保险的职工人数。

工业废水排放量 指经过企业厂区所有排放口排到企业外部的工业废水量。包括生产废水、外排的直接冷却水、废气治理设施废水、超标排放的矿井地下水和与工业废水混排的厂区生活污水，不包括外排的间接冷却水（清污不分流的间接冷却水应计算在内）。

工业废气排放量 指企业厂区内燃料燃烧和生产工艺过程中产生的各种排入空气中含有污染物的气体的总量，以标准状态［273K，101325pa］计。

工业二氧化硫排放量 指企业在燃料燃烧和生产工艺过程中排入大气的二氧化硫总质量。

烟（粉）尘排放量 烟尘是指通过燃烧煤、石油、柴油、木柴、天然气等产生的烟气中的尘粒。工业粉尘指在生产工艺过程中排放的能在空气中悬浮一定时间的固体颗粒。如钢铁企业耐火材料粉尘、焦化企业的筛焦系统粉尘、烧结机的粉尘、石灰窑的粉尘、建材企业的水泥粉尘等。烟（粉）尘排放量指企业在燃料燃烧和生产工艺过程中排入大气的烟尘及工业粉尘的总质量之和。烟尘或工业粉尘排放量可以通过除尘系统的排风量和除尘设备出口烟尘浓度相乘求得。

工业固体废物产生量 指报告期内企业在生产过程中产生的固体状、半固体状和高浓度液体状废弃物的总量，包括危险废物和一般工业固体废物。

工业固体废物综合利用量 指通过回收、加工、循环、交换等方式，从固体废物中提取或者使其转化为可以利用的资源、能源和其他原材料的固体废物量（包括当年利用往年的工业固体废物累计贮存量），如用作农业肥料、生产建筑材料、筑路等。综合利用量由原产生固体废物的单位统计。

工业固体废物综合利用率 指工业固体废物综合利用量占工业固体废物产生量（包括综合利用往年贮存量）的百分率。计算公式为：

工业固体废物综合利用率=工业固体废物综合利用量/（工业固体废物产生量+综合利用往年贮存量）×100%

工业固体废物贮存量 指以综合利用或处置为目的，将固体废物暂时贮存或堆存在专设的贮存设施或专设的集中堆存场所内的数量。专设的固体废物贮存场所或贮存设施必须有防扩散、防流失、防渗漏、防止污染大气、水体的措施。

工业固体废物处置量 指将固体废物焚烧或者最终置于符合环境保护规定要求的场所，并不再回取的工业固体废物量（包括当年处置往年的工业固体废物累计贮存量）。处置方法有填埋（其中危险废物应安全填埋）、焚烧、专业贮存场（库）封场处理、深层灌注、回填矿井等。

工业固体废物排放量 指报告期内企业将所产生的固体废物排到固体废物污染防治设施、场所以外的数量，不包括矿山开采的剥离废石和掘进废石（煤矸石和呈酸性或碱性的废石除外）。

21

ESSENTIAL MARKET, INFORMATION INDUSTRY AND EXPLOITATION AREAS OF ADVANCED TECHNOLOGY

要素市场、信息产业高新技术开发区

21-1　国有土地使用权出让情况

指　标	单 位	2016	2017
国有土地使用权出让情况			
出让土地	宗	139	139
#协议出让	宗	38	34
出让土地面积	公顷	634.90	731.21
成交价款	亿元	32.05	47.70

21-2　信息产业及城市信息化情况

指　标	单 位	2016	2017
信息产业总收入	亿元	76.50	80.17
电子制造业总收入	亿元	38.57	41.46
软件业总收入	亿元	5.48	5.56
电信邮政及传输总收入	亿元	32.45	33.15
出口带宽	G	832.69	1073.44
家庭宽带接入数	万户	53.03	69.45
互联网用户数	万户	282.57	340.02
#移动互联网用户数	万户	107.92	154.84
城市中小学在校生每百人拥有计算机数	台/百人	16.95	15.35

21-3　要素市场情况

指　　标	单 位	2016	2017
房产市场情况			
商品房网签销售面积	万平方米	424.9	412.5
#住宅	万平方米	351.1	350.1
商品房网签销售金额	亿元	217.7	234.3
#住宅	亿元	169.8	186.4
技术市场情况			
技术合同数	份	67	38
合同成交总金额	万元	18000	16000
#技术交易额	万元	16000	16000
劳动力市场情况			
期末召开招聘会期次	次	307	316
招聘单位数	个	7133	7248
进场应聘人数	人次	88411	93159
提供就业岗位数	个	85750	88438
达成意向人数	人	28815	29435
应聘成功人数	人次	12021	12194

21-4 稀土高新技术产业开发区企业主要经济指标（2017年）

企业分类	企业数（个）	年末从业人员（人）	总收入（万元）	工业总产值（万元）	工业增加值（万元）	净利润（万元）	实际上缴税总额（万元）	出口总额（万元）
高新区企业	558	95962	10914462	9495022	1831781	439934	379909	217406
#稀土企业	54	7287	1014419	914721	186593	110330	35531	6765
#高新技术企业	105	51691	5819178	5344574	824233	196037	202509	128982
#上市企业	18	13750	1995153	1761575	391940	186073	63683	35562
按地域分类								
#政策区	56	46698	5031939	4461560	717411	109801	171045	147562
新建区	502	49264	5882523	5033462	1114370	330133	208864	69844
#创业中心企业	274	4636	189855	123554	41728	9847	7377	1
按经济类型分类								
#国有企业	24	26893	1679734	1037908	251887	-13911	45940	48066
股份合作企业	1	18	160		44	30		
有限责任公司	221	41429	5524884	5244811	912271	236845	222310	110652
股份有限公司	38	14058	1801052	1692245	325776	146192	70136	37094
私营企业	260	10049	1503781	1212995	230293	49212	24704	6797
外商及港澳台商投资企业	11	3355	404490	307056	111688	22018	16820	14797
按企业收入分类								
#营业收入100亿元以上企业	3	15611	3306292	3296734	517304	163316	86998	
营业收入50-100亿元企业	4	19663	2484926	1730092	441614	106860	100134	36705
营业收入30-50亿元企业	2	5023	793203	675527	107419	38157	30243	56113
营业收入10-30亿元企业	9	7290	1388613	1311107	218762	68003	33352	8673
营业收入1-10亿元企业	70	29772	2376879	2037100	415729	63400	102090	100747
营业收入亿元以下企业	470	18603	564549	444463	130954	199	27092	15167
#在地规模以上企业	163	38401	5174167	4314489	794101	332097	188238	64463
工业	96	23754	4677530	4314489	794101	286456	176028	64463
服务业	67	14647	496637			45641	12210	

22

旗县区资料

STATISTICE OF BANNERS, COUNTIES AND DISTRICTS

22-1 稀土高新区主要经济指标

指　标	单 位	2017	2017年比2016年增长(±%)
行政区域土地面积	**平方公里**	**116**	**0.0**
人口			
年末常住人口	万人	15.19	1.5
年末户籍人口	万人	7.98	0.6
国民经济综合指标			
生产总值	万元		6.6
第一产业	万元		3.4
第二产业	万元		6.7
#工业	万元		6.0
第三产业	万元		6.6
人均生产总值	元		4.8
一般公共预算收入	万元	244717	-49.0
一般公共预算支出	万元	245861	-47.4
在岗职工平均工资	元	65933	10.3
全体居民人均可支配收入	元	47025	8.0
城镇常住居民人均可支配收入	元	47025	8.0
农村牧区常住居民人均可支配收入	元		
农村牧区经济			
农作物总播种面积	公顷	1789	12.8
农业机械总动力	万千瓦时	2.20	0.0
粮食产量	吨	4119	8.9
肉类总产量	吨	502	33.1
年末生猪存栏	头	1674	-24.4
年末牛存栏	头	2202	-12.1
年末羊存栏	只	12569	-8.5
规模以上工业			
工业企业增加值增速	%		7.8
投资、建筑业			
房地产开发投资	万元	441115	-13.2
建筑企业单位数	个	15	0.0
贸易			
社会消费品零售总额	万元	971688	6.1
实际使用外资金额	万美元	18500	0.0
交通运输邮电通信业			
公路里程	公里	16	0.0
固定电话用户	户	86180	-12.2
移动电话用户	户	131210	-5.6
互联网接入用户	户	21950	21.7
科技教育卫生社会保障			
专业技术人员	人	11672	1.2
小学学校数	所	7	0.0
普通中学学校数	所	6	0.0
体育场馆数	个	0	
医疗卫生机构床位数	张	330	10.0
医疗卫生技术人员	人	222	18.7
城镇基本养老保险参保人数	人	27852	14.1
新型农村合作医疗参保人数	人	12011	0.0

22-2 昆都仑区主要经济指标

指　标	单 位	2017	2017年比2016年增长(±%)
行政区域土地面积	**平方公里**	**301**	**0.0**
人口			
年末常住人口	万人	79.32	0.9
年末户籍人口	万人	51.67	0.3
国民经济综合指标			
生产总值	万元		6.4
第一产业	万元		3.9
第二产业	万元		5.8
#工业	万元		6.0
第三产业	万元		6.7
人均生产总值	元		5.2
一般公共预算收入	万元	190167	-59.2
一般公共预算支出	万元	215598	-55.9
在岗职工平均工资	元	68149	9.5
全体居民人均可支配收入	元	47348	7.8
城镇常住居民人均可支配收入	元	47348	7.8
农村牧区常住居民人均可支配收入	元		
农村牧区经济			
农作物总播种面积	公顷	1513	-16.5
农业机械总动力	万千瓦时	0.64	-56.2
粮食产量	吨	8459	-21.9
肉类总产量	吨	1600	4.1
年末生猪存栏	头	8688	26.2
年末牛存栏	头	1223	-24.1
年末羊存栏	只	33786	20.1
规模以上工业			
工业企业增加值增速	%		8.0
投资、建筑业			
房地产开发投资	万元	278629	-44.4
建筑企业单位数	个	33	0.0
贸易			
社会消费品零售总额	万元	4934657	6.2
实际使用外资金额	万美元	19500	21.7
交通运输邮电通信业			
公路里程	公里	516	4.0
固定电话用户	户	126530	-7.6
移动电话用户	户	836893	1.2
互联网接入用户	户	160065	34.0
科技教育卫生社会保障			
专业技术人员	人	31064	0.3
小学学校数	所	33	-2.9
普通中学学校数	所	26	0.0
体育场馆数	个	6	0.0
医疗卫生机构床位数	张	5629	5.2
医疗卫生技术人员	人	7493	2.5
城镇基本养老保险参保人数	人	56200	41.0
新型农村合作医疗参保人数	人	32689	0.3

22-3 东河区主要经济指标

指　　标	单 位	2017	2017年比2016年增长(±%)
行政区域土地面积	**平方公里**	**470**	**0.0**
人口			
年末常住人口	万人	55.19	0.7
年末户籍人口	万人	41.31	-0.8
国民经济综合指标			
生产总值	万元		5.7
第一产业	万元		3.5
第二产业	万元		3.9
#工业	万元		3.3
第三产业	万元		6.5
人均生产总值	元		5.0
一般公共预算收入	万元	107045	-34.8
一般公共预算支出	万元	163788	-26.4
在岗职工平均工资	元	66431	7.8
全体居民人均可支配收入	元	38447	8.0
城镇常住居民人均可支配收入	元	40174	7.7
农村牧区常住居民人均可支配收入	元	20471	7.8
农村牧区经济			
农作物总播种面积	公顷	9561	5.7
农业机械总动力	万千瓦时	6.78	-67.3
粮食产量	吨	43455	12.1
肉类总产量	吨	2339	-17.6
年末生猪存栏	头	6259	-26.8
年末牛存栏	头	2135	-58.6
年末羊存栏	只	47371	2.3
规模以上工业			
工业企业增加值增速	%		4.0
投资、建筑业			
房地产开发投资	万元	154696	26.8
建筑企业单位数	个	16	-5.9
贸易			
社会消费品零售总额	万元	3015915	6.1
实际使用外资金额	万美元	7000	-22.2
交通运输邮电通信业			
公路里程	公里	265	0.0
固定电话用户	户	68400	-3.1
移动电话用户	户	397300	0.4
互联网接入用户	户	88750	0.4
科技教育卫生社会保障			
专业技术人员	人	12223	0.4
小学学校数	所	22	-4.3
普通中学学校数	所	19	-5.0
体育场馆数	个	2	0.0
医疗卫生机构床位数	张	4892	7.2
医疗卫生技术人员	人	5884	5.5
城镇基本养老保险参保人数	人	68299	11.3
新型农村合作医疗参保人数	人	64177	-14.6

22-4　青山区主要经济指标

指　标	单 位	2017	2017年比2016年增长(±%)
行政区域土地面积	**平方公里**	**280**	**0.0**
人口			
年末常住人口	万人	51.98	0.5
年末户籍人口	万人	39.31	0.9
国民经济综合指标			
生产总值	万元		6.0
第一产业	万元		4.0
第二产业	万元		5.0
#工业	万元		6.7
第三产业	万元		6.6
人均生产总值	元		5.3
一般公共预算收入	万元	181237	-58.7
一般公共预算支出	万元	199438	-51.1
在岗职工平均工资	元	71925	6.8
全体居民人均可支配收入	元	47348	7.8
城镇常住居民人均可支配收入	元	47348	7.8
农村牧区常住居民人均可支配收入	元		
农村牧区经济			
农作物总播种面积	公顷	193	-3.0
农业机械总动力	万千瓦时	0.36	0.0
粮食产量	吨	1097	-25.6
肉类总产量	吨	1444	69.9
年末生猪存栏	头	5506	119.0
年末牛存栏	头	1235	47.2
年末羊存栏	只	75157	149.7
规模以上工业			
工业企业增加值增速	%		8.2
投资、建筑业			
房地产开发投资	万元	330811	-15.2
建筑企业单位数	个	30	-3.2
贸易			
社会消费品零售总额	万元	4082045	6.3
实际使用外资金额	万美元		
交通运输邮电通信业			
公路里程	公里	315	1.6
固定电话用户	户	27600	-7.5
移动电话用户	户		
互联网接入用户	户		
科技教育卫生社会保障			
专业技术人员	人	44250	1.5
小学学校数	所	20	0.0
普通中学学校数	所	20	11.1
体育场馆数	个	5	-61.5
医疗卫生机构床位数	张	4613	15.7
医疗卫生技术人员	人	6228	6.0
城镇基本养老保险参保人数	人	50760	66.8
新型农村合作医疗参保人数	人	14813	-0.1

22-5 石拐区主要经济指标

指　标	单 位	2017	2017年比2016年增长(±%)
行政区域土地面积	**平方公里**	**761**	**0.0**
人口			
年末常住人口	万人	3.78	-0.3
年末户籍人口	万人	4.98	-4.4
国民经济综合指标			
生产总值	万元		4.8
第一产业	万元		3.7
第二产业	万元		4.5
#工业	万元		4.4
第三产业	万元		6.0
人均生产总值	元		5.9
一般公共预算收入	万元	29193	-26.3
一般公共预算支出	万元	85903	12.7
在岗职工平均工资	元	89038	12.4
全体居民人均可支配收入	元	33056	8.6
城镇常住居民人均可支配收入	元	38580	8.0
农村牧区常住居民人均可支配收入	元	14544	8.3
农村牧区经济			
农作物总播种面积	公顷	2526	-14.0
农业机械总动力	万千瓦时	0.69	-62.9
粮食产量	吨	7222	19.0
肉类总产量	吨	759	29.1
年末生猪存栏	头	712	-29.0
年末牛存栏	头	409	-49.3
年末羊存栏	只	25343	-17.8
规模以上工业			
工业企业增加值增速	%		6.5
投资、建筑业			
房地产开发投资	万元	15409	-64.2
建筑企业单位数	个	1	0.0
贸易			
社会消费品零售总额	万元	67091	5.8
实际使用外资金额	万美元	9000	0.0
交通运输邮电通信业			
公路里程	公里	339	0.0
固定电话用户	户	1550	-11.9
移动电话用户	户	21230	3.3
互联网接入用户	户	1293	2.7
科技教育卫生社会保障			
专业技术人员	人	423	-70.0
小学学校数	所	2	0.0
普通中学学校数	所	2	0.0
体育场馆数	个	2	0.0
医疗卫生机构床位数	张	41	-19.6
医疗卫生技术人员	人	70	11.1
城镇基本养老保险参保人数	人	26858	54.9
新型农村合作医疗参保人数	人	27508	19.1

22-6 白云矿区主要经济指标

指　标	单 位	2017	2017年比2016年增长(±%)
行政区域土地面积	**平方公里**	**329**	**0.0**
人口			
年末常住人口	万人	2.78	0.4
年末户籍人口	万人	1.66	-2.4
国民经济综合指标			
生产总值	万元		5.6
第一产业	万元		4.0
第二产业	万元		5.2
#工业	万元		5.9
第三产业	万元		6.2
人均生产总值	元		5.2
一般公共预算收入	万元	27675	-21.1
一般公共预算支出	万元	51156	-17.2
在岗职工平均工资	元	71792	-0.1
全体居民人均可支配收入	元	47326	7.8
城镇常住居民人均可支配收入	元	47326	7.8
农村牧区常住居民人均可支配收入	元		
农村牧区经济			
农作物总播种面积	公顷		
农业机械总动力	万千瓦时		
粮食产量	吨		
肉类总产量	吨	235	78.0
年末生猪存栏	头	513	-56.0
年末牛存栏	头	139	14.9
年末羊存栏	只	3217	704.3
规模以上工业			
工业企业增加值增速	%		8.0
投资、建筑业			
房地产开发投资	万元		
建筑企业单位数	个		
贸易			
社会消费品零售总额	万元	83791	6.0
实际使用外资金额	万美元		
交通运输邮电通信业			
公路里程	公里	79	0.0
固定电话用户	户	27340	-9.2
移动电话用户	户	33000	-29.1
互联网接入用户	户	6700	30.7
科技教育卫生社会保障			
专业技术人员	人	1425	0.0
小学学校数	所	3	0.0
普通中学学校数	所	2	0.0
体育场馆数	个	3	0.0
医疗卫生机构床位数	张	110	0.0
医疗卫生技术人员	人	179	7.2
城镇基本养老保险参保人数	人	6112	2.6
新型农村合作医疗参保人数	人		

22-7　九原区主要经济指标

指　标	单 位	2017	2017年比2016年增长(±%)
行政区域土地面积	**平方公里**	**734**	**0.0**
人口			
年末常住人口	万人	22.93	1.8
年末户籍人口	万人	12.42	1.1
国民经济综合指标			
生产总值	万元		5.2
第一产业	万元		3.6
第二产业	万元		4.5
#工业	万元		5.7
第三产业	万元		6.5
人均生产总值	元		3.3
一般公共预算收入	万元	132007	-35.0
一般公共预算支出	万元	175815	-26.0
在岗职工平均工资	元	77796	11.3
全体居民人均可支配收入	元	38515	8.5
城镇常住居民人均可支配收入	元	45818	8.1
农村牧区常住居民人均可支配收入	元	19342	8.2
农村牧区经济			
农作物总播种面积	公顷	20300	1.0
农业机械总动力	万千瓦时	9.40	-26.7
粮食产量	吨	64188	0.8
肉类总产量	吨	29776	3.4
年末生猪存栏	头	56220	6.0
年末牛存栏	头	48200	-21.1
年末羊存栏	只	128600	18.7
规模以上工业			
工业企业增加值增速	%		7.8
投资、建筑业			
房地产开发投资	万元	262187	19.2
建筑企业单位数	个	10	11.1
贸易			
社会消费品零售总额	万元	735738	6.2
实际使用外资金额	万美元		
交通运输邮电通信业			
公路里程	公里	815	75.3
固定电话用户	户	16200	-13.9
移动电话用户	户	247650	3.8
互联网接入用户	户	24177	2.0
科技教育卫生社会保障			
专业技术人员	人	2607	0.5
小学学校数	所	15	-6.3
普通中学学校数	所	8	14.3
体育场馆数	个	2	0.0
医疗卫生机构床位数	张	1287	17.2
医疗卫生技术人员	人	1321	3.8
城镇基本养老保险参保人数	人	26638	1.6
新型农村合作医疗参保人数	人	67874	-2.9

22-8 土默特右旗主要经济指标

指　标	单 位	2017	2017年比2016年增长(±%)
行政区域土地面积	**平方公里**	**2368**	**0.0**
人口			
年末常住人口	万人	29.97	0.4
年末户籍人口	万人	36.42	-0.4
国民经济综合指标			
生产总值	万元		3.1
第一产业	万元		3.8
第二产业	万元		-0.2
#工业	万元		3.0
第三产业	万元		6.1
人均生产总值	元		1.9
一般公共预算收入	万元	132067	-40.7
一般公共预算支出	万元	275567	-15.3
在岗职工平均工资	元	74349	20.2
全体居民人均可支配收入	元	24057	8.6
城镇常住居民人均可支配收入	元	34503	8.2
农村牧区常住居民人均可支配收入	元	16045	8.2
农村牧区经济			
农作物总播种面积	公顷	110563	3.6
农业机械总动力	万千瓦时	48.77	-22.6
粮食产量	吨	785678	0.1
肉类总产量	吨	71076	-0.1
年末生猪存栏	头	105260	1.1
年末牛存栏	头	80220	0.2
年末羊存栏	只	859377	0.2
规模以上工业			
工业企业增加值增速	%		4.0
投资、建筑业			
房地产开发投资	万元	5178	-80.2
建筑企业单位数	个	6	0.0
贸易			
社会消费品零售总额	万元	502401	5.9
实际使用外资金额	万美元	3117	0.0
交通运输邮电通信业			
公路里程	公里	2615	22.1
固定电话用户	户	6400	-9.4
移动电话用户	户	273473	0.9
互联网接入用户	户	23692	15.1
科技教育卫生社会保障			
专业技术人员	人	4100	-10.8
小学学校数	所	21	0.0
普通中学学校数	所	7	0.0
体育场馆数	个	1	0.0
医疗卫生机构床位数	张	921	9.1
医疗卫生技术人员	人	949	-0.4
城镇基本养老保险参保人数	人	40229	59.0
新型农村合作医疗参保人数	人	225688	-11.0

22-9 固阳县主要经济指标

指　　标	单 位	2017	2017年比2016年增长(±%)
行政区域土地面积	**平方公里**	**5025**	**0.0**
人口			
年末常住人口	万人	16.95	-0.2
年末户籍人口	万人	20.01	-0.1
国民经济综合指标			
生产总值	万元		2.6
第一产业	万元		3.4
第二产业	万元		0.4
#工业	万元		3.1
第三产业	万元		6.3
人均生产总值	元		2.8
一般公共预算收入	万元	30302	-8.0
一般公共预算支出	万元	188260	22.6
在岗职工平均工资	元	55971	12.1
全体居民人均可支配收入	元	18625	8.8
城镇常住居民人均可支配收入	元	29410	8.0
农村牧区常住居民人均可支配收入	元	12543	8.5
农村牧区经济			
农作物总播种面积	公顷	110517	-14.4
农业机械总动力	万千瓦时	26.10	-21.8
粮食产量	吨	103392	9.6
肉类总产量	吨	41618	11.5
年末生猪存栏	头	39401	-8.6
年末牛存栏	头	5361	-24.5
年末羊存栏	只	533178	9.4
规模以上工业			
工业企业增加值增速	%		4.0
投资、建筑业			
房地产开发投资	万元	23733	280.4
建筑企业单位数	个	1	0.0
贸易			
社会消费品零售总额	万元	225339	6.0
实际使用外资金额	万美元	3000	0.0
交通运输邮电通信业			
公路里程	公里	1260	0.0
固定电话用户	户	3580	-9.5
移动电话用户	户	168341	2.0
互联网接入用户	户	14136	7.7
科技教育卫生社会保障			
专业技术人员	人	3249	0.2
小学学校数	所	5	0.0
普通中学学校数	所	3	0.0
体育场馆数	个	2	0.0
医疗卫生机构床位数	张	517	22.5
医疗卫生技术人员	人	523	2.1
城镇基本养老保险参保人数	人	30228	7.5
新型农村合作医疗参保人数	人	134232	0.8

22-10 达尔罕茂明安联合旗主要经济指标

指标	单位	2017	2017年比2016年增长(±%)
行政区域土地面积	**平方公里**	**17482**	**0.0**
人口			
年末常住人口	万人	9.68	-0.2
年末户籍人口	万人	11.16	-0.2
国民经济综合指标			
生产总值	万元		2.6
第一产业	万元		3.3
第二产业	万元		-0.8
#工业	万元		3.9
第三产业	万元		6.0
人均生产总值	元		2.8
一般公共预算收入	万元	55006	-66.8
一般公共预算支出	万元	187501	-30.9
在岗职工平均工资	元	66263	-2.0
全体居民人均可支配收入	元	26756	8.9
城镇常住居民人均可支配收入	元	37223	8.3
农村牧区常住居民人均可支配收入	元	13757	8.4
农村牧区经济			
农作物总播种面积	公顷	53569	-3.3
农业机械总动力	万千瓦时	27.45	-4.1
粮食产量	吨	82239	-7.1
肉类总产量	吨	22781	-8.7
年末生猪存栏	头	14090	-6.8
年末牛存栏	头	34184	-14.0
年末羊存栏	只	498169	10.5
规模以上工业			
工业企业增加值增速	%		5.0
投资、建筑业			
房地产开发投资	万元	42105	161.1
建筑企业单位数	个	1	0.0
贸易			
社会消费品零售总额	万元	245401	5.9
实际使用外资金额	万美元		
交通运输邮电通信业			
公路里程	公里	2879	3.1
固定电话用户	户	2350	-9.6
移动电话用户	户	86700	-19.5
互联网接入用户	户	14300	114.7
科技教育卫生社会保障			
专业技术人员	人	1957	-1.5
小学学校数	所	6	20.0
普通中学学校数	所	3	0.0
体育场馆数	个	1	0.0
医疗卫生机构床位数	张	470	2.4
医疗卫生技术人员	人	533	-1.3
城镇基本养老保险参保人数	人	17653	10.8
新型农村合作医疗参保人数	人	68957	-5.2

23

附　录

APPENDIX

23－1　西部城市国民经济和社会发展主要指标（一）

城市名称	生产总值（现价、亿元）		第一产业		第二产业		第三产业	
	2017	位次	2017	位次	2017	位次	2017	位次
成　都	13889.39	1	500.87	1	5998.19	1	7390.34	1
自　贡	1312.07	27	142.94	28	638.25	30	530.88	26
攀枝花	1144.25	32	37.16	42	745.02	22	362.07	35
泸　州	1596.21	22	183.19	20	850.56	15	562.46	24
德　阳	1960.55	15	228.46	14	941.81	11	790.28	15
遂　宁	1138.06	33	160.41	24	548.60	33	429.05	30
绵　阳	2074.75	13	291.66	8	838.76	16	944.33	11
宜　宾	1847.23	17	238.83	11	918.74	12	689.66	17
内　江	1332.09	26	209.60	16	660.67	29	461.82	27
贵　阳	3537.96	5	147.33	27	1375.18	8	2015.45	5
遵　义	2748.59	8	402.34	3	1241.05	10	1105.20	8
六盘水	1461.71	23	134.82	32	729.38	25	597.51	23
安　顺	802.46	36	135.70	31	267.82	40	398.94	33
毕　节	1841.61	18	378.61	5	692.19	27	770.81	16
昆　明	4857.64	3	210.13	15	1865.97	4	2781.54	3
曲　靖	1941.12	16	351.76	6	756.88	21	832.50	14
玉　溪	1415.14	24	141.95	29	729.44	24	543.75	25
拉　萨	479.25	44	17.54	46	189.38	45	272.33	38
西　安	7469.85	2	281.12	9	2596.08	2	4592.65	2
宝　鸡	2179.81	12	175.32	22	1404.81	7	599.69	22
延　安	1266.39	30	119.88	33	712.23	26	434.28	29
咸　阳	2340.65	11	312.17	7	1369.64	9	658.84	20
榆　林	3318.39	6	167.68	23	2086.08	3	1064.63	10
渭　南	1656.62	21	230.50	13	778.41	20	647.71	21
兰　州	2523.54	10	61.47	37	881.74	14	1580.34	7

注：本表中数据均为年快报数据（后同）。

23-1 续 表

城市名称	生产总值（现价、亿元）		第一产业		第二产业		第三产业	
	2017	位次	2017	位次	2017	位次	2017	位次
金 昌	224.29	48	20.65	45	112.88	48	90.75	48
白 银	449.89	45	63.89	36	175.63	46	210.38	43
银 川	1803.17	19	61.38	38	908.60	13	833.18	13
石嘴山	534.98	42	27.70	44	323.27	38	184.01	44
中 卫	374.14	46	52.82	40	167.16	47	154.16	45
吴 忠	508.10	43	57.70	39	299.00	39	151.30	46
西 宁	1284.91	29	41.80	41	556.44	32	686.67	19
格尔木	327.24	47	4.58	48	220.79	43	101.87	47
乌鲁木齐	2743.82	9	29.62	43	827.63	17	1886.56	6
克拉玛依	722.40	39	4.90	47	501.30	34	216.10	42
呼和浩特								
包 头								
乌 海								
赤 峰								
通 辽								
鄂尔多斯								
乌兰察布								
呼伦贝尔								
南 宁	4118.83	4	404.18	2	1599.50	5	2115.15	4
柳 州	2755.67	7	189.54	19	1487.08	6	1079.05	9
桂 林	2045.18	14	381.83	4	791.94	18	871.41	12
梧 州	1338.11	25	136.41	30	785.71	19	415.98	32
玉 林	1699.54	20	276.91	10	734.14	23	688.49	18
钦 州	1309.82	28	234.95	12	625.01	31	449.86	28
北 海	1229.84	31	190.54	18	668.66	28	370.64	34
贵 港	1082.18	34	193.65	17	465.86	35	422.68	31
来 宾	663.69	40	159.96	25	250.08	41	253.65	39
防城港	741.62	37	89.27	35	421.23	36	231.12	40
贺 州	548.83	41	115.76	34	210.91	44	222.16	41
崇 左	907.62	35	181.25	21	398.20	37	328.17	37
河 池	734.60	38	158.96	26	231.49	42	344.15	36

23-2 西部城市国民经济和社会发展主要指标（二）

城市名称	一般公共预算收入（亿元）		一般公共预算支出（亿元）		进出口总额（万美元）		#出口总额	
	2017	位次	2017	位次	2017	位次	2017	位次
成　都	1275.50	1	1756.70	1	5831558	1	3055919	1
自　贡	53.21	41	223.10	39	45378	35	25889	34
攀枝花	60.59	38	136.84	50	38864	36	16603	41
泸　州	146.04	14	368.71	20	205708	15	196429	10
德　阳	106.17	24	240.22	36	154048	20	104905	17
遂　宁	60.18	39	230.40	38	34910	40	17749	40
绵　阳	110.59	23	365.06	21	169831	18	90759	18
宜　宾	138.82	17	369.57	19	84971	27	47176	26
内　江	56.10	40	217.51	41	14204	48	11316	43
贵　阳	377.77	5	578.08	6	299156	12	227146	8
遵　义	216.39	10	636.81	5	115886	22	107889	16
六盘水	138.62	18	292.21	31	33083	41	7882	46
安　顺	76.24	34	255.69	34	21689	44	20306	37
毕　节	123.84	22	527.75	8	20539	45	20458	36
昆　明	560.86	3	775.90	3	781784	6	294277	6
曲　靖	136.20	21	442.50	12	87182	25	84189	20
玉　溪	137.22	20	162.12	46	210099	14	206353	9
拉　萨	89.63	27	257.47	33	65568	30	42344	28
西　安	654.50	2	1045.09	2	3769972	2	2299209	2
宝　鸡	81.08	31	301.59	30	85192	26	53067	25
延　安	140.42	16	353.28	22	2642	54	2433	54
咸　阳	77.28	33	346.57	24	57229	32	28570	31
榆　林	312.97	8	555.55	7	18372	46	10568	45
渭　南	73.54	35	407.65	16	17140	47	15117	42
兰　州	234.20	9	434.53	14	185299	17	107942	15

23-2 续 表

城市名称	一般公共预算收入（亿元）		一般公共预算支出（亿元）		进出口总额（万美元）		#出口总额	
	2017	位次	2017	位次	2017	位次	2017	位次
金　昌	22.22	55	59.70	55	131838	21	5385	52
白　银	29.94	51	160.23	47	79860	28	5835	49
银　川	177.46	13	341.53	25	400812	9	290278	7
石嘴山	23.06	54	92.67	53	57891	31	18568	39
中　卫	24.00	53	156.69	49	38369	37	28304	33
吴　忠	32.70	49	200.10	43	11808	49	11214	44
西　宁	79.16	32	288.37	32	45774	34	28328	32
格尔木	14.00	56	35.62	56				
乌鲁木齐	400.78	4	458.58	11	680713	7	533046	4
克拉玛依	87.40	28	111.30	52	9151	51	6975	47
呼和浩特	201.63	11	402.27	17	159900	19	76300	22
包　头	137.61	19	330.32	26	199600	16	128900	14
乌　海	37.79	46	90.39	54	6100	53	5700	51
赤　峰	100.70	26	460.90	10				
通　辽	70.50	36	318.30	29	36800	38	30500	30
鄂尔多斯	356.84	6	477.09	9	78400	29	53400	24
乌兰察布	43.10	45	319.56	28	24700	43	23300	35
呼伦贝尔	85.25	29	433.96	15	305000	11	75100	23
南　宁	332.15	7	646.31	4	899148	5	408320	5
柳　州	179.79	12	374.28	18	255102	13	80343	21
桂　林	144.16	15	434.71	13	104270	23	87885	19
梧　州	84.55	30	242.15	35	89222	24	43638	27
玉　林	105.55	25	351.63	23	50347	33	37087	29
钦　州	52.81	42	205.94	42	504263	8	172236	11
北　海	64.34	37	157.54	48	341918	10	172207	12
贵　港	50.41	43	233.82	37	35306	39	19018	38
来　宾	27.64	52	179.78	45	11451	50	6288	48
防城港	47.60	44	122.16	51	1136048	4	170280	13
贺　州	30.89	50	181.60	44	7175	52	5786	50
崇　左	34.07	48	221.62	40	1983770	3	1322695	3
河　池	36.22	47	328.92	27	28809	42	3320	53

23-3 西部城市国民经济和社会发展主要指标（三）

城市名称	规模以上工业							
	增加值增速（%）		产销率（%）		主营业务收入增速（%）		利润总额增速（%）	
	2017	位次	2017	位次	2017	位次	2017	位次
成 都	9.0	27	96.68	33	13.4	37	9.5	35
自 贡	9.4	25	99.10	7	17.4	30	34.2	23
攀枝花	7.5	34	97.20	27	21.9	19		
泸 州	10.9	9	95.80	42	17.6	28	19.0	30
德 阳	10.5	12	95.00	48	13.3	38	24.8	27
遂 宁	9.7	19	98.00	15	16.3	33	45.1	19
绵 阳	10.5	12	97.63	22	18.1	24	19.8	29
宜 宾	10.5	12	97.60	23	18.1	25	30.9	26
内 江	6.1	41	98.25	13	-5.4	51	0.2	43
贵 阳	9.7	19	95.30	46	9.7	45	1.5	41
遵 义	11.7	6	96.90	30	31.6	5	53.0	17
六盘水	10.2	17	98.62	11	28.4	9	580.0	1
安 顺	12.1	4	97.50	24	34.0	4	5.1	38
毕 节	10.6	11	98.70	8	22.8	18	69.7	14
昆 明	10.4	15	97.90	19	19.1	21	65.7	15
曲 靖	11.0	7	97.90	19	24.0	13	-277.3	48
玉 溪	7.2	35	92.30	52	17.1	32	17.3	32
拉 萨	14.5	1	93.30	49				
西 安	5.8	45	96.50	36	7.0	46	2.2	39
宝 鸡	9.7	19	93.30	49	25.3	12	39.3	22
延 安	7.0	36	96.85	31	-0.0	49	199.1	4
咸 阳	8.5	28	96.55	35	10.3	43	2.1	40
榆 林	5.7	47	96.60	34	36.4	2	108.8	10
渭 南	9.7	19	95.40	45	26.9	10	227.4	3
兰 州	4.8	48	95.52	44	19.0	22	154.4	5

23-3 续 表

城市名称	规模以上工业							
	增加值增速（%）		产销率（%）		主营业务收入增速（%）		利润总额增速（%）	
	2017	位次	2017	位次	2017	位次	2017	位次
金 昌	1.3	50	99.40	6	12.3	39		
白 银	-2.7	55	96.50	36	10.8	42	121.8	8
银 川	8.5	28	96.70	32	17.7	27	14.0	34
石嘴山	7.0	36	98.09	14	35.6	3	14.4	33
中 卫	8.2	32	98.00	15	30.0	8	62.6	16
吴 忠	10.4	15	96.20	41	18.0	26	-15.8	45
西 宁	9.7	19	97.99	18	-0.8	50	-171.8	47
格尔木	7.8	33	88.93	55	15.7	35	-43.7	46
乌鲁木齐	9.5	24	99.40	4	23.9	14	110.9	9
克拉玛依	8.5	28	99.70	3	23.2	16		
呼和浩特	6.1	41	98.70	8	10.9	41	99.4	11
包 头	6.0	43	97.10	28	11.1	40	80.6	12
乌 海	11.0	7	99.40	4	51.9	1		
赤 峰	0.5	51	98.70	8	1.8	48	138.5	6
通 辽	0.1	53	100.20	1				
鄂尔多斯	7.0	36	98.00	15	30.9	6	129.3	7
乌兰察布	6.4	40	97.69	21	19.8	20		
呼伦贝尔	0.3	52	99.80	2	-11.7	54	484.0	2
南 宁	9.9	18	95.77	43	13.6	36	8.2	36
柳 州	4.7	49	96.48	39	2.9	47	40.5	21
桂 林	-1.5	54	95.08	47	-5.6	52	-13.7	44
梧 州	5.8	45	96.50	36	16.2	34	34.2	23
玉 林	8.3	31	97.46	25	17.6	28	0.6	42
钦 州	12.8	2	96.96	29	26.3	11	47.3	18
北 海	11.9	5	98.41	12	18.8	23	32.3	25
贵 港	12.2	3	97.44	26	22.9	17	22.0	28
来 宾	5.9	44	92.47	51	10.1	44		
防城港	6.5	39	92.16	53	17.3	31	77.2	13
贺 州	-3.8	56	96.40	40	-11.0	53	7.4	37
崇 左	10.8	10	88.82	56	30.2	7	18.3	31
河 池	9.2	26	90.79	54	23.6	15	43.0	20

23-4　西部城市国民经济和社会发展主要指标（四）

城市名称	固定资产投资（亿元）		社会消费品零售总额（亿元）		城镇常住居民人均可支配收入（元）		农村常住居民人均可支配收入（元）	
	2017	位次	2017	位次	2017	位次	2017	位次
成　都	9404.20	1	6403.53	1	38918	7	20298	1
自　贡	832.24	34	624.04	24	31016	34	14380	12
攀枝花	745.28	37	352.41	38	35620	10	15336	9
泸　州	2005.11	14	722.07	20	31449	30	13670	16
德　阳	1282.91	25	790.78	16	31609	29	15207	10
遂　宁	1257.63	26	526.97	29	29308	44	13579	20
绵　阳	1402.54	21	1112.48	11	31822	28	14752	11
宜　宾	1685.10	18	867.91	13	30832	35	14063	14
内　江	860.18	33	511.87	30	30393	37	13640	17
贵　阳	3850.60	5	1335.28	8	32186	22	14264	13
遵　义	2523.62	9	811.69	14	29617	42	11130	40
六盘水	1652.50	19	371.94	36	27893	50	9069	51
安　顺	794.54	36	197.11	45	27224	53	8956	52
毕　节	1730.00	15	381.98	35	27320	52	8473	53
昆　明	4217.94	4	2590.95	3	39788	4	13698	15
曲　靖	2244.80	11	635.33	23	31932	26	11345	37
玉　溪	1080.85	30	367.45	37	34880	11	13057	25
拉　萨	611.73	40	258.76	42	32408	20	12994	26
西　安	7463.31	2	4329.51	2	38536	8	16522	6
宝　鸡	3746.49	6	800.88	15	34351	13	11209	39
延　安	1181.69	27	284.65	41	33168	16	11525	35
咸　阳	2341.83	10	613.04	25	34246	14	11430	36
榆　林	1400.83	22	472.12	32	32153	24	11534	34
渭　南	2681.84	8	651.85	21	29808	39	10260	48
兰　州	1315.35	24	1358.72	7	32331	21	11305	38

23-4 续 表

城市名称	固定资产投资（亿元）		社会消费品零售总额（亿元）		城镇常住居民人均可支配收入（元）		农村常住居民人均可支配收入（元）	
	2017	位次	2017	位次	2017	位次	2017	位次
金　昌	93.07	47	89.06	53	34672	12	13291	23
白　银	308.00	44	207.19	44	27465	51	8263	54
银　川	1719.05	16	562.31	26	32981	17	13087	24
石嘴山			111.28	52	28186	49	12880	27
中　卫	346.85	43	73.07	54	25344	56	9365	50
吴　忠	798.80	35	112.70	51	25364	55	10912	42
西　宁	1600.03	20	560.79	27	30043	38	10548	45
格尔木	234.65	46	65.87	56	30436	36	16851	3
乌鲁木齐	2020.00	13	1317.00	9	36993	9	17790	2
克拉玛依	264.00	45	66.10	55	39000	6		
呼和浩特			1570.95	5	43518	3	15710	8
包　头			1486.41	6	44231	1	15901	7
乌　海			161.84	48	39400	5	16821	4
赤　峰			758.67	18	29660	41	10352	47
通　辽			551.09	28	29667	40	12566	29
鄂尔多斯			777.90	17	43559	2	16729	5
乌兰察布			341.66	39	28796	48	9848	49
呼伦贝尔			644.30	22	31195	32	13581	19
南　宁	4307.95	3	2204.16	4	33217	15	12515	31
柳　州	2697.20	7	1155.64	10	32661	18	12151	32
桂　林	2234.24	12	928.12	12	32534	19	13345	22
梧　州	1330.15	23	445.87	33	29359	43	11085	41
玉　林	1689.33	17	728.86	19	32159	23	13597	18
钦　州	1088.85	29	411.75	34	31415	31	11801	33
北　海	1099.68	28	250.13	43	31912	27	12749	28
贵　港	983.81	31	480.70	31	28806	47	12544	30
来　宾	432.16	42	180.29	46	31047	33	10674	44
防城港	672.77	39	124.02	50	32079	25	13373	21
贺　州	722.02	38	178.85	47	28899	45	10498	46
崇　左	970.50	32	146.09	49	28813	46	10860	43
河　池	453.20	41	301.20	40	25647	54	8260	55

23－5　西部城市国民经济和社会发展主要指标（五）

城市名称	年末总人口（万人）		居民消费价格指数（%）		金融机构存款余额（亿元）		金融机构贷款余额（亿元）	
	2017	位次	2017	位次	2017	位次	2017	位次
成　都	1604.47	1	102.0	10	35771.97	1	29318.96	1
自　贡	290.14	31	101.3	36	1726.53	29	826.87	35
攀枝花	123.61	47	101.2	40	983.45	43	798.12	38
泸　州	431.72	16	101.8	14	2479.29	23	1461.54	20
德　阳	353.16	23	100.8	49	2484.21	22	1310.01	25
遂　宁	323.59	26	101.4	28	1557.59	33	922.89	34
绵　阳	483.56	11	101.9	13	3608.93	13	1867.03	18
宜　宾	453.00	13	101.2	40	2659.45	20	1394.49	21
内　江	375.37	21	114.5	1	1516.49	35	782.87	40
贵　阳	480.20	12	100.9	46	10908.24	4	10506.14	4
遵　义	624.83	6	101.5	24	4661.22	9	2792.34	13
六盘水	292.41	30	101.6	18	1351.29	36	1071.75	30
安　顺	234.44	36	100.7	50	1174.31	38	812.40	37
毕　节	665.97	5	101.5	24	1990.38	27	1321.29	24
昆　明	678.30	4	100.5	51	13646.72	3	15247.59	3
曲　靖	612.20	7	100.6	51	2156.79	26	1383.40	23
玉　溪	238.10	34	101.1	43	1719.38	30	996.89	33
拉　萨	54.36	52	101.4	28	2732.78	19	2757.11	14
西　安	961.67	2	102.0	10	20378.11	2	17155.11	2
宝　鸡	378.10	20	100.9	46	2617.09	21	1394.30	22
延　安	226.31	37	100.6	51	1566.83	32	1110.71	29
咸　阳	437.60	14	102.0	10	2817.49	18	1278.00	26
榆　林	340.33	25	101.1	43	3406.08	15	2010.71	17
渭　南	538.29	9	101.3	36	2245.98	24	1071.09	31
兰　州	372.96	22	101.5	24	8612.69	6	9935.34	6

23-5 续 表

城市名称	年末总人口（万人）		居民消费价格指数（%）		金融机构存款余额（亿元）		金融机构贷款余额（亿元）	
	2017	位次	2017	位次	2017	位次	2017	位次
金 昌	46.92	53	100.9	46	346.37	55	328.10	55
白 银	172.93	44	101.6	18	705.91	49	630.92	46
银 川	222.45	38	101.7	16	3601.12	14	4587.37	10
石嘴山	80.30	50	101.7	16	562.59	53	473.10	50
中 卫	115.75	48	101.8	14	507.92	54	455.38	52
吴 忠	140.37	46	101.3	36	676.90	51	586.10	48
西 宁	235.50	35	101.4	28	3899.80	11	5238.68	9
格尔木	24.05	55	101.1	43	271.88	56	318.68	56
乌鲁木齐			102.8	4	8385.19	7	6255.83	8
克拉玛依	44.28	54	100.6	51	1631.83	31	548.59	49
呼和浩特	311.48	28	101.4	28	6312.61	8	7646.01	7
包 头	287.77	32	101.6	18	3936.55	10	2970.72	12
乌 海	56.11	51	101.4	28	798.16	46	612.79	47
赤 峰	431.50	17	101.5	24	2161.90	25	1653.90	19
通 辽	312.87	27	101.2	40	1066.68	42	1044.16	32
鄂尔多斯	206.87	42	103.4	2	3374.26	16	3078.80	11
乌兰察布	210.25	40			1139.82	39	703.30	41
呼伦贝尔	252.92	33			1538.29	34	1186.55	28
南 宁	756.80	3	102.3	6	9367.53	5	10470.44	5
柳 州	400.00	19	101.3	36	3714.64	12	2462.39	15
桂 林	505.75	10	101.6	18	3284.51	17	2149.77	16
梧 州	303.74	29	102.3	6	1136.18	40	788.51	39
玉 林	581.08	8	102.2	8	1876.23	28	1205.05	27
钦 州	410.92	18	102.1	9	979.97	44	664.82	43
北 海	166.33	45	102.9	3	947.09	45	672.43	42
贵 港	437.54	15	101.6	18	1263.37	37	814.54	36
来 宾	221.86	39	101.4	28	702.83	50	467.37	51
防城港	94.02	49	102.7	5	624.97	52	632.93	45
贺 州	205.67	43	101.4	28	724.80	48	454.68	53
崇 左	208.68	41	101.6	18	784.81	47	449.33	54
河 池	352.35	24	101.4	28	1127.79	41	661.06	44

中国统计出版社最新图书简目

(仅供参考,以实际出版为准)

统计资料

中国统计年鉴　中国统计摘要　中国第三产业统计年鉴
中国第三次全国农业普查综合资料　国际统计年鉴　金砖国家联合统计手册
中国-东盟国家统计手册　中国农村统计年鉴　中国县域统计年鉴
中国农产品价格调查年鉴　中国城市统计年鉴　中国价格统计年鉴
中国贸易外经统计年鉴　中国零售和餐饮连锁企业统计年鉴　中国商品交易市场统计年鉴
大中型批发零售和住宿餐饮企业统计年鉴　中国住户调查年鉴　中国工业统计年鉴
中国环境统计年鉴　中国能源统计年鉴　中国建筑业统计年鉴
中国房地产统计年鉴　中国固定资产投资统计年鉴　中国对外直接投资统计公报
中国人口和就业统计年鉴　中国劳动统计年鉴　中国社会统计年鉴
中国科技统计年鉴　中国高技术产业统计年鉴　全国企业创新调查年鉴
中国文化及相关产业统计年鉴　2018年时间利用调查资料　中国妇女儿童状况统计资料
中国基本单位统计年鉴　中国教育统计年鉴　中国教育经费统计年鉴
中国民族统计年鉴　中国残疾人事业统计年鉴

省级综合统计年鉴系列

北京 天津 河北 山西 内蒙古 辽宁 吉林 黑龙江 上海 江苏 浙江 安徽 福建 江西 山东 河南 湖北 湖南 广东 广西 海南 重庆 四川 贵州 云南 西藏 陕西 甘肃 青海 宁夏 新疆 新疆生产建设兵团

市(县)级综合统计年鉴系列

滨海新区 石家庄 唐山 邯郸 保定 沧州 邢台 廊坊 承德 衡水 秦皇岛 张家口 太原 大同 阳泉 长治 晋城 朔州 晋中 运城 忻州 临汾 吕梁 呼和浩特 呼和浩特新城区 鄂尔多斯 包头 沈阳 大连 长春 吉林 延吉 四平 通化 松原 哈尔滨 齐齐哈尔 黑龙江垦区 上海浦东新区 南京 无锡 徐州 常州 苏州 南通 连云港 淮安 盐城 扬州 镇江 泰州 宿迁 江阴 丹阳 海门 杭州 宁波 温州 嘉兴 湖州 绍兴 金华 衢州 舟山 台州 丽水 合肥 安庆 马鞍山 福州 厦门 宁德 漳州 龙岩 南昌 九江 上饶 新余 抚州 萍乡 赣州 吉安 景德镇 济南 青岛 潍坊 枣庄 日照 滕州 郑州 洛阳 平顶山 三门峡 商丘 信阳 济源 汝州 武汉 十堰 荆州 宜昌 荆门 咸宁 长沙 广州 深圳 惠州 东莞 汕尾 南宁 柳州 桂林 梧州 来宾 河池 防城港 海口 三亚 成都 贵阳 黔南 毕节 昆明 西安 咸阳 延安 宝鸡 安康 铜川 汉中 榆林 兰州 庆阳 银川 乌鲁木齐 兵团一师 兵团十师

调查年鉴系列

天津 内蒙古 上海 浙江 福建 河南 湖北 湖南 广东 广西 重庆 四川 云南 甘肃 宁夏

统计方法应用/实用手册

实用SAS统计分析教程　Python数据分析基础　统计公文知识问答　领导干部统计知识问答
乡镇统计人员岗位知识培训系列教材：辅助调查员岗位基础知识　乡镇统计人员岗位基础知识
县级统计人员岗位知识培训系列教材：Excel在统计工作中的应用　简明统计分析
地市级统计人员岗位知识培训系列教材：统计报告与演示　中国国民经济核算体系（2016）基础知识
全国统计专业技术资格考试系列考试用书：统计业务知识（第四版）　统计业务知识学习指导与习题
全国统计专业技术资格考试系列考试用书：统计相关知识（第四版）　统计相关知识学习指导与习题

统计通俗读物/统计科普图书

我国20个统计指标的历史变迁　联合国工业发展组织：2016年工业发展报告
中国古代统计发展史　理解国民账户

重点图书

波澜壮阔四十年　砥砺奋进铸就辉煌——改革开放40年与时俱进的中国统计
新编英汉汉英统计大词典　中国国民经济核算体系2016　国民经济行业分类注释
挑大学选专业2019—考研择校指南　挑大学选专业2019—高考志愿填报指南　中华医学统计百科全书

中国统计出版社发行部电话：（010）63376907　63376908　同榻行书店电话：68783171　68783172
地址：北京市丰台区西三环南路甲6号　邮政编码：100073　网址：http://www.zgtjcbs.com